Rainer Maria Schröder
Die wahrhaftigen Abenteuer des Felix Faber

氷

Foto von Leane Hasberg

Rainer Maria Schröder,
Jahrgang 1951, lebt nach vielseitigen Studien und Tätigkeiten in mehreren Berufen seit 1977 als freischaffender Schriftsteller in Deutschland und Amerika. Seine großen Reisen haben ihn in viele Teile der Welt geführt. Dank seiner mitreißenden Abenteuerromane ist er einer der erfolgreichsten deutschsprachigen Jugendbuchautoren.

Rainer Maria Schröder

Die wahrhaftigen Abenteuer des Felix Faber

酒

Arena

Für meine Frau Helga
in Liebe

You are the wind beneath my wings!

In neuer Rechtschreibung

1. Auflage 1997

Einbandgestaltung: Klaus Steffens
Gesamtherstellung: Westermann Druck Zwickau GmbH
ISBN 3-401-04448-6

Wer andere kennt, ist klug;
Wer sich selber kennt, hat Einsicht.
Wer andere bezwingt, hat Gewalt;
Wer sich selbst bezwingt, hat Stärke.

Aus dem Tao te king *von Laotse*

Wir müssen erkennen, dass es Aberglaube ist,
wenn wir annehmen, Gott werde handeln,
wenn wir müßig bleiben.

Martin Luther King

Im Gefängnis
zu Mortlake am Mount Shadwell,
in der britischen Kronkolonie
Victoria, Australia,
18. Januar
im Jahre des Herrn 1855

Die wahrhaftigen Aufzeichnungen des
Felix Faber,
aus freien Stücken
und von ihm selbst eigenhändig verfasst
und am obigen Orte
zu Papier gebracht.

Die Hindostan oder Wie ich den Verlockungen des Opiumhändlers erlag

Es war zweifellos die *Hindostan* mit ihrer verfluchten Fracht Opium, die mir zum Schicksal wurde, auf halbem Weg nach China, irgendwo zwischen Calcutta und Canton. Ja, mehr denn je bin ich heute davon überzeugt, dass der Tod meines Vaters auf der Überfahrt nach Canton und die Begegnung mit den beiden Männern, denen ich mich an Bord dieses Ostindienfahrers nach seinem Dahinscheiden immer stärker anschloss, zum entscheidenden Wendepunkt meines Lebens wurden.

Frederick Osborne, ein Kaufmann mit britischem Pass und beißendem Spott, und Pater Johann-Baptist Wetzlaff, ein in Erscheinung wie Auftreten recht eigenwilliger Missionar aus dem Fränkischen, zogen mich unwiderstehlich in ihren Bann. Die Gesellschaft dieses so denkbar ungleichen Paares und die aufregenden Geschichten, die sie zu erzählen wussten, verleiteten mich alle Warnungen in den Wind zu schlagen, besonders die von Mijnheer Hermanus Groneveld, und den Verlockungen des großen Abenteuers nachzugeben.

Die Saat, die vor so vielen Jahren auf der *Hindostan* in mir gelegt wurde, trägt noch heute Früchte – süße wie bittere. Und darüber will ich schreiben und Rechenschaft ablegen. Die Tagebücher, die ich seit meinem zehnten Lebensjahr mit großer Hingabe geführt habe, werden mir dabei eine Hilfe sein.

Mit welchem Stolz mein seliger Vater doch stets meine außergewöhnlichen Fähigkeiten im Umgang mit fremden Sprachen, der Feder und dem geschriebenen Wort gerühmt hat! Schon als kleiner Junge vermochte ich mühelos und in Windeseile niederzuschreiben, was mir im Kontor in Rotterdam, auf Madagaskar und später in Kapstadt diktiert wurde – oder was mir in verträumten Stunden an kindlich märchenhaften Geschichten in den Sinn kam, wenn ich aus dem tristen Kaufmannseinerlei des Faktoreialltags in die Traumwelt meiner Abenteuer entfloh. Der Hafen mit seinem Meer von Masten lag ja stets zum Greifen nahe. Und da die Abenteuer, von denen die Namen der Schiffe aus aller Herren Länder kündeten, für mich in unerreichbarer Ferne zu liegen schienen, zwang ich sie mit Tinte und Feder auf Papier und damit in mein Leben.

Weder mein Vater noch ich hätten allerdings je vermutet, dass ich eines Tages unter der glutheißen australischen Sonne und im Angesicht des Galgens, der mir nun droht, in dieses stille Talent des Schreibens all meine Hoffnung setzen und quasi um mein Leben schreiben würde. Denn genau das ist es, was mir hier in der Gefängniszelle von Mortlake, einer kleinen Siedlung am Rand des ausgedörrten Buschlandes, als

Einziges zu tun bleibt, um dem ehrlosen Tod durch den Strick des Henkers vielleicht doch noch zu entgehen.

Möge mir der Allmächtige die Kraft und die Ausdauer verleihen diese Niederschrift mit der größtmöglichen Wahrhaftigkeit und Genauigkeit anzufertigen. Möge Er in mir aber auch die Zuversicht in die Fähigkeiten von Mister Cecil Lansbury stärken, des Sohnes eines wohlhabenden Schafzüchters, der nach Abschluss seiner juristischen Ausbildung zufällig auf der elterlichen *Station* weilte, als meine Gefährten und ich einige Meilen vor Mortlake im Busch am Blind Creek aufgegriffen wurden, lokale Schlagzeilen machten und sein berufliches Interesse weckten.

In Ermangelung anderer Alternativen habe ich Mister Lansbury meine Strafverteidigung anvertraut. Und nun bete ich, dass dieser gewiss ehrenwerte und aufrichtig bemühte, aber doch noch allzu junge und unerfahrene Advokat nach der Lektüre dieser meiner gewissenhaften Lebensbeichte sowohl mit besserem Verständnis als auch mit trefflicheren Argumenten, als sie ihm jetzt noch zu Gebote stehen, vor das hohe Gericht treten kann. Denn bislang vermochte Mister Lansbury bestürzend wenig mit meinen Aussagen und Beteuerungen hinsichtlich der blutigen Vorkommnisse von Ballarat im Morgengrauen des 3. Dezember 1854 anzufangen. Es ist buchstäblich meine letzte Hoffnung, dass seine Ermittlungen in Ballarat und Melbourne, zu denen er sich letzte Woche aufgemacht hat, ihn zu Erkenntnissen führen werden, die mich entlasten, und die Gefahr, in der ich schwebe, abwenden.

Willens und entschlossen, mich einer höchst peinlichen

Genauigkeit und Sorgfalt in der Schilderung all jener Begebenheiten zu unterwerfen, die dazu geführt haben, dass ich in dieser Zelle sitze und irgendwann in den nächsten Wochen in Melbourne vor Gericht stehen werde, nehme ich diese größte Herausforderung meines an gefahrvollen Situationen nicht gerade armen Lebens in Angriff. Dass diese Niederschrift einen nicht eben geringen Umfang haben wird, soll mich dabei nicht schrecken. Denn an Papier, Tinte und Ersatzfedern sowie ordentlichen Talglichtern mangelt es mir hier im Kerker, einer primitiven Lehm- und Bretterhütte, die den Bewohnern von Mortlake und Umgebung als Polizeistation dient, wahrlich nicht. Und Zeit steht mir sogar in noch größerer Fülle zur Verfügung, da mit meiner Verbringung ins Gefängnis nach Melbourne, wo man mir den Prozess machen wird, doch erst in mehreren Wochen zu rechnen ist. Die Justiz dieser jungen Kolonie arbeitet gewissenhaft, jedoch in diesen glutheißen Monaten nicht gerade mit übermäßiger Eile. Zudem gilt es, mit mir auf dem Weg nach Melbourne mehr als zweihundert Kilometer spärlich besiedeltes Buschland zu durchqueren. Solch eine Aufgabe bedarf sorgfältiger Vorbereitung.

Um von Anfang an bei der Wahrheit zu bleiben, möchte ich an dieser Stelle sogleich anmerken, dass es nicht allein die Angst um mein Leben und die Sorge um eine angemessene Verteidigung vor Gericht ist, die mich mit Macht drängt all die Irrungen und Wirrungen meines Lebens in chronologischer Abfolge zu Papier zu bringen. Ginge es mir allein darum, könnte ich mich mit einer gar schlichten, nur wenige Seiten umfassenden Auflistung der entscheidenden Vorfälle in Ballarat begnügen. Es geht jedoch um viel mehr. Ein nicht weniger starker Antrieb ist die moralische Verpflichtung, die mich nicht loslässt, nämlich der Wahrheit Stimme zu verleihen und damit das Andenken von Chang Liang Sen zu ehren, der mir in allem, was die Wahrheitsliebe betrifft, ein leuchtendes Vorbild war. Und natürlich treibt mich auch das starke Bedürfnis, dass meine Nachkommen sich eines Tages anhand dieser detaillierten Aufzeichnungen wenigstens ein ungefähres, von Verleumdungen unverfälschtes Bild ihres Vaters und Großvaters machen können, sollte das Urteil des hohen Gerichtes all meine Hoffnungen zunichte machen und mich auf das Schafott führen.

So will ich denn nun mit meinem Bericht beginnen und erzählen, wie ich im labyrinthischen Delta des Pearl River den Flusspiraten entkam, Chang Chia Pao zum Freund gewann, später auf den australischen Goldfeldern unter die Aufständischen geriet und schließlich hier in den Kerker von Mortlake am Rande der australischen Halbwüste von Victoria gelangte.

状

Bevor ich jedoch auf die *Hindostan* und die beiden so gegensätzlichen Männer sowie die besonderen Umstände zu sprechen komme, die mich in meiner jugendlichen Ahnungslosigkeit auf einen gefährlichen Weg gelockt haben, in aller Kürze eine Zusammenfassung dessen, was mein Leben vor diesen einschneidenden Ereignissen bestimmt hat.

Die Jahre meiner Kindheit in der rheinischen Domstadt zu Köln und dann in Rotterdam liegen zu sehr im Nebel meiner Erinnerung, als dass ich darüber viel zu berichten wüsste. Ich vermochte nur einige unzusammenhängende Bilder in meinem Gedächtnis zu bewahren. Dasselbe gilt zu meinem wachsenden Bedauern auch für meine Mutter, die schon als junge Frau im Kindbett starb, als sie ihr zweites Kind, ein Mädchen namens Marianne, zur Welt brachte. Meiner Schwester war nur ein kurzes Leben beschieden, das nur wenig über den Tag ihrer Taufe hinausging. Keine drei Monate nach ihrer Geburt folgte meine Schwester unserer Mutter ins Grab. Damals war ich gerade fünf.

Von dem Tag an betrat mein Vater nie wieder eine Kirche. Ich glaube, er machte Gott persönlich für den allzu frühen Tod meiner Mutter und meiner Schwester verantwortlich und kündigte ihm kurzerhand die Freundschaft auf. Dass er dies als eine ganz private Angelegenheit zwischen ihm und dem Allmächtigen betrachtete, lässt sich daran ablesen, dass er mich weiterhin zum Gottesdienst schickte, ja mir sogar jedes Mal auftrug für unsere verstorbenen Lieben eine Kerze anzuzünden und für sie zu beten.

Tante Hildegard, die mehrere Jahre ältere und unverheiratete Schwester meiner Mutter, führte uns in jener schweren Zeit den Haushalt und ließ nichts unversucht, um sich in unserem Leben, insbesondere in dem meines Vaters, unentbehrlich zu machen. Sie rechnete wohl fest damit, früher oder später die eheliche Nachfolge meiner Mutter anzutreten. Wie bitter muss die Enttäuschung für Tante Hildegard gewesen sein, als mein Vater ihr eines Tages mitteilte, dass er nie wieder zu heiraten gedenke und dass er das Angebot, als Repräsentant einer großen deutsch-niederländischen Handelsgesellschaft nach Rotterdam zu gehen, ohne Zögern angenommen habe. Damit begann mein Wanderleben an der Seite meines Vaters.

Rastlosigkeit und eine wortlose Verbitterung, die er, fest verschlossen, wie in einer versiegelten Flasche in sich trug und die ihn mehr und mehr zu einem einsamen Menschen machte, kennzeichneten die folgenden Jahre seines Lebens. In diesen Jahren verlor ich, wie ich fürchte, allzu rasch die Unbekümmertheit der Jugend und wurde schneller erwachsen, als es meinem Alter nach eigentlich zu erwarten gewesen wäre. Der Umstand, dass ich aufgrund meiner hoch gewachsenen kräftigen Gestalt schon als Kind um Jahre älter aussah, als es der Wirklichkeit entsprach, hat wohl mit dazu beigetragen, dass an mich schon früh Anforderungen gestellt wurden, von denen die meisten Gleichaltrigen noch um viele Jahre verschont blieben – und dass ich die Aufmerksamkeit des Opiumhändlers Frederick Osborne gewann.

Die Zeit, die ich mit meinem Vater auf Madagaskar und dann in Kapstadt im Schatten des mächtigen Tafelberges verbrachte, wo er im Kontor einer burisch-britischen Handelsgesellschaft eine leitende Position innehatte, könnte dagegen schon einen ganzen Stoß Seiten füllen. Aber da dieser Lebensabschnitt doch wenig mit den Ereignissen in Canton und Australien zu tun hat, will ich so schnell wie möglich zu jener schicksalhaften Novembernacht des Jahres 1838 kommen, in der mein Leben seine bis dahin dramatischste und folgenschwerste Wendung nahm.

Im August desselben Jahres, also mitten im südafrikanischen Winter, erhielt mein Vater die Offerte, zusammen mit seinem stellvertretenden Kontorvorsteher Hermanus Groneveld nach Canton zu gehen, dem einzigen für Ausländer offenen Handelshafen Chinas. Man hatte ihm und Mijnheer Groneveld, einem eingefleischten Junggesellen mit einer wohl angeborenen humorlosen Krämerseele, wichtige Posten im dortigen niederländischen Handelshaus angeboten.

»Was hältst du davon, wenn wir der Kapkolonie Ade sagen und uns für eine Weile in Canton chinesische Luft um die Nase wehen lassen?«, fragte Vater mich mit einer für ihn seltenen Lebhaftigkeit, nachdem er mir von dem überraschenden Angebot berichtet hatte.

Ich hatte nichts dagegen. Wie hätte ich auch, spürte ich doch, wie sehr mein Vater darauf brannte, zu neuen, unbekannten Ufern aufzubrechen. Die Dämonen, die er nicht aus sich herausließ und die umgekehrt auch ihn zu ihrem Gefangenen gemacht hatten, trieben ihn weiter. Schon seit Monaten quälte ihn die Unruhe, und obwohl ich wusste, dass sein Entschluss längst gefasst war und Canton damit unsere nächste Station sein würde, war ich meinem Vater dennoch dankbar, dass er mich wenigstens dazu gefragt hatte.

Im September schifften wir uns zusammen mit Hermanus Groneveld auf der *Hindostan* ein. Der stolze Ostindienfahrer, der unter britischer Flagge segelte und der mein Herz höher schlagen ließ, als er das erste Mal unter Vollzeug durch die See schnitt, nahm zuerst Kurs auf Indien, um in Calcutta Fracht für Canton sowie zwei weitere Passagiere an Bord zu nehmen – nämlich den Händler Frederick Osborne und den Missionar Pater Johann-Baptist Wetzlaff. Die Fracht bestand zu einem großen Teil aus Opium, einer damals wie heute völlig legalen Handelsware. Die verheerenden Auswirkungen der Opiumsucht auf das Leben von Millionen Menschen, insbesondere auf das der Chinesen, bekümmern die europäischen Kaufleute und ihre Regierungen nicht im Mindesten, wie sie auch nichts darauf geben, dass der Kaiser von China den Handel mit Opium schon vor Jahrzehnten verboten und Verstöße unter strengste Strafen gestellt hatte. Diese Verbote erhöhten nur den Profit der überwiegend britischen Importeure, die in der Heimat für ihre Verdienste um eine ausgewogene Handelsbilanz in den Adelsstand erhoben wurden, und sicherten auch den chinesischen Schmugglern ein blendendes Geschäft.

Als die *Hindostan* nach zehntägiger Liegezeit im Hafen von Calcutta den Anker lichtete, die Leinen loswarf und die Segel setzte, da lag mein Vater schon zitternd und schweißüberströmt in seiner Koje, im Kampf mit einem nur zu vertrauten Feind: dem Malariafieber. Die Krankheit hatte er sich Jahre zuvor auf Madagaskar zugezogen. In der Folgezeit hatten ihn mehrfach schwere Anfälle niedergeworfen und ans Bett gefesselt. Manchmal hatte er viele Wochen gebraucht, um wieder auf die Beine zu kommen. Diesmal jedoch halfen jene bewährten Mittel, mit denen er sich bislang jedes Mal wieder kuriert hatte, nicht gegen das lodernde Feuer des Fiebers. Zwei Tage bevor der Ausguck im Masttopp die Nordspitze von Sumatra sichtete, in einer heißen Tropennacht, als der ansonsten beständig wehende Nordostmonsun vorübergehend eingeschlafen war und die Segel schlaff und wie erschöpft von den Rahen hingen, hauchte mein Vater in der stickigen Schwüle unserer Achterkabine sein Leben aus.

Am Morgen drehte die *Hindostan* bei. Und nach einer kurzen Zeremonie, die Pater Johann-Baptist Wetzlaff vornahm, übergab Kapitän Gregory Welsh den Leichnam meines Vaters, eingewickelt in Segeltuch und beschwert mit Ballaststeinen, der tiefblauen See.

Hermanus Groneveld, ein schwergewichtiger Mann von Mitte vierzig mit einem breiten Backenbart und den kantigen Gesichtszügen einer eisenbeschlagenen Seekiste, stand während der Seebestattung unbeweglich wie eine knorrige Eiche an meiner Seite, den Arm wie eine Klammer fest um meine Schulter gelegt, als fürchtete er, ich könnte meinem Vater folgen wollen und jeden Moment über Bord springen.

»Früher oder später erwartet uns alle dasselbe Schicksal, mein Kind. Daher ist es ratsam, sich in Tugend wie in Gefasstheit gegenüber der menschlichen Vergänglichkeit zu üben und jede Stunde bereit zu sein vor unseren Schöpfer zu treten«, sagte er hinterher auf seine sehr nüchterne Art, die so tröstlich war wie ein mit Bilanzen gefülltes Rechnungsbuch unterhaltsam. »Was nun deine Zukunft betrifft: Sei versichert, dass ich mir meiner Verantwortung als dein Vormund bewusst bin und mich gewissenhaft um dich und deine weitere Ausbildung kümmern werde, so wie ich es deinem Vater auf dem Totenbett versprochen habe.« Er wollte, wie er mich wissen ließ, keine unnütze Zeit verstreichen lassen und unverzüglich einen Bericht über den Tod meines Vaters an die Direktion der Handelsgesellschaft richten, damit er diesen Brief sogleich bei unserer nächsten kurzen Zwischenstation in Batavia aufgeben konnte. Sein spürbarer Mangel an Mitgefühl hatte sicherlich auch mit der Überlegung zu tun, dass der Tod meines Vaters ihm zu einer unerwarteten Beförderung verhelfen würde. Eine Erwartung, die sich auch als berechtigt erwies. Mit einem Klaps auf die Schulter, der wohl so etwas wie Aufmunterung bewirken sollte, begab er sich unter Deck.

Wie wohltuend anders dagegen Pater Wetzlaff nach der Bestattung meines Vaters mit mir redete! Der Missionar war ein mittelgroßer, jedoch kräftiger Mann Anfang dreißig mit einem gut geschnittenen Gesicht, das unerschütterlichen Optimismus ausstrahlte und dessen warme lebhafte Augen Vertrauen einflößten. Mit natürlicher Leichtigkeit fand er Worte aufrichtigen Mitgefühls, die mir nahe gingen und es mir schwer machten, die Tränen zurückzuhalten. Der Pater gab mir das Gefühl echter Anteilnahme an meinem Schmerz und meiner Trauer. Und deshalb nahm ich es ihm auch nicht übel, als er seine einfühlsamen Worte mit dem vertrauten Hinweis schloss, den alle Kirchenmänner bei solchen Gelegenheiten als Trost anzubieten haben: »Es ist Gottes Wille, Felix Faber. Der Herrgott hat ihn zu sich gerufen und so schwer es uns oft auch fällt, Gottes wundersame Ratschlüsse zu begreifen, so dürfen wir doch nicht daran zweifeln, dass sich hinter allem ein tiefer Sinn verbirgt.«

»Ach was, Gott hat mit Malaria und solch profanen Dingen nichts zu tun, mein Verehrter«, mischte sich da sofort der Engländer Frederick Osborne ein. Er sagte diese Worte mit einem ihm eigenen spöttischen Tonfall, in dem zugleich Langeweile und nachsichtige Belustigung mitschwangen. Frederick Osborne, ein stets in heller, makelloser Tropenkleidung gekleideter Mann von Ende vierzig, Anfang fünfzig, stach aus jeder Menge hervor, besaß er doch ein überaus markantes, scharf geschnittenes Gesicht sowie die drahtig sehnige Figur und aufrechte Haltung eines altgedienten Offiziers. Eine dünne, sichelförmige Narbe zog sich wie ein heller Strich in seinem sonnengegerbten Gesicht auf der rechten Seite von der Stirn bis fast zum Kinn hinunter. Er zog eine Zigarre aus einem edlen Lederetui, biss die Spitze an einem Ende ab und spuckte sie in Lee über Bord. »Das alles ist Natur und in ihr regiert der blinde Zufall.«

»Schöpfung!«, korrigierte ihn der Missionar. »Schöpfung ist das korrekte Wort, mein werter Osborne!«

»Gott hat anderes und Besseres zu tun als einem die verdammte Malaria oder sonst ein Übel unterzujubeln, nur um ihn ›zu sich zu holen‹, wie fromme Christen sich auszudrücken pflegen, wenn jemand stirbt. Gott, der große Weltenlenker, hat, sofern es ihn denn gibt, Zeit zu warten. Ist doch ein Tag für ihn wie tausend Jahre für uns, nicht wahr?«, fuhr Frederick Osborne gelassen fort, während er ein Streichholz anriss und die Zigarre paffend in Brand setzte. »Gott steht über solch läppischen Kleinigkeiten, so wie unser fähiger Kaptän Welsh sich auch nicht einen Deut darum schert, ob sich dieser elende Inder, der sich großspurig Schiffskoch nennt, in der Kombüse in den Finger schneidet oder ob er sich die Hände verbrüht, solange er seinen Curry-und-Reis-Fraß nur rechtzeitig in der Messe auf den Tisch bringt.«

»Ihr Vergleich hinkt dermaßen, dass sich ein Mann mit Ketten und Eisenkugeln an den Beinen dagegen so schnell wie ein Blitz ausnehmen würde«, erwiderte der Missionar, nicht im Geringsten verstimmt.

Frederick Osborne zuckte gleichmütig die Achseln. »Nun, der gute Mann dort oben«, er stach mit der brennenden Zigarre in Richtung Himmel, »lässt uns völlig freie Hand, so sehe ich das. Und wenn ich mich nicht sehr täusche, kommt das doch dem gleich, was Sie mir letzte Nacht beim Kartenspiel beizubringen versucht haben.«

Ich rechnete fest damit, dass der Pater spätestens jetzt ernstliche Verärgerung ob dieser dreisten Respektlosigkeiten zeigen würde – einmal ganz davon abgesehen, dass es ausgesprochen ungehörig war, einen Mann der Kirche in Gegenwart von anderen daran zu erinnern, dass er sich zu einem Kartenspiel hatte hinreißen lassen!

Zu meiner großen Verwunderung lachte der Missionar jedoch belustigt auf, als sähe er überhaupt keinen Grund sich angegriffen und in Frage gestellt zu fühlen. »Sie erinnern sich also trotz des guten Brandys noch daran? Vortrefflich! Das bestätigt meine Überzeugung, dass man niemanden für verloren geben soll – nicht einmal einen alten

Haudegen wie Sie«, antwortete er mit strahlender Miene. »Ich kann nur hoffen, dass ich noch möglichst viele Spiele gewinne, damit Sie dadurch in den Genuss von möglichst vielen Predigten meinerseits kommen. Und was den guten Mann da oben betrifft, wie Sie unseren Schöpfer in so herzlich christlicher Verbundenheit zu nennen pflegen, so gehört die völlige Freiheit, die er uns geschenkt hat, in der Tat zu den hervorstechendsten Beweisen seiner unendlichen Liebe für uns Menschen.«

»Bei der Schöpfung ist dem Guten ja eine ganze Menge außer Kontrolle geraten und ich denke mal, die Malaria gehört ebenso dazu wie die Schwatzsucht der Frauen und die verheerenden Kochkünste mancher Inder. Aber einiges, das muss man ihm lassen, ist ihm doch ganz exzellent gelungen, so zum Beispiel Yorkshirepudding, Brandy und guter Zigarrentabak«, sagte Frederick Osborne spöttisch und drehte die Zigarre genüßlich zwischen den Lippen.

Ich war fasziniert von dem Wortwechsel der beiden Männer. Noch nie zuvor hatte ich jemanden so spöttisch mit einem Geistlichen über Gott und die Schöpfung reden gehört. Aber mehr noch setzte mich die Gelassenheit des Missionars in Erstaunen, der auf diese fast schon blasphemischen Reden mit Humor und Gelassenheit reagierte und die Wortgefechte in gewissem Maß sogar zu genießen schien.

Zu meiner Überraschung wandte Pater Wetzlaff sich nun an mich: »Was hält denn ein aufgeweckter junger Mann wie du davon? Sollen wir Yorkshirepudding, Brandy und Tabak zu den Segnungen, die angebliche Schwatzhaftigkeit von Frauen dagegen zu den Prüfungen Gottes zählen? Wie siehst du das, Felix Faber?«

»Bloß keine falschen Hemmungen! Sag unserem fränkischen Diener des Heiligen Geistes nur die Wahrheit, Felix!«, forderte mich Frederick Osborne mit einem Augenzwinkern auf, als stünde für ihn fest, dass ich mit ihm einer Meinung war. »Bruder Johann-Baptist, unser frommer Seelenretter, wird die Wahrheit schon verkraften! Der Herr selbst wird ihm die Kraft geben.«

»Nur nicht so siegesgewiss! Seien Sie lieber darauf gefasst, dass Ihnen die entlarvende Unschuld der Jugend die Schamesröte ins Gesicht treibt!«, warnte ihn der Missionar und sah mich dann nicht weniger amüsiert und erwartungsvoll an.

Verwirrt blickte ich von einem zum anderen. Ich sollte zwischen ihnen den Schiedsrichter spielen und zu etwas Stellung nehmen, was mein Begriffsvermögen noch um Ellen überstieg? Gänzlich überfordert brachte ich nur ein klägliches »Ich weiß es nicht, Hochwürden!« heraus.

»Vergiss das Hochwürden, junger Mann! Das steht mir nicht und auch keinem anderen Diener Gottes auf Erden zu. Nenn mich Bruder Johann-Baptist – aber bitte mit der Betonung auf der zweiten Silbe, Jo-hánn. Denn Brüder und Schwestern sollen wir einander sein. Und wer sich selbst erhöht, wird erniedrigt. So steht es in der Heiligen Schrift. Das gilt für uns alle, aber insbesondere für jeden, der sich zur Nachfolge Jesu entschlossen hat und den geweihten Rock der heiligen Mutter Kirche trägt.«

Ich nickte, obwohl nichts von dem, was er da gerade gesagt

hatte, sich mit dem deckte, was ich bisher über den geistlichen Stand von Kirchenkanzeln oder aus Laienmund gehört hatte.

»Vergiss besser auch gleich meine unsinnige Frage nach den Segnungen und Prüfungen. Um Mister Osborne, das verirrte Schaf in Gottes bunt gescheckter Herde, kümmern wir uns später«, fuhr Bruder Johann-Baptist leichthin fort. »Lasst uns jetzt erst einmal ein schattiges und ruhiges Fleckchen auf dem Achterdeck suchen und dann erzählst du uns von deinem Herrn Vater.«

»Eine treffliche Idee«, pflichtete ihm Frederick Osborne bei. »Hat uns doch die rätselhafte göttliche Vorsehung nicht die Ehre zuteil werden lassen deinen Vater persönlich kennen zu lernen.«

Meine Verblüffung über diese Aufforderung hätte nicht größer sein können. »Ich soll Ihnen von meinem Vater erzählen?«, fragte ich.

Bruder Johann-Baptist nickte und sein Gesicht hatte nun jeden Ausdruck von Belustigung und Leichtfertigkeit verloren. In seinen Augen stand ein ernster Blick, der von aufrichtigem Interesse zeugte. »Ja, so ist es doch guter Brauch nach einer Beerdigung, nicht wahr? Nämlich dass man des Verstorbenen gedenkt, indem man seine Erinnerungen mit den anderen Trauergästen teilt. Zwar fehlt der Leichenschmaus, aber das soll uns nicht daran hindern, das Gedenken an deinen Vater zu ehren, indem du von ihm erzählst und wir dir zuhören«, erklärte er. »Es ist gut, wenn man die Dinge, die einem auf Herz und Seele drücken, ausspricht. So mancher

Schmerz verliert nämlich erst dann seine quälende Schärfe, wenn ihm die Zunge hörbares Leben eingehaucht und ihn in die Welt entlassen hat.«

Verstört und dankbar zugleich sah ich ihn an. Und im Stillen fragte ich mich, wie er bloß wissen konnte, dass es mich förmlich danach drängte, über meinen Vater zu reden.

Als wir nach achtern gingen, um uns in Lee im Schatten der Segel auf eine Taurolle zu setzen, legte mir Bruder Johann-Baptist seinen Arm um die Schulter – so, wie Mijnheer Groneveld es vor kurzem getan hatte, und doch lagen Welten zwischen diesen beiden Gesten.

Am Heck der *Hindostan* erzählte ich ihnen von meinem Vater, erst unsicher und mit stockender Stimme und nicht immer in der richtigen chronologischen Reihenfolge, dann aber mit zunehmender Sicherheit. Mehrfach kamen mir die Tränen, insbesondere als ich auf den frühen Tod meiner Mutter und die wenigen Erinnerungen, die mir an sie geblieben waren, zu sprechen kam. Es tat mir gut, von all diesen Dingen zu sprechen, jedoch brachte es mir auch zum ersten Mal in meinem Leben zu Bewusstsein, was für ein einsames Leben mein Vater die letzten acht Jahre geführt hatte. Ein Leben ohne Freunde, ohne Zukunftsträume und ohne echte Begeisterung für eine Aufgabe, die er für wert erachtet hätte, um sich ihr mit all seiner Kraft zu widmen.

Als ich nichts mehr zu erzählen wusste und meine beiden Zuhörer ihre letzten Fragen gestellt hatten, saßen wir eine Weile in einträchtigem Schweigen, während die *Hindostan* mit singendem Rigg und windgeblähten Segeln südlich des zehnten Breitengrades gute Fahrt machte.

Es war Frederick Osborne, der das Schweigen brach, als er den Zigarrenstummel über Bord schnippte und dann sagte: »Ehre den Toten – und das Leben den Lebenden! Deshalb schlage ich vor, dass wir jetzt eine Runde *dow ngow* spielen. Das wird unseren jungen Freund auf andere Gedanken bringen.«

»Eine vortreffliche Idee«, stimmte ihm Bruder Johann-Baptist sofort zu.

»Was ist das?«, fragte ich.

»Dow ngow, was übersetzt ›Spiel der kämpfenden Stiere‹ bedeutet, ist ein höchst unterhaltsamer chinesischer Zeitvertreib mit Würfeln und Dominosteinen«, antwortete Frederick Osborne, holte den Lackkasten aus seiner Kabine und erklärte mir kurz darauf die Spielregeln. Wir spielten mit großer Begeisterung auf den Decksplanken, bis uns die Glocke zum Mittagessen in die Messe rief.

Und so fing alles an.

祭

Frederick Osborne und Bruder Johann-Baptist waren so gegensätzlich wie Tag und Nacht. Allein das war schon faszinierend und Grund genug für mich, immer häufiger ihre Gesellschaft zu suchen. Dass sie mich ernst nahmen und nicht wie ein dummes, lästiges, kleines Kind behandelten, wog noch um einiges mehr und führte dazu, dass ich jede Gelegenheit wahrnahm, um in ihrer Nähe zu sein. Stets hießen sie mich in ihrer Mitte willkommen, auch wenn sie gerade in einer ihrer hitzigen Diskussionen steckten, bei denen Bruder Johann-Baptist nie seine heitere Gelassenheit verlor, wie sehr Frederick Osborne auch seinem beißenden Spott und seiner Scharfzüngigkeit die Zügel schießen ließ. Aber sogar mitten in einem solchen Wortgefecht fanden sie doch immer noch zwischen zwei Sätzen die Zeit und die Freundlichkeit mir mit einem Nicken und einem Lächeln zu verstehen zu geben, dass ich nicht störte und mich ruhig zu ihnen setzen sollte. Gelegentlich wandten sie in solchen Situationen das Wort an mich, als wollten sie mir das Gefühl geben, an ihrem Streitgespräch ein wenig beteiligt zu sein. Aber natürlich waren die Fragen zumeist von rhetorischer, also sich selbst beantwortender Art – was nichts daran ändert, dass es gut tat, zur Kenntnis genommen zu werden und einbezogen zu sein, wenn auch nur am Rande. So wurde ich nicht nur ihr Partner beim Dominospiel, sondern auch ihr stiller Zuhörer und Begleiter auf ihren morgendlichen und abendlichen Rundgängen an Deck der *Hindostan*.

Dass ich mich immer enger an diese beiden Männer anschloss, kam mir selbst jedoch erst zu Bewusstsein, als Hermanus Groneveld mich eines Nachmittags in seine Kabine rief und sein Missfallen darüber äußerte. Das geschah in der Woche, als wir Borneo hinter uns gelassen hatten und uns schon auf der Höhe des Golfs von Siam befanden.

»Mir ist aufgefallen, dass du in letzter Zeit häufig in Gesellschaft von Mister Osborne und Pater Wetzlaff zu sehen bist, mein Kind!« Mein Vormund, der in seiner Kabine hinter dem am Boden festgeschraubten Tisch saß, kam sofort und mit tadelndem Tonfall zur Sache.

Wie sehr ich dieses väterlich huldvolle »mein Kind« hasste! Es stand ihm nicht zu – weder die väterliche Art noch die Anrede »mein Kind«. Ich ließ mir jedoch nichts anmerken, sondern antwortete schlicht und respektvoll: »Ja, Mijnheer.«

»Damit muss Schluss sein!«, sagte Groneveld. »Du wirst diesen beiden Herrschaften von nun an tunlichst aus dem Weg gehen! Sie sind nicht der rechte Umgang für ein Kind wie dich!«

Überrascht und verständnislos sah ich ihn an. »Aber warum denn nicht, Mijnheer?«

»Wenn ich als Erwachsener und zumal noch als dein bestellter Vormund dir sage, dass irgendetwas so oder so ist, dann sollte dir das reichen«, wies er mich zurecht. »Aber da du deinen Vater erst vor kurzem verloren und deshalb wohl noch nicht ganz zu dem angemessenen Verhalten eines gut erzogenen Kindes zurückgefunden hast, will ich dir dein respektloses Nachfragen durchgehen lassen und dir sogar darauf antworten.«

Ich musste mich zusammenreißen, um nicht gequält aufzustöhnen und die Augen zu verdrehen. Wie hatte mein Vater, der mir doch so viele Freiheiten gelassen hatte und oft mehr wie ein großer Bruder zu mir gewesen war, wie hatte er mich bloß zum Mündel eines burischen Sturkopfes wie Hermanus

Groneveld machen können? Es musste das Fieber gewesen sein, das seinen Geist dermaßen verwirrt hatte! Anders konnte ich mir diesen katastrophalen erzieherischen Ausrutscher nicht erklären.

»Dieser Frederick Osborne ist ein abgefeimter Zyniker vor dem Herrn, dem jeder Respekt für Moral und ehrliche Arbeit abgeht«, erklärte Groneveld mit Nachdruck. »Man soll ja keinem etwas Böses nachsagen, aber wer mit dem Gift Opium handelt, dem fehlt jegliches Gewissen. Und dieser Osborne hat so viel Skrupel wie ein hungriger Hai, das lass dir von mir gesagt sein!«

Ich verzog keine Miene, glaubte ihm jedoch kein Wort. Was wusste ich damals schon von Opium, dem klebrigen Extrakt der Mohnpflanze, und seiner schrecklichen Wirkung auf den Menschen! Dass in China Opium in großen Mengen verbraucht wurde und dass diese Droge nicht nur Segen brachte, war mir zwar schon mehrfach zu Ohren gekommen. Aber genauso hatte ich dann jedes Mal gehört, dass man dasselbe ja wohl auch von den Drogen Alkohol und Tabak sagen konnte, ohne deshalb nun gleich ein gelegentliches Glas Wein oder Brandy sowie den Genuss von Zigarren und Pfeifentabak verdammen zu müssen. Zudem sagte ich mir, dass der Opiumgenuss und folglich der Handel damit so gefährlich kaum sein konnte, wenn doch die britische Regierung den Handel mit Opium nicht nur gestattete, sondern sogar nach Kräften förderte. Oh wie einfältig ich damals noch war!

Hermanus Groneveld schien meine Gedanken lesen zu

können, denn er fragte nun: »Du glaubst vermutlich, dass es mit dem Opiumhandel seine Richtigkeit hat, ja?«

Ich senkte schnell den Blick. »Davon verstehe ich nichts, Mijnheer«, murmelte ich, wollte ich ihn doch auf keinen Fall reizen und mir dadurch das Leben noch schwerer machen, als es schon war.

»Ich werde dir erzählen, was es mit dem unseligen Opium auf sich hat!«, fuhr Groneveld fort. »Als die *East India Company* im Dezember 1600 von einigen Londoner Kaufleuten gegründet wurde, da versprachen sich die feisten Pfeffersäcke an der Themse gewaltige Reichtümer. Und eine Zeit lang ging es ja auch ganz ausgezeichnet. Die Herrschaften machten blendende Geschäfte, unter anderem auch mit Opium. Die *Company* sicherte sich in Indien das Monopol auf diese schreckliche Droge und schiffte immer mehr Kisten nach China, wo ebenso geschäftstüchtige wie skrupellose Händler dafür sorgten, dass immer mehr Chinesen dieser Sucht zum Opfer fielen.«

Ich tat so, als hörte ich ihm geduldig zu.

»Aber dann, so um 1750, geriet die einst mächtige Handelsgesellschaft durch Korruption und katastrophale geschäftliche Entscheidungen in eine schwere Finanzkrise«, fuhr Groneveld fort. »Die *East India Company* kämpfte plötzlich um ihr Überleben und wäre wohl in Konkurs gegangen, wenn ihr die britische Regierung nicht mit einer gewaltigen Finanzspritze beigesprungen wäre. Als Gegenleistung erhielt die Regierung nun die Kontrolle über die *Company,* die nun mehr denn je zu einem Instrument der britischen Handelspolitik wurde. Und das Opium spielte dabei eine zentrale Rolle. Denn mittlerweile führte England riesige Mengen Tee aus China ein, die mit Silber bezahlt werden mussten, ohne jedoch selbst genügend Waren in China verkaufen zu können. Und was war das Ergebnis?«

Ich zuckte die Achseln.

»Das Ergebnis war, dass England eine Auszehrung seiner Silbervorräte drohte, wenn es nicht gelang, die Handelsbilanz auszugleichen! Denn jahrelang schleppten die Engländer nichts als Silberbarren in ihren Schiffen nach Canton, um mit immer mehr Tee und Seide zurückzukehren. Und da nun Opium die einzige Ware war, für die es in China Käufer gab, konzentrierten sich die *Company* und die britische Regierung darauf, diesen Handelszweig um jeden Preis auszuweiten. Dass der Kaiser immer wieder neue Verbote aussprach, ignorierten die Herrschaften von der *Company* in Absprache mit der britischen Regierung. Was kümmerte es sie, dass schon auf das Rauchen von Opium Stockschläge und Pranger und später sogar Strafen wie das Abschneiden der Oberlippe, Verbannung oder gar öffentliche Erdrosselung standen? Skrupellos organisierten sie mit ihren chinesischen Partnern einen Opiumschmuggel, der in letzter Zeit immer größere Ausmaße angenommen hat – und immer mehr Silber zurück nach England bringt. Seit gut zehn Jahren fürchten nun nicht mehr die feinen Herrschaften in London die Auszehrung der Silbervorräte ihres Landes, sondern dieses Übel droht jetzt den Chinesen. Und zu den gewissenlosen Kaufleuten, die mit dem Teufelszeug Opium Handel treiben, als wäre es so harmlos wie Tee oder Sirup, gehört Mister Osborne! Verstehst du jetzt, warum ich dich vor ihm warne?«

»Ja, Mijnheer«, antwortete ich und bemühte mich um einen betroffenen Gesichtsausdruck. Dabei empfand ich, wie ich zu meiner großen Schande gestehen muss, nichts weiter als Langeweile und sogar ein wenig Geringschätzung für seine, wie mir schien, lächerlich kleinkarierte Sicht.

»Und was diesen sogenannten *Pater* Wetzlaff angeht«, fuhr Groneveld nun mit abschätzigem Tonfall fort, »so würde ich nicht mal meinen linken kleinen Finger dafür ins Feuer legen, dass er auch wirklich die höheren Weihen des Priesteramtes empfangen hat! Allzu nebulös sind mir die wenigen Äußerungen, die er bisher über seine Herkunft und seine priesterliche Ausbildung gemacht hat, und allen Nachfragen versteht er geschickt auszuweichen. Da ist ein gewisses Misstrauen doch wohl angebracht!«

Bruder Johann-Baptist sollte kein geweihter Priester sein und etwas zu verbergen haben? Im Stillen wurde ich nun wütend auf Groneveld, weil er solch hässliche Verdächtigungen äußerte, und zugleich hätte ich ihn auch auslachen mögen, für so absurd hielt ich seine Unterstellungen.

»Und überhaupt seine ganze Art! Wie kann er, der doch ein Mann Gottes sein will, sich mit einem Mann wie Frederick Osborne gemein machen? Ich habe die beiden sogar beim Würfelspiel gesehen, man stelle sich das mal vor!«, schloss Groneveld entrüstet seine Tirade.

Nun wäre ich wirklich am liebsten in lautes Gelächter ausgebrochen, beherrschte mich jedoch, weil ich wusste, dass ich mir damit fürchterliche Schwierigkeiten mit meinem humorlosen, sittenstrengen Vormund eingehandelt hätte. Ich traute ihm nämlich sehr wohl zu, dass er mir Stubenarrest erteilte und mich in meiner Kabine einschloss. Die Furcht vor einer solchen Bestrafung half mir sehr mich zusammenzureißen, meine wahren Gedanken und Gefühle vor ihm zu verbergen und das gehorsame Mündel zu spielen. So sagte ich denn mit demütig gesenktem Kopf: »Davon habe ich nichts gewusst, Mijnheer.«

»Natürlich nicht, wie könntest du auch, Kind«, sagte Groneveld und klang nun etwas versöhnlicher. »Halte dich an das, was ich dir sage. Es ist nur zu deinem Besten. Und du wirst sehen, wie gut wir beide miteinander auskommen werden.«

Ich nickte folgsam und dachte in Wirklichkeit doch das genaue Gegenteil. »Ja, Mijnheer.«

»Gut, dass wir uns verstehen, mein Kind«, sagte er zufrieden. »Das wäre alles. Du kannst gehen.« Er entließ mich mit dem knappen Wink seines Handgelenks, so wie man einen Kontoreigehilfen aus dem Raum schickt.

Nun, seine Zurechtweisung und Ermahnung fielen bei mir auf äußerst unfruchtbaren Boden. Nicht einmal einen Augenblick lang zog ich auch nur die *Möglichkeit* in Erwägung der Aufforderung meines Vormundes wirklich Folge zu leisten und fortan diesen beiden Männern aus dem Weg zu gehen. Dies von mir zu verlangen, erschien mir so absurd, wie einen Schiffbrüchigen davon abhalten zu wollen, sich an Bord eines vorbeitreibenden Rettungsbootes zu ziehen. Denn wie ein Schiffbrüchiger in einer weiten, fremden See mit fernen unbekannten Ufern kam ich mir vor – und der einzig wahre Halt, den ich nach dem Tod meines Vaters in meiner Reichweite wähnte, war der Anschluss an Frederick Osborne und Bruder Johann-Baptist. Meinen Vormund Groneveld empfand ich dagegen wie eine eisenschwere Beinkette, die mich ins Verderben hinunterzog.

Mit ein wenig Umsicht und Wachsamkeit fiel es mir jedoch nicht schwer, mich auch weiterhin an der unterhaltsamen Gesellschaft von Frederick Osborne und Bruder Johann-Baptist zu erfreuen. Denn Groneveld zeigte zum Glück wenig Empfänglichkeit für die erhabene Schönheit der wogenden See und den majestätischen Anblick eines stolzen Dreimasters wie der *Hindostan*, die unter voller Besegelung im Monsun wie ein Vogel dahinflog.

Groneveld war ein rechter Stubenhocker, der für alles sein festgelegtes Regelwerk besaß, von dem er nie auch nur um einen halben Zoll abwich. Gewöhnlich hielt er sich morgens, mittags und abends nach den Mahlzeiten exakt eine Viertelstunde an Deck auf, um seine »Gliedmaßen auszuschütteln und die Lunge kräftig durchzupusten«, wie er sich auszudrücken pflegte. Mit der aufgeklappten Taschenuhr in der Hand stampfte er mittschiffs auf und ab, bis die fünfzehn Minuten abgelaufen waren. Dann nickte er dem Steuermann am Ruder gnädig zu und begab sich wieder in seine Kabine, wo er zu meinem völligen Unverständnis die restlichen Stunden des Tages verbrachte. Mit der fast schon religiösen Hingabe eines Mannes, dem ein Frachtbrief fast so heilig ist wie einem frommen Gläubigen eine Reliquie und dem es bei der Erledigung seiner Pflichten auf kompromisslose, hundertprozentige Genauigkeit ankommt, bereitete er sich auf seine neue Aufgabe – und Beförderung! – im Reich der Mitte vor. So studierte er beispielsweise gründlich die komplizierten chinesischen Zollbestimmungen und zahllosen Gesetze, die für Ausländer und ihre cantonesischen Handelsniederlassungen galten, sowie das dicke *Kaufmännische Handbuch für Macao und Canton*. Zudem rührte er keinen Tropfen Alkohol an und hielt sich pedantisch an seine eiserne Regel, spätestens um zehn Uhr abends zu Bett zu gehen und das Licht zu löschen.

Nicht so Frederick Osborne und Bruder Johann-Baptist! Sie verweilten oft bis tief in die Nacht an Deck – und ich natürlich mit ihnen.

祝

Noch heute habe ich das leise Knistern im Ohr, das ich zu vernehmen meinte, wenn Frederick Osborne dort im Dunkel der Nacht an seiner Zigarre zog, und vor meinem geistigen Auge sehe ich das narbengezeichnete Gesicht des Opiumhändlers im Licht der roten Glut aufleuchten. Mir ist, als könnte ich sogar noch den würzigen Rauch riechen, der an mir vorbeitrieb, und auch das verlockende Glucksen und Plätschern des mit Brandy gefüllten Silberflakons hören, den

Frederick Osborne stets bei sich trug, um sich zwischendurch einen Schluck zu gönnen. Und so manches Mal tat es ihm der Missionar bereitwillig gleich.

So verschieden wir drei doch in Alter, Herkunft und Wesen waren, der unbeschreibliche Zauber der Tropennacht bei funkelndem Sternenhimmel, beständigem Monsunwind und rauschender See nahm uns alle gleich stark gefangen.

»Die Natur ist der beste Ort, um zu begreifen, wie entbehrlich doch jeder theologische Überbau ist«, bemerkte Frederick Osborne in einer dieser warmen Nächte einmal versonnen.

»Wenn Sie das Wort Natur doch endlich durch Schöpfung ersetzen würden, dann könnte ich fast versucht sein Ihnen zuzustimmen«, erwiderte Bruder Johann-Baptist.

Eine Weile hingen wir in einträchtigem Schweigen unseren Gedanken nach. Dann fragte Frederick Osborne an den Missionar gewandt, mehr verwundert als spöttisch: »Rechnen Sie wirklich allen Ernstes damit, dass Sie als Missionar in diesem von heidnischem Ahnenkult beherrschten, mächtigen chinesischen Imperium etwas bewirken können?«

»Nein, ich bestimmt nicht«, entgegnete der Missionar, ohne sich auch nur eine Sekunde lang seine Antwort zurechtlegen zu müssen. »Aber ich weiß, dass Gott es tun wird!«

Frederick Osborne seufzte. »Wenn Sie doch bloß nicht von der Idee besessen wären, ein so undankbares und armseliges Leben als Missionar führen zu wollen, was übrigens in China, wo jede Missionierung streng verboten ist, ein sehr kurzes Leben sein kann, wenn Sie mir diese kritische Anmerkung erlauben. Sie hätten nämlich das Zeug, wirklich etwas aus sich machen«, sagte er voller Bedauern.

Bruder Johann-Baptist reagierte darauf mit einem nachsichtigen Lächeln und den mir damals rätselhaften Worten: »Je größer die Bedrängnis und Trockenheit ist, die eine Pflanze oder einen Baum bedrohen, desto tiefer stoßen ihre Wurzeln in das dunkle Erdreich vor, weil dort unten die Rettung liegt, die Quelle weiteren Wachstums.«

In diesen Nächten bekam ich jedoch nicht nur philosophisch-theologische und wirtschaftlich-politische Diskussionen zu hören, sondern auch viele aufregende Geschichten aus dem bewegten Leben der beiden. Frederick Osborne hatte die Hälfte seines Lebens als Offizier der britischen Armee in Ägypten, Ceylon und Indien gedient, bevor er vor fünf Jahren den Dienst quittiert und sich dem einträglichen Opiumhandel verschrieben hatte. Er wusste von blutigen Gefechten, märchenhaften Maharadschapalästen, indischen Tigerjagden, Beduinenfesten, Fata Morganas, Wüstenstürmen und Sklavenkarawanen zu erzählen.

Auch Bruder Johann-Baptist verstand sich darauf, eine spannende Geschichte zum Besten zu geben. Er war als Sohn eines fränkischen Tuch- und Teehändlers in Singapur aufgewachsen, wo er von seiner Amme und einem Diener, die beide aus Canton stammten, die chinesische Sprache sozusagen mit der Muttermilch erlernt hatte. Später wurde das indische Madras für viele Jahre seine neue Heimat, denn dorthin hatte sein Vater seine Handelsfirma verlegt, als er sich gezwungen gesehen hatte Singapur zu verlassen. Welcher Art diese Zwänge gewesen waren, darüber machte er jedoch keine Angaben. Wie er auch vage in seinen Äußerungen darüber blieb, wo er studiert und die Priesterweihe empfangen hatte. Ich lockte nur so viel aus ihm heraus, dass er sich aus Ermangelung einer deutschen katholischen Mission für China der französischen Missionsgesellschaft *Diener des Heiligen Geistes* angeschlossen hatte. Mit fünfzehn Jahren hatte er die Lebensgeschichte des heiligen Franz Xaver gelesen, der nach der »Entdeckung« Japans Mitte des 16. Jahrhunderts als Missionar dorthin gegangen und Jahre später bei dem Versuch, das Evangelium auch nach China zu bringen, auf der Insel Santschao bei Canton 1552 gestorben war. Und seit dieser Zeit gab es für ihn nur ein einziges Ziel: Eines Tages als Missionar nach China zu gehen und ohne Rücksicht auf die Schwierigkeiten und die Strafen, die darauf standen, im Reich der Mitte das Evangelium zu verkünden.

Dass Bruder Johann-Baptist vieles über seine eigene Person im Dunkeln ließ, störte mich, im Gegensatz zu Groneveld, nicht im Geringsten. Jeder hat das Recht über sein Leben zu reden oder zu schweigen, so wie es ihm beliebt, solange er damit keinem anderen schadet. So sah ich es damals – und so sehe ich es auch heute noch. Außerdem interessierte mich seine Biografie nicht annähernd so sehr wie die Frage, auf welche Art und Weise er überhaupt ins Land kommen wollte.

»Natürlich auf gar keinen Fall über Canton«, erklärte Frederick Osborne. »Canton selbst ist nämlich für Ausländer tabu. Und den Handel mit den Ausländern hat der Kaiser in die Hände von dreizehn privilegierten chinesischen Händlern gelegt. Diese Männer nennen sich *hongs*. Um ihr Handelsmonopol unangreifbar zu machen und sich gegenseitig nicht die Preise zu verderben, haben sich diese privilegierten Gauner zu einer Gilde zusammengeschlossen, der *cohong*. Diese dreizehn *hongs* kontrollieren die dreizehn ausländischen Handelsniederlassungen, die sich im Westen der Stadt jenseits der mächtigen Stadtmauer auf einer Art Insel befinden. Und ohne Erlaubnis dürfen sich die *fangui* nicht aus ihrer Enklave, ihrem goldenen Käfig, entfernen . . .«

»Die wer?«, unterbrach ich ihn.

»*Fangui* heißt übersetzt ›die fremden Teufel‹«, warf der Missionar erklärend ein. »Eine bei den Chinesen leider geläufige Bezeichnung für uns Ausländer.«

»Ja, diese Chinks sind ein abergläubisches Volk«, fuhr Frederick Osborne geringschätzig fort und ich schäme mich heute dafür, dass ich damals nicht schon Anstoß an der verächtlichen Bezeichnung nahm. »Aber zurück zu Canton und seinem ausländischen Krebsgeschwür. Die *hongs* und die Mandarine, wie die Staatsbeamten genannt werden, sowie ihre Handlanger sind zwar ein durchweg korruptes Pack. Aber in zwei Belangen sind sie doch überaus empfindlich – nämlich wenn ihnen jemand nicht genug Schmiergeld zusteckt und wenn jemand einen von ihren Untertanen zum Christentum bekehren will. Und da doch recht viele Kriegsdschunken und Wachboote nicht nur im

Delta des Pearl River kreuzen, sondern insbesondere den Hafen von Canton scharf bewachen, ist diese Stadt nicht gerade der günstigste Ausgangsort, wenn man, so wie ich, lukrative Geschäfte an den habgierigen *hongs* und Mandarinen vorbeiplant oder gar Missionierungsversuche machen will, wie es sich unser werter Bruder Johann-Baptist in den Kopf gesetzt hat. Apropos Kopf: Mit dem Köpfen und Strangulieren sind diese Burschen verflucht schnell bei der Hand, wenn man nicht nach ihrer Pfeife tanzt. Wir *fangui* sind zwar ein bisschen besser dran als der gewöhnliche Chinese, mit dem die kaiserliche Obrigkeit nicht viel Federlesen macht. Aber das heißt nicht, dass wir uns ungestraft über ihre Verbote hinwegsetzen dürfen. Ich empfehle jedem sich nicht dabei erwischen zu lassen. Und falls es doch geschieht, sollte man ein großzügiges Schmiergeld nicht scheuen.«

Er klärte mich darüber auf, dass jedes Handelsschiff erst nach Macao segeln und sich dort einer Überprüfung durch chinesische Zollbeamte unterziehen musste – was man natürlich erst tat, wenn man sein Opium schon außerhalb der Hoheitsgewässer an *yaokou,* an chinesische Zwischenhändler, verkauft hatte. So oder so waren mit den Beamten jedoch hohe Bestechungsgelder auszuhandeln, wenn man seine Waren ungestört an den Mann bringen sowie lukrative Geschäfte mit den örtlichen Tee- und Seidehändlern machen wollte. Erst dann durfte man die Mündung des Pearl River passieren und nach Whampoa segeln, dem Überseehafen von Canton. Die restlichen zwanzig Kilometer flussauf musste man dann auf

Dschunken oder den kleineren Sampans zurücklegen, die weniger Tiefgang als die europäischen Segelschiffe besaßen.

»Aber sogar auf dieser lächerlich kurzen Strecke von Whampoa nach Canton befinden sich noch sage und schreibe drei Zollstationen«, sagte der einstige Offizier, der nun zum Opiumhändler geworden war. »Bei jeder werden die Boote angehalten und genau untersucht, ehe sie zu den Faktoreien dürfen. Es versteht sich natürlich von selbst, dass auch hier wieder jedes Mal üppige Schmiergelder fällig sind.«

»Dann ist der Handel mit Opium also doch verboten und alles andere als ungefährlich?«, wollte ich wissen.

Frederick Osborne lachte auf. »Ach was, dieses angebliche Opiumverbot ist doch bloß ein mieser Trick der chinesischen Regierung. Man will uns um unseren verdienten Profit für unser indisches Opium bringen. Denn das chinesische Opium ist von ganz mieser Qualität und taugt gerade mal dazu, um gutes indisches zu längen und als Opium zweiter Wahl an die zu verschachern, die sich unsere Ware nicht leisten können. Das ist wie mit dem billigen Ginfusel bei uns, mit dem sich der einfache Pöbel und das lichtscheue Gesindel in den Hafendocks betäuben, statt in kultivierter Atmosphäre eine gute Flasche Wein oder einen gut gereiften Brandy zu genießen.«

»Das Elend hat seine eigenen Spielregeln und Lebensfallen, in die ein Mensch stürzen kann«, wandte Bruder Johann-Baptist ein. »Wer für einen Hungerlohn arbeitet, hat kaum das nötige Geld für eine gute Flasche Wein oder einen edlen Brandy.«

»Ach was, jeder ist seines Glückes eigener Schmied. Niemand wird gezwungen in der Gosse zu leben und sich bis zum Delirium mit Fusel zu besaufen!«, erwiderte Frederick Osborne, und auch ich schenkte in meiner jugendlichen Unerfahrenheit und Ignoranz dem nur zu berechtigten Einwand des Missionars keinen weiteren Gedanken.

Mich beschäftigte etwas ganz anderes: »Aber wie wollen Sie und Bruder Johann-Baptist all diese Kontrollen unbeschadet passieren?«

Der Händler schenkte mir ein vergnügtes Lächeln. »Mit Hilfe eines schnellen Krebses.«

Verständnislos runzelte ich die Stirn. »Eines schnellen Krebses? Was soll denn das sein, Mister Osborne?«

»Lass dich überraschen, Felix. Wenn das Wetter so bleibt, wie es ist und nichts weist auf das Gegenteil hin, erreichen wir in drei Tagen das Delta des Pearl River. Dann wirst du sehen, was es mit diesem schnellen Krebs auf sich hat!«

Wie stolz ich doch war, als Frederick Osborne in der folgenden Nacht den kostbaren Silberflakon auch mir anbot – zum ersten Mal, seit ich mit ihnen zusammen war.

»Aber nur ein wenig dran nippen, junger Freund!«, warnte mich der Missionar.

Ich nippte andächtig und fühlte mich danach wie geadelt.

Und wie schwellte mir die Brust, als Frederick Osborne eine Weile später zu mir sagte: »So einen patenten, aufgeweckten Burschen wie dich könnte ich gut gebrauchen.«

»Ja, wirklich? Als was denn?«, wollte ich sofort wissen.

»Als wachsames Paar Augen in meinem Rücken, als mein Sekretär und flinker Bote – nun, eben als mein junger Assistent für tausendundeine wichtige Kleinigkeit.«

Bruder Johann-Baptist lachte. »Ja, für so einen aufgeweckten Hansdampf in allen Gassen hätte sogar ich noch Verwendung.«

». . . aber nicht den Schimmer einer Chance, wenn er auch nur für einen Sixpence Grips im Schädel hat, und das hat unser Felix Faber allemal! Er wäre ja schön dumm sich bei einem Hungerleider von Missionar zu verdingen, der ihm noch nicht einmal einen besonderen Platz im Himmelreich garantieren kann, geschweige denn einen vollen Bauch und eine gut bestückte Geldbörse zu Lebzeiten!«, spottete Frederick Osborne.

»Ich glaube leider nicht, dass mein Vormund dazu seine Zustimmung geben würde«, sagte ich, und das war noch eine Untertreibung. Denn ich wusste ja, wie wenig Mijnheer Groneveld von den beiden Männern hielt. Er hätte mich noch nicht einmal ausreden lassen.

»Ja, das fürchte ich auch. Dieser Bure hat das Gemüt einer sauer eingelegten Gurke und so viel Verständnis für die Bedürfnisse der Jugend wie eine alte Betschwester im Kloster«, meinte der Händler. »Es tut mir Leid für dich, mit solch einem Vormund geschlagen zu sein. Aber ich bin sicher, dass du weißt, was du willst, und dass du deinen Weg schon machen wirst – und zwar so, wie und wann du es willst!«

Mir war, als läge in seiner Stimme und in seinem Blick eine verborgene Bedeutung, und seine Worte gingen mir von da an nicht mehr aus dem Sinn.

壽

Auf dem Pearl River
oder
Wie wir der Kriegsdschunke entkamen und ins Innere des Landes vorstießen

Die Aussicht, in wenigen Tagen der Gesellschaft dieser beiden Männer beraubt zu sein und in Canton unter der harschen Fuchtel von Groneveld zu stehen, machte mich ganz elend und ließ mich nach einem Ausweg suchen, um diesem bitteren Schicksal zu entgehen. Dass meine Gedanken dabei in eine ganz bestimmte Richtung gingen, lag an Frederick Osbornes Äußerung, dass er einen aufgeweckten Jungen wie mich jederzeit mit offenen Armen als Assistenten nehmen würde. Waren seine Worte denn nicht eine versteckte Aufforderung gewesen meine eigene Entscheidung zu treffen und mich ihm und Pater Wetzlaff anzuschließen? Natürlich waren sie das gewesen! Was sonst sollte er gemeint haben?

Je näher wir Chinas Südostküste kamen, desto mehr festigte sich in mir der Entschluss mich um jeden Preis dem Händler und dem Missionar anzuschließen. Zum Teufel mit Groneveld! Nichts verband mich mit ihm, keinerlei Familienbande, keine Freundschaft, ja nicht einmal eine noch so schwache moralische Verpflichtung. Mein Vater hatte im Fieber, längst körperlich ausgezehrt und geistig verwirrt, einen bedauernswerten Fehler begangen. Und deshalb, so beruhigte ich mein Gewissen, brauchte ich mich an seinen letzten Wunsch auch nicht gebunden zu fühlen.

Am Ende der ersten Novemberwoche tauchten aus der Südchinesischen See die ersten der Küste vorgelagerten Inseln auf. Wie polierte Smaragde schimmerten die saftig grünen Inseln in den grünblauen Tropengewässern. Die *Hindostan* nahm Kurs nicht auf die Mündung des Pearl River, sondern auf das Gebiet, das zwischen der portugiesischen Hafenstadt Macao im Westen und einer Insel im Osten lag, die sich Hong Kong nannte und bis auf ein paar armselige Fischerdörfer unbewohnt war.

»Die Buchten von Hong Kong bieten ausgezeichnete Ankerplätze und erfreuen sich daher bei Schmugglern und Piraten, was oftmals ein und dasselbe ist, größter Beliebtheit«, erklärte mir Frederick Osborne. »Das wäre ein trefflicher Ort für eine Handelsniederlassung.«

Zwei Tage und Nächte kreuzten wir vor der Küste der Provinz Guangdong, zu der Canton gehört, und in Sichtweite eines wahren Labyrinthes von Inseln auf und ab. Wir begegneten vielen einheimischen Fischerbooten, Sampans sowie Dschunken aller Art, deren gerippte Segel mich an Fledermausflügel erinnerten. Einige steuerten uns an und wollte Handel mit uns treiben, doch Captain Welsh zeigte keinerlei Interesse und scheuchte sie davon. Groneveld, der sich bei ihm beschwerte und wissen wollte, warum wir nicht gleich Macao anliefen, wie es doch die chinesischen Vorschriften verlangten, erhielt die kühle Antwort: »Weil die Geschäfte von Mister Osborne, die zufällig auch mit denen meines Reeders verbunden sind, Vorrang vor allen anderen Interessen haben, Mister Groneveld!«

Wir warteten auf ein Rendezvous und eine bewölkte Nacht, wie ich von Frederick Osborne erfuhr, der sich nun fast ununterbrochen an Deck aufhielt – bewehrt mit einem exzellenten, ausziehbaren Fernrohr.

Im Morgengrauen des dritten Tages legte sich eine Dschunke mit rostroten Segeln längsseits. Der Opiumhändler, der dem chinesischen Kapitän eine Nachricht überbracht hatte, kletterte schon wieder die Strickleiter hoch, als ich gähnend und noch etwas schlaftrunken den Niedergang hochkam und an Deck trat. Ich sah nur noch, wie die Dschunke wieder ablegte und Kurs auf die Inseln vor uns nahm.

Ich blickte der Dschunke, die auf mich einen sehr heruntergekommenen und plumpen Eindruck machte, nach und fragte: »War das der schnelle Krebs?«

Der Opiumhändler lachte. »Diese wurmzerfressene Dschunke da? Um Gottes willen, nein! Den schnellen Krebs wirst du erst heute Nacht zu sehen bekommen, und zwar in einer einsamen Bucht der Insel Linding, was übersetzt ›Abgelegener Nagel‹ bedeutet. Wenn das nicht ein umwerfend lyrischer Name für einen Schmugglertreff ist!«

»Und was geschieht da?«, fragte ich, obwohl die Antwort auf der Hand lag.

Er lächelte mich an. »Da beginnt das große Abenteuer, junger Mann!«, sagte er hintersinnig, schlug mir freundschaftlich auf die Schulter und schob das dreiteilige Messingfernrohr mit einem lauten metallischen Klicken zusammen.

Mir klopfte das Herz. In dieser Nacht sollte es also geschehen! Nun, ich war auf alles gefasst und vorbereitet. Sogar der Brief an Groneveld lag schon geschrieben in meiner Kabine, versteckt in meiner Seekiste.

Die Sonne brannte schnell den Morgendunst von der See. Der Tag wurde heiß und stickig wie in einer Waschküche und schien kein Ende nehmen zu wollen. Meine Geduld wurde auf eine harte Probe gestellt.

Endlich brach die Tropennacht herein. Sie kam, wie in diesen Breitengraden üblich, fast schlagartig. Es war, als hätte plötzlich jemand von Osten her ein riesiges, samtschwarzes Tuch über die Küste geworfen.

Die *Hindostan* nahm nun Kurs auf das Insellabyrinth. Captain Welsh überwachte das nächtliche, nicht ungefährliche Manöver, indem er nicht von der Seite des Rudergängers wich. Der Erste Offizier, mit den Gewässern ebenso gut vertraut wie der Captain, steuerte den Dreimaster jedoch sicher durch den Wirrwarr aus zahllosen kleinen wie großen Inseln, die sich in der Dunkelheit wie die aus dem Wasser ragenden Rücken einer Herde schlafender Wale ausnahmen.

Eine gute Stunde vor Mitternacht glitt der Ostindienfahrer unter gerafften Segeln um eine bewaldete, bucklige Landzunge, die wie der angewinkelte Arm eines Riesen weit ins Wasser hinausreichte. Captain Welsh rief seiner Mannschaft gedämpfte Kommandos zu. Matrosen enterten die Takelage, um die restlichen Segel einzuholen. Gleichzeitig warf der Erste Offizier das Steuerruder mit einer gekonnten, eleganten Bewegung herum und die *Hindostan* schwang scharf nach Steuerbord. Scheinbar mühelos glitt der stolze Dreimaster um die Spitze der Landzunge herum – und durch eine nur knapp fünfzig Meter breite Passage, die auf der anderen Seite von schroffen, aus dem Wasser ragenden Felsnadeln begrenzt wurde und die in eine sich dahinter öffnende, weite, einsame Bucht führte.

Augenblicke später klatschte der Anker ins Wasser und auf Anweisung von Captain Welsh wurden nun auch die letzten Lichter an Bord gelöscht. Völlige Dunkelheit umfing uns. Es war, als versänke die ganze Welt in einer undurchdringlichen Finsternis, die niemals wieder weichen würde. Dichte Wolkenfelder zogen über den Himmel und hielten das Licht der Sterne und des abnehmenden Mondes fern.

»Was geschieht jetzt?«, fragte ich und wagte vor Aufregung kaum meine Stimme über ein Flüstern zu erheben.

»Wir warten«, antwortete Frederick Osborne gelassen. »Auf Hsi Sheng Mo und seine schnellen Krebse. Sicher haben die Chinks, die irgendwo da draußen auf der Lauer liegen, uns schon längst ausgemacht und werden deshalb nicht lange auf sich warten lassen.«

Keine zwanzig Minuten später waren sie plötzlich da. Fast so lautlos wie die Schatten der Nacht flogen sie heran, zwei dschunkenähnliche, dreimastige Boote mit dunklen Segeln.

Doch die Segel allein konnten die Boote unmöglich so schnell vorantreiben! Als die schnellen Krebse näher kamen, nahm ich ein merkwürdiges Rauschen wahr, das schnell anschwoll. Es klang, als würden Vögel mit großer Spannweite zu Hunderten aufsteigen – und zwar alle mit abgestimmtem, absolut gleichem Flügelschlag.

Im nächsten Moment begriff ich, warum diese Boote nach den schnellen, vielbeinigen Krebsen benannt waren: *Ruder!* Zahllose Ruder wie die Füße eines Tausendfüßlers! Jeder der schnellen Krebse wurde zusätzlich zu den Segeln von mindestens vierzig, fünfzig Ruderern vorangetrieben. Die schnellen Krebse ähnelten – ja, Galeeren.

Was für ein Anblick!

»Man nennt diese schnellen Boote auch ›Die Geflügelten‹ oder ›Die wirbelnden Drachen‹ und ich finde, das beschreibt sie recht zutreffend«, sagte Frederick Osborne neben mir mit einem vergnügten Lachen in der Stimme, das zweifellos meiner unverhohlenen Verblüffung galt, und ging dann zum Captain hinüber.

Das Wasser schäumte, als die Ruderer scheinbar in letzter Minute die Boote zum Stehen brachten. Die Riemen wurden eingezogen und die beiden schnellen Krebse machten auf der Backbordseite an der *Hindostan* fest. Ich beobachtete, wie nun im Schein weniger Schiffslampen mehr als hundert Kisten, die bestes indisches Opium aus der Provinz Patna enthielten, aus dem Frachtraum des Segelschiffes gehievt und unten auf den Booten von schattenhaften Gestalten mit langen Zöpfen verladen wurden. Dabei fiel mir auf, dass der Großteil der

Opiumfracht, gut drei Viertel der Kisten, auf den vorderen der beiden »wirbelnden Drachen« umgeladen wurde.

Mittlerweile war auch Groneveld an Deck erschienen, wohl weil er bei all dem Gerenne, Gerufe und Gepoltere an Deck in seiner Kabine keinen Schlaf hatte finden können. Und obwohl er das hektische Verladen mit verschlossener, missbilligender Miene verfolgte, wagte ich es, zu Frederick Osborne zu treten, der gerade mit Captain Welsh redete. Ich musste unbedingt herausfinden, welches der beiden das richtige Boot war – und zwar frühzeitig, wenn mein Plan nicht scheitern sollte!

»Mister Osborne, Sir, entschuldigen Sie, dass ich Sie und den Captain unterbreche, aber ist das der schnelle Krebs, mit dem Sie und Bruder Johann-Baptist, äh . . . weiterreisen werden?«, fragte ich und deutete auf das vordere Boot, das von mittschiffs bis zum Bug der *Hindostan* reichte.

»Nein, der übernimmt nur den Teil der Fracht, der schon verkauft ist. Bestellte Ware sozusagen«, antwortete der Opiumhändler. »Mein frommer Freund und ich nehmen das hintere Boot, das vom Oberhalsabschneider Hsi Sheng Mo persönlich kommandiert wird.«

»Lassen Sie uns gehen und das Silber prüfen, Mister Osborne!«, drängte der Captain und im selben Augenblick rief Groneveld mich mit scharfer Stimme zu sich.

Nun, ich hatte erfahren, was ich wissen musste, um meinen Plan auszuführen. Scheinbar folgsam und ohne Zögern begab ich mich deshalb zu ihm. »Ja, Mijnheer?«

»Was hast du mit diesen Männer zu reden, Kind? Das hier

ist nichts für dich! Es ist eine himmelschreiende Schande, dass sogar seriöse Handelshäuser keinen Skrupel kennen mit dieser verruchten, unseligen Ware Opium zu handeln!«, entrüstete er sich. »Aber noch empörender ist es, dass unsere europäischen Regierungen diesen Handel nicht nur tolerieren, sondern sogar noch nach besten Kräften fördern, allen voran diese heuchlerischen Engländer, die sonst keine tauglichen Waren anzubieten haben, um ihre enormen Teeimporte zu bezahlen und ihre miese Handelsbilanz mit China auszugleichen! Jawohl, ein Skandal ist dieses dreckige Geschäft! Und du tust gut daran, das nicht zu vergessen!« Mit dieser Ermahnung schickte er mich unter Deck.

Scheinbar enttäuscht, aber doch ohne jede Widerrede wandte ich mich um und stiefelte den Niedergang hinunter. Dort erlaubte ich mir dann ein spöttisches Grinsen. Eiligst lief ich in meine Kabine, holte den Brief und mein kleines Bündel, das ich in eine alte Ölhaut geschnürt hatte, und formte aus meinen restlichen Kleidern eine dicke Rolle, die ich in meine Koje legte und mit dem dünnen Laken bedeckte. Wer bei Dunkelheit einen flüchtigen Blick in meine Kabine warf, der musste diese Silhouette im Bett einfach für mich halten und annehmen, dass ich in tiefem Schlaf lag.

Anschließend bückte ich mich, zog die aufgerollte Bootsleine, die ich vorsorglich in meiner Kabine versteckt hatte, unter der Koje hervor und hängte sie mir über die Schulter. Nun begab ich mich in Gronevelds Kabine. Erst wollte ich den Brief mitten auf den Tisch legen, damit er ihn sofort ins Auge fiel, sowie er sein Quartier betrat. Aber mir wurde noch rechtzeitig bewusst, wie riskant dies war, brauchte er doch bloß in seine Kabine zurückzukehren, *bevor* die beiden schnellen Krebse abgelegt hatten, um von meinem Vorhaben zu erfahren und es noch im letzten Moment vereiteln zu können. Deshalb legte ich den Brief zwischen die Seiten seines *Kaufmännischen Handbuches*, das er ja jeden Tag studierte wie Bruder Johann-Baptist die Bibel, sodass er ihn rasch finden würde.

Bei der Abfassung dieses Schreibens hatte ich immer wieder das heftige Verlangen nach spöttischen Formulierungen in mir unterdrücken müssen und mich einer größtmöglichen Höflichkeit und Freundlichkeit befleißigt. Ja, ich hatte mich sogar der wirklich schamlosen Heuchelei schuldig gemacht, ihn um Verzeihung zu bitten – nämlich für die Unbotmäßigkeit meines Handelns und die Sorge, die ich ihm damit bereitete. So mutig und stark, wie ich mich auch fühlte, wollte ich es mir doch nicht ganz mit ihm verderben. Dabei ging es mir nicht allein um mein Gepäck und das meines verstorbenen Vaters, das Groneveld für die Dauer meines Abenteuers mit Bruder Johann-Baptist und Mister Osborne in Verwahrung nehmen sollte. Ich dachte vielmehr an die Zeit, die *nach* meinem Abenteuer mit den beiden ungleichen Männern auf mich wartete. Denn dass unsere Wege uns früher oder später auch nach Canton führen und ich Groneveld dort wieder begegnen würde, lange bevor ich mündig war, lag auf der Hand. Keine noch so kühne Träumerei konnte dieses Wissen verdrängen. Daher erschien es mir äußerst unklug, Groneveld über Gebühr gegen mich aufzubringen. Brücken, die man mit großer Wahrscheinlichkeit noch einmal passieren muss, brennt nur ein ausgemachter Dummkopf hinter sich nieder.

Noch in Gronevelds Kabine zog ich die Schuhe aus und stopfte sie in mein Kleiderbündel. Niemand begegnete mir, als ich Augenblicke später mit nackten Füßen den Niedergang hochschlich. Die Seeleute der *Hindostan* waren noch immer mit dem Umladen der Opiumfracht beschäftigt. Mein Vormund stand, keine fünf Schritte von der Niedergangsluke entfernt, an der Reling und wies mir seinen kantigen Rücken zu. Steif wie ein Brett und mit vor der Brust verschränkten Armen, schaute er, zweifellos missbilligend, auf die schnellen Krebse und das geschäftige Treiben hinunter.

Ich vergewisserte mich, dass niemand in meine Richtung blickte. Das Herz schlug mir vor Aufregung im Hals. Dann wagte ich mich aus der Luke und huschte nach achtern. Das Heck der *Hindostan* lag gottlob in völliger Dunkelheit. Schon vor dem Besanmast erstickte die Nacht den letzten schwachen Lichtschein, der von den wenigen Lampen bei der Frachtluke mittschiffs kam. Ich wand meine Leine um einen Balken der hölzernen Reling, nahm sie doppelt, sodass beide Enden bis ins Wasser hinunterreichten, und schwang mich über Bord. So schnell ich konnte, kletterte ich am Seil hinunter.

Der dunkle Rumpf des Schiffes glitt an mir vorbei und schien über mir in den Nachthimmel zu wachsen. In meiner Aufregung vergaß ich, dass mein Seil oben nicht verknotet war und ich es daher allzeit doppelt fassen musste, wenn ich nicht in die Tiefe stürzen wollte. Als ich nach unten schaute, um zu sehen, wie weit es noch bis zur Wasseroberfläche war, dabei aber gleichzeitig auch tiefer kletterte und beim Nachfassen nur ein Ende der Bootsleine erwischte, sirrte mir das andere Ende augenblicklich durch die Beine – und ich fiel haltlos in die Schwärze!

Glücklicherweise befand ich mich höchstens noch zwei, drei Meter über der Wasseroberfläche und so schlugen die tintenschwarzen Fluten denn über mir zusammen, noch bevor ich einen Schrei des Erschreckens ausstoßen konnte. Ich schluckte Salzwasser und tauchte hustend und nach Atem ringend wieder auf. Die lange Bootsleine hatte sich mir um Kopf und Schultern gewickelt und einen Moment lang kämpfte ich mit der Panik, während ich heftig meine Beine bewegte, um nicht unterzugehen. Doch dann bekam ich wieder richtig Luft und sofort wich die Angst in die Tiefe gezogen zu werden und ertrinken zu müssen.

Ich befreite mich von dem wirren Knäuel der Bootsleine und wartete einige bange Sekunden lang, ob mich jemand ins Wasser fallen gehört hatte. Als jedoch niemand über mir an der Reling erschien, kehrte meine Zuversicht zurück. Ich schwamm nun um das Heck der *Hindostan* herum und richtete mein Augenmerk auf den hinteren der beiden schnellen Krebse. Vorsichtig schwamm ich näher heran und sah zu meiner Erleichterung, dass es ein wahres Kinderspiel sein würde, an Bord dieses dschunkenähnlichen Bootes zu klettern. An den Seiten hingen nämlich genügend Taue herab. Da ich jedoch nicht zu früh entdeckt werden wollte, packte ich eines der Taue, das vom Heck mit seinem überdachten Ruderstand auf der Backbordseite herabhing, und hielt mich vorläufig daran fest. Dabei achtete ich darauf, dass nur mein Kopf aus dem Wasser ragte.

Angespannt lauschte ich auf die Geräusche, die mir verraten würden, wann ich es wagen konnte, an Bord zu klettern. Es war Frederick Osbornes Stimme, die mir etwa zehn Minuten später sagte, dass der Augenblick endlich gekommen war.

»Alles verladen, alles an Bord! Wir können, Captain! Lassen Sie die Leinen loswerfen! Alles Gute und bis zum nächsten Mal!«, rief er dem Captain der *Hindostan* zu.

»Ihnen und Pater Wetzlaff viel Glück und Gottes reichen Segen!«, kam die Stimme von Captain Welsh gedämpft vom Deck des Dreimasters zurück. »Sie werden beides nötig haben!«

Ich hörte den Opiumhändler lachen und wartete nun nicht länger, denn der schnelle Krebs erwachte zu eigenem Leben. Schnell kletterte ich am Seil hoch, schwang mich über Bord, kroch über einen dicken Wulst aus seltsamen Eisenketten und kauerte mich hinter einen hüfthohen Stapel Bambusmatten, die ekelhaft penetrant nach Öl und Pech stanken und mich fast benommen machten. Währenddessen schallten chinesische Kommandorufe über das Deck, worauf ein großes Gerenne einsetzte.

Die schnellen Krebse lösten sich von der *Hindostan*, und sowie genug freier Raum zwischen dem britischen Dreimaster und den Schmugglerbooten klaffte, tauchten die fünf Dutzend Ruderblätter ins Wasser ein.

Zu Tode erschrocken fuhr ich herum, als ich plötzlich von

hinten einen spielerischen Stockschlag auf die Schulter erhielt. Vor mir auf dem dicken Kettenwulst stand Frederick Osborne, seinen eleganten, silberverzierten Spazierstock in der Hand und ein vergnügtes Lächeln auf dem Gesicht. »Du kannst jetzt aus deinem Versteck hervorkommen, Felix. Die *Hindostan* ist schon so gut wie außer Sichtweite. Und dass du an Bord bist, weiß hier längst jeder.«

Verdattert richtete ich mich hinter den Matten auf. »Ja, aber . . . «, begann ich verwirrt.

»Ich habe Hsi Sheng Mo gesagt, dass du zu mir gehörst und dass er und seine Männer dich nicht beachten sollen«, erklärte der Händler belustigt über meine Verblüffung. »Denn hätte ich sie nicht auf dein Kommen vorbereitet, hättest du es niemals geschafft, an Bord des schnellen Krebses zu gelangen. Diese Burschen sind so wachsam wie eine Meute hungriger Wölfe. Sie hätten dir schon die Kehle durchgeschnitten, noch bevor du das Tau richtig zu fassen bekommen hättest.«

Dass mich ein solches Schicksal erwarten könnte, war mir nicht einmal mit einem flüchtigen Gedanken in den Sinn gekommen. In jugendlicher Ahnungslosigkeit hätte ich mich dem sicheren Tod ausgeliefert, wenn Frederick Osborne nicht mit meinem Kommen gerechnet und entsprechende Vorsorge getragen hätte! Mir fuhr noch nachträglich der Schreck in die Glieder.

»Wieso . . . waren . . . Sie sich . . . Ihrer Sache so sicher, Mister Osborne?«, fragte ich mühsam und unter Stocken, während ich hinter dem Mattenstapel hervorkam.

»Wen der Durst quält, der nimmt den kürzesten Weg zur

nächsten Wasserstelle«, antwortete der Händler vergnügt. »Und dich quält zweifellos ein starker Durst nach einem anderen Leben, als dein sauertöpfischer Vormund es dir bieten kann und will. In dir brennt die Abenteuerlust, mein junger Freund! Und deshalb wusste ich, dass du nichts unversucht lassen würdest, um dich uns anzuschließen. Denn bei uns bist du eben auf dem richtigen Boot, im wahrsten Sinne des Wortes.«

»Dann kann ich also als Ihr Assistent bei Ihnen bleiben?«, fragte ich erleichtert.

Er nickte, stellte jedoch sofort klar, was diese Position in Wirklichkeit bedeutete. »Wobei du dir doch hoffentlich darüber im Klaren bist, dass der klangvolle Titel ›Assistent‹ natürlich nur ein schönfärberisches Wort für die mehr prosaischen Aufgaben eines ›Laufburschen‹ oder ›Mädchen für alles‹ ist, nicht wahr?« Mit hochgezogenen Augenbrauen sah er mich an.

»Das geht schon in Ordnung, Mister Osborne! Hauptsache, ich bin mit von der Partie. Ich werde Sie auch bestimmt nicht enttäuschen . . .«

In diesem Moment tauchte Bruder Johann-Baptist aus dem Ruderhaus auf. Seine Überraschung, mich an Bord des schnellen Krebses anzutreffen, hielt sich in Grenzen. Offenbar hatte auch er mehr oder weniger damit gerechnet, mich hier wieder zu sehen. »Sieh an, der junge Felix Faber konnte der Verlockung also nicht widerstehen!«, sagte er, als er mich erblickte. »Du hast dich demnach entschlossen dich unter die Fittiche von Mister Osborne zu begeben, ja?«

Ich nickte.

Der Missionar rieb sich das Kinn und bedachte mich mit einem wohl wollenden Lächeln. »Nicht, dass ich deine Entscheidung kritisieren oder dich gar abwerben möchte, Felix«, sagte er, »aber wenn du es dir noch einmal überlegst und zu dem Ergebnis kommst, dass die Jagd nach dem schnöden Götzen Mammon dich vielleicht doch weniger reizt und du lieber an dem grandiosen Werk teilhaben möchtest dem Herrgott in der heidnischen Wildnis Chinas einen Weg zu eben, dann lass es mich nur wissen.«

Frederick Osborne lachte spöttisch auf. »Vergebliche Liebesmüh, mein verehrter Seelenfänger! Sie werden Ihren Dornenweg schon allein gehen müssen. Und seien Sie froh darüber. Denn dann brauchen Sie das heilige Martyrium, das Sie möglicherweise erwartet, nicht mit einem anderen zu teilen. Habe ich Ihnen übrigens schon von dem bedauernswerten Lazaristen-Missionar Pater Jean-Gabriel Perboyre erzählt, der getan hat, was Sie zu tun beabsichtigen, sich nämlich verbotenerweise ins Innere China zu wagen und das Evangelium zu verkünden? Der Arme ist letztes Jahr in Wuchang verhaftet und zum Tode verurteilt worden. Er sitzt seitdem im Kerker und wartet auf seine Hinrichtung.«

»Ja, Sie waren schon mehrfach so freundlich mich an dem schweren Schicksal dieses Gottesmannes teilhaben zu lassen«, erwiderte der Missionar gelassen.

»Tja, mit ein wenig Opium oder genügend Silber im Gepäck wäre ihm diese unerquickliche Lage erspart geblieben«, bedauerte Frederick Osborne. »Nun, ich habe von beidem mehr als genug, um uns auch noch vom blutrünstigsten Mandarin freikaufen zu können, sollten wir einmal in widrige Umstände geraten.«

»Wir werden ja wohl noch ein, zwei Wochen zusammen unterwegs sein«, meinte der Missionar freundlich und blickte mich dabei an. »Da bleibt Zeit genug sich noch so manches durch den Kopf gehen zu lassen.«

»In der Tat«, bekräftigte Frederick Osborne.

Längst hatte die Nacht den »abgelegenen Nagel« Linding mit seiner versteckten, einsamen Bucht und der *Hindostan* hinter uns verschluckt. Mittlerweile hatten sich auch die beiden schnellen Krebse getrennt. Jedes Boot folgte nun seinem eigenen Kurs. Unseres steuerte im Mündungsdelta des Pearl River eine schmale Passage an, die sich zwischen zwei größeren, lang gestreckten Inseln vor uns auftat.

Gerade wollte ich mich an Bord unseres schnellen Krebses ein wenig genauer umsehen und mich mit all dem Fremden vertraut machen, als Kanonendonner die trügerische Stille der nächtlichen Inselwelt zerstörte. Wenige Sekunden später schoss eine Wasserfontäne wie ein Geysir steuerbords vor uns empor, als die Kanonenkugel in die See einschlug – keine drei Bootslängen von uns entfernt.

»Schau an, da hat also doch ein verdammtes Wachschiff der kaiserlichen Marine hinter der Landzunge auf der Lauer gelegen!«, rief Frederick Osborne und deutete nach rechts, wo sich nun die Umrisse einer Kriegsdschunke abzeichneten, die Kurs auf uns nahm. Zwei Kanonen donnerten kurz hintereinander los.

Ein flaues Gefühl breitete sich in meiner Magengegend aus. Denn diesmal lagen die Einschläge bloß noch eine läppische Bootslänge zu kurz. Wenn die Kanoniere auf der Kriegsdschunke ihre Geschütze noch etwas besser justierten, würden die nächsten Geschosse zweifellos ihr Ziel treffen!

Hsi Sheng Mo, ein hagerer Mann mit fast hüftlangem Zopf und bekleidet mit einem schwarzen Seidengewand, das auf dem Rücken einen rotgoldenen Drachen zeigte, sowie weiten schwarzen Hosen, trat ohne Hektik aus dem Ruderhaus. Der Kapitän, in diesen Breiten *mantale* genannt, schrie einen knappen Befehl, der in meinen Ohren wie ein scharfes Hundebellen klang.

»Allmächtiger, stehe uns in unserer ersten Prüfung bei!«, rief der Missionar besorgt. »Ich hätte nicht gedacht, dass wir schon so bald in eine solch brenzlige Situation kommen würden! Und mir scheint, dass wir viel zu schwer beladen sind, um dieser Dschunke zu entkommen – schneller Krebs hin oder her!«

»Ach was, die kaiserliche Dschunke hat dennoch keine Chance! Bei ihren Kanonen handelt es sich doch bloß um lächerliche Sechspfünder. Bestenfalls ist ein Achtpfünder unter ihren Geschützen«, erklärte Frederick Osborne, nicht im Mindesten beeindruckt. »Hsi Sheng Mo, was ja ›Bezwinger der Dämonen‹ bedeutet, wird die Situation schon meistern, auch wenn wir diesmal etwas überladen und nicht ganz so schnell sind.«

Mit einer Mischung aus Angst und Verwunderung beobachtete ich die gut anderthalb Dutzend chinesischen Seeleute, die sich an Steuerbord in einer langen Reihe aufstellten und sich plötzlich über den Kettenwulst hermachten, der zu beiden Seiten des Bootes vom Bug bis zum Heck reichte. »Was sind das für Ketten, Mister Osborne?«

»Netze aus Eisengliedern. Sie schützen den Rumpf vor den Kanonenkugeln«, sagte der Händler, während die Ketten schon rasselnd an den Außenwänden des schnellen Krebses herunterfielen. Ein weiterer scharfer Befehl von Hsi Sheng Mo und die Ruder, die für einen kurzen Moment bewegungslos und tief ins Wasser eingetaucht verharrt hatten, kehrten nun wieder zu ihrem schnellen Schlagrhythmus zurück.

Der schnelle Krebs schoss unbeirrt auf die Passage zwischen den beiden Inseln zu, während die erste Kanonenkugel ihr Ziel fand. Mit einem hässlichen metallischen Krachen traf sie an Steuerbord auf das Eisennetz, ohne es jedoch zu zerreißen. Die Wucht des Aufschlags war überall im Boot zu spüren. Ich empfand das Zittern der Planken unter mir und mir war, als würde mein Herz vor Schreck für einen Moment aussetzen.

Doch Hsi Sheng Mo dachte überhaupt nicht daran, aufzugeben und beizudrehen. Er vertraute nicht allein auf die Eisennetze und die Ruderkraft seiner Mannschaft, sondern wusste sich der Kriegsdschunke auch noch auf andere geniale Art und Weise zu erwehren. Auf sein Kommando hin änderte der schnelle Krebs seinen Kurs um einige Strich nach Backbord. Gleichzeitig machten sich auf dieser Seite einige Seeleute daran, die stinkenden Matten, die etwa vier mal drei

Meter im Umfang maßen und auf einem Gerüst aus Bambusrohren befestigt waren, vorsichtig zu Wasser zu lassen. Die schwimmenden Inseln waren nicht nur durch Taue, sondern oberhalb des Wassers auch durch gut vier Meter lange, halbierte Bambusrohre verbunden, die wie die Matten dick mit Pech überzogen waren.

»Die See ist ruhig. Ein ideales Wetter für Brander! Und die von Hsi Sheng Mo haben es in sich, Kameraden. Der spart nicht mit Schießpulver«, kommentierte Frederick Osborne geradezu vergnügt und griff zu einer Zigarre. Er genoss diese Situation sichtlich.

Brander! Hsi Sheng Mo legte mit den Matten eine gut hundert Meter lange Feuerkette, die hinter uns die Durchfahrt zwischen den Inseln fast völlig abriegelte.

Ich muss gestehen, dass ich während dieser ebenso spannenden wie bangen Minuten nicht nur Angst, sondern auch Faszination und eine fast freudige Erregung empfand.

»Oh Gott! Er hat vergessen, den Brander anzuzünden!«, stieß ich erschrocken hervor, als die letzte Matte über Bord glitt – und augenblicklich außer Reichweite war. »Jetzt nützt diese Kette gar nichts mehr!«

»Halt, ihr jungen Pferde! Nur nicht so vorschnell mit dem Urteil, junger Freund!«, mahnte Osborne. »Hsi Sheng Mo weiß schon, was er macht. Er will, dass die Dschunke möglichst nahe an der Branderkette ist, wenn sie in Flammen aufgeht.«

Noch bevor ich ihn fragen konnte, wie Hsi Sheng Mo dies aus solcher Entfernung denn anstellen wollte, bemerkte ich die beiden Bogenschützen. Sie legten flammende Pfeilspitzen auf die Sehne, stellten sich am Heck auf und vollführten mit dem Bogen eine geschmeidige, von oben kommende Bewegung, als sie ihr Ziel anvisierten. Fliegenden Fackeln gleich sirrten die Pfeile Augenblicke später durch die Nacht.

Nicht einen lausigen Penny hätte ich darauf verwettet, dass die Pfeile die nun schon mindestens hundertfünfzig Meter hinter uns schwimmenden, pechschwarzen Matten treffen würden. Ich vermochte sie ja bloß noch zu erahnen, weil ich wusste, wo sie ungefähr waren.

Und doch verfehlte keiner der Bogenschützen sein Ziel. Jeweils ein brennender Pfeil bohrte sich in die beiden äußersten Matten. Sofort und mit explosionsartigem Knall fingen sie Feuer. Meterhohe Flammen stiegen über dem Wasser auf und rasten wie lebende Feuerteufel von den beiden Enden der Branderkette aufeinander zu, um sich in Windeseile zu einer grandiosen, blakenden Flammenwand von wohl hundert Meter Länge zu vereinigen.

»Jesus, Maria und Josef!«, entfuhr es dem Missionar, überwältigt von dem Anblick und wohl auch vor Erleichterung, weil mit der Branderkette die Passage für unsere Verfolger sicherlich lange genug blockiert war, um uns in Sicherheit zu bringen.

Osborne lachte, paffte seine Zigarre und sagte aufgeräumt wie bei einer amüsanten Abendgesellschaft: »Na, habe ich euch nicht gesagt, dass Hsi Sheng Mo sein Geschäft blendend versteht?«

Trotz großer Entfernung hörten wir das Geschrei, das hinter uns auf der Kriegsdschunke ausbrach. Die Mannschaft dort hatte nun alle Hände voll zu tun, damit das Schiff nicht mitten in die Feuerwand segelte und selbst Feuer fing. Die Kanoniere jagten uns zwar noch eine letzte Kugel hinterher. Doch das Geschoss klatschte bei der Insel, die an Backbord vorüberzog, ins seichte Uferwasser, also mehr als fünf Bootslängen von uns entfernt – was ein deutliches Zeichen dafür war, dass die Kriegsdschunke schon beigedreht hatte. Ob sie es noch früh genug schaffte, aus der Gefahrenzone zu kommen, oder ob sie doch noch in die Branderkette trieb, weiß ich nicht zu sagen. Denn der schnelle Krebs schlug hinter der Durchfahrt einen scharfen Haken nach Steuerbord und drang tiefer in das Labyrinth des Deltas ein. Der lodernde Widerschein des Feuers blieb jedoch noch lange am Nachthimmel zu sehen.

Frederick Osborne klatschte einmal kurz in die Hände. »So, das hätten wir. Ich denke, jetzt wären eine gute Schale Tee und ein feuriger Reisschnaps genau das Richtige«, sagte er aufgekratzt und ging zu Hsi Sheng Mo hinüber.

Der Missionar und ich vermochten das, was wir soeben erlebt hatten, nicht so leicht abzuschütteln wie Osborne. Zum ersten Mal dämmerten mir die Gefahren, die auf uns lauerten – insbesondere auf Bruder Johann-Baptist, der bei seinem Vorhaben ohne Schutz sein würde, jedenfalls ohne irdischen.

»Sind Sie noch immer davon überzeugt, dass das Missionieren in China eine so gute Idee von Ihnen war?«, kam es mir unwillkürlich über die Lippen.

»Was sollte denn meine Überzeugung erschüttert haben?«

»Nun, all diese Gefahren, in die Sie sich begeben. Das mit dem Wachschiff ist dabei bestimmt nicht die größte. Denn wenn es wirklich unter Todesstrafe verboten ist, das Evangelium zu verkünden . . .«

Der Missionar ließ mich nicht ausreden. »Verbote sind für einen Missionar, der sich wahrhaft als Diener Gottes begreift, niemals ein Hindernis gewesen, die Fackel des Christentums in die heidnische Nacht zu tragen«, erwiderte er.

»Aber es hätte doch auch die heidnische Nacht in Afrika oder in der Südsee sein können, wo einen vielleicht nicht gleich so drastische Strafen erwarten, wenn man zu missionieren versucht«, wandte ich ein.

»Haben sich vielleicht die Apostel von den weltlichen Herrschern abhalten lassen Gottes Wort zu verkünden?«, hielt er mir vor. »Haben Hass und Verfolgungswahn des römischen Kaisers, der sich als Gott verehren ließ, unsere heiligen Kirchenväter Petrus und Paulus abgeschreckt in die Höhle des Löwen zu gehen? Denn das war Rom, wo heute der Stuhl Petri steht, damals für jeden, der sich zu Jesus bekannte – oft genug sogar im wahrsten Sinne des Wortes, wurden doch viele Christen in der Arena den Raubtieren zum Fraß vorgeworfen.«

»Ja, schon, aber . . .«

»Nein, ein aufrechter Missionar muss ohne Wenn und Aber glauben und seine Aufgabe erfüllen«, unterbrach er mich. Flammende Begeisterung sprach aus seiner Stimme und stand in seinen Augen. *»Wer mit dem Herzen glaubt und mit dem Mund bekennt, wird Gerechtigkeit und Heil erlangen.*

So steht es im 1. Römer. Und Jesus sagte zu seinen Jüngern: *Folgt mir nach und ich werde euch zu Menschenfischern machen!* Und er sagte: *Ich sende euch wie Schafe unter die Wölfe.* Diesem Ruf folge ich. Glaube und Treue müssen sich in der Prüfung bewähren. Ganz wie der heilige Franz Xaver gefordert hat: *Erzählt bei den Völkern von der Herrlichkeit des Herrn, bei allen Nationen von seinen Wundern. Denn groß ist der Herr und hoch zu preisen.«*

Ich vermochte seiner Logik nicht ganz zu folgen, was jedoch meiner Bewunderung für seinen Mut und seine Entschlossenheit nicht den geringsten Abbruch tat. Im Stillen fragte ich mich, ob ich eines Tages auch von irgendeiner Aufgabe derart überzeugt sein würde, dass ich so wie er bereit war, dafür alles zu tun und zu riskieren.

Frederick Osborne kehrte zu uns zurück. »Ihre Gebete und Ihr göttliches Sendungsbewusstsein in Ehren, mein Bester. Aber jetzt sollten wir doch erst einmal Hsi Sheng Mo, den großartigen Bezwinger aller Dämonen, insbesondere wenn sie als Feuer speiende Kriegsdschunken auftauchen, preisen und ihm unseren Dank erweisen«, sagte er spöttisch und wies auf den niedrigen, rot-schwarzen Lacktisch, den ein Diener des Kapitäns mittschiffs aufstellte. Ein zweiter Chinese brachte weiche Sitzkissen. »Tee und Reisschnaps stehen bereit!«

Im Schneidersitz nahmen wir auf den mit Drachenmotiven bestickten Kissen Platz. Und so schlürfte ich dann in dieser Nacht in Gesellschaft eines Missionars, eines Opiumhändlers und eines berüchtigten chinesischen Schmugglers grünen

Tee, während der schnelle Krebs unter rauschendem Ruderschlag immer tiefer in das wild verzweigte Delta des Pearl River eindrang.

風

Eine fette Kakerlake, die sich von der Decke der kleinen Kammer auf mein Gesicht fallen ließ, holte mich am nächsten Morgen aus meinen wilden Träumen. Schläfrig wischte ich sie von meiner Wange und richtete mich auf. Als ich sah, was mich geweckt hatte, brachte sich die Kakerlake blitzschnell in Sicherheit, indem sie in einem Ritz verschwand, den ich gar nicht bemerkt hätte, wäre mein Blick nicht dem Ungeziefer gefolgt.

Verwirrt stellte ich fest, dass ich nicht in der vertrauten Koje meiner Kabine auf der *Hindostan* aufgewacht war, sondern auf einer Bastmatte in einer winzigen Kammer. Auch die Gerüche und Geräusche, die ich wahrnahm, waren mir fremd. Ich benötigte einen Augenblick, um mich vom Schleier der Schlaftrunkenheit zu befreien und mir bewusst zu werden, dass ich mich ja an Bord des chinesischen Schmugglerbootes befand. Durch ein kleines, rautenförmiges und merkwürdig schimmerndes Fenster, das sich aufschieben ließ und aus geschliffenen Austernschalen bestand, wie ich später erfuhr, drang Morgenlicht und erfüllte den kleinen Raum mit sanftem, beinahe perlmuttfarbenem Schein.

Mit der freudigen Erwartung, was der neue Tag an der Seite von Osborne und Bruder Johann-Baptist wohl an aufregenden Erlebnissen bringen mochte, sprang ich auf und schob den dichten Vorhang aus Perlketten zur Seite, der anstelle einer Tür den Raum vom Niedergang trennte.

Als ich an Deck kam, blendete mich nach dem Dämmerlicht im Niedergang der helle Sonnenschein. Ich blinzelte und erkannte im ersten Moment nicht die Gestalt, die mit Osborne unter einem Sonnensegel saß und mit Essstäbchen überaus geschickt Reis aus einer kleinen Schale in den Mund beförderte. Der Mann trug die Kleidung eines Chinesen, nämlich einfache weite, graue Hosen und ein ebenso weites, schwarzes Hemd sowie Bastsandalen. Und unter seiner Kopfbedeckung, einer schwarzen Rundmütze, die einem flachen Topf ähnelte, ragte ein gut armlanger Zopf hervor. Doch der kräftigen, hoch gewachsenen Figur nach konnte es unmöglich Hsi Sheng Mo sein.

»Sieh an, da kommt ja mein frisch gebackener, aufgeweckter junger Assistent, der sich auf einmal als ausgemachter Langschläfer entpuppt!«, rief Osborne, dessen heller Tropenanzug mittlerweile reichlich zerknittert aussah.

Der scheinbar fremde Mann an seiner Seite wandte sich zu mir um – und da sah ich zu meinem Erstaunen, dass es sich bei dieser chinesisch gekleideten Gestalt um Bruder Johann-Baptist handelte, den ich bis dahin nur in seinem gestrengen schwarzen Ordenshabit gesehen hatte. Und nun trug er nicht nur die Kleidung eines gewöhnlichen Chinamannes, sondern auch noch einen falschen Zopf!

»Was ja nach der langen Nacht, die hinter uns liegt, wohl auch kein Wunder ist, mein werter Osborne«, sagte der Missionar zu meiner Verteidigung.

Ich setzte mich zu ihnen unter das Sonnensegel. Es gab Reis mit winzigen gebratenen Fischstücken sowie Tee zum Frühstück, was mir immer noch besser schmeckte als der bittere Kaffee und die klebrige Porridge-Pampe, die ich auf der *Hindostan* morgens vorgesetzt bekommen hatte.

Indessen glitt das Schmugglerboot mit gemächlichem Ruderschlag einen breiten Wasserweg hinauf, bei dem ich nicht zu sagen vermochte, ob wir uns schon auf dem Pearl River befanden oder ob dies nur ein flussähnliches Gewässer zwischen zwei langen Inseln im Delta war. Felder, die in ihrer Anordnung zueinander einem nicht ganz symmetrischen Schachbrettmuster ähnelten, ausgedehnte, sattgrüne Bambuswälder und Maulbeerhaine bestimmten die fremde Landschaft zu beiden Seiten. Am rechten Ufer bemerkte ich auf einer kleinen Anhöhe eine mehrstufige Pagode, deren rote Ziegeldächer mit den hoch gebogenen Ecken und äußerst bunt angemalten Schnitzereien weithin leuchteten. Im Licht der Morgensonne, die noch damit beschäftigt war, die letzten Dunstschleier, die wie verirrte Nebelfelder über dem Wasser trieben, aufzulösen, bot dieser Tempel einen exotisch faszinierenden Anblick.

Einen solchen bot in meinen Augen aber auch Bruder Johann-Baptist in seinem chinesischen Aufzug. Ich beherrschte meine Neugier eine Weile und sagte mir, dass ich den Grund für diese »Kostümierung« schon noch erfahren würde.

Bald allerdings erhob sich meine Wissbegier doch über meine Geduld – und so platzte ich nach der dritten Schale Tee mit der Frage heraus, was es denn mit seiner »Verkleidung« auf sich hatte.

»Unser Sendungsbewusster Bruder Johann-Baptist hat sich nicht nur für die Nachfolge Jesu Christ entschieden, sondern möchte als Chinamissionar zugleich auch noch das Erbe von Matteo Ricci antreten«, kam Osborne ihm zuvor.

Der Missionar schmunzelte nachsichtig. »Was Matteo Ricci angeht, so folge ich ausschließlich in einigen äußerlichen Dingen seinem Beispiel, weil es nämlich Sinn macht.«

»Wer ist dieser Matteo Ricci?«, fragte ich, weil ich mit dem Namen nichts anzufangen wusste.

»Ein großartiger italienischer Jesuit und Missionar, der als Sechsundzwanzigjähriger im Jahre 1579 erst nach Goa in Indien und dann nach Macao ging, wo er sich die chinesische Sprache aneignete und die hiesige Kultur gründlich studierte«, erklärte Bruder Johann-Baptist. »Er wollte kein *fangui*, kein fremder Teufel, sondern den Chinesen ein Chinese sein. Deshalb lebte und kleidete er sich wie sie.«

»Dann war er also der erste christliche Missionar, der nach China kam?«, fragte ich.

»Oh nein, schon in den ganz frühen christlichen Jahrhunderten wurde das Evangelium im Reich der Mitte verkündet – und zwar von den Nestorianern, die um 650 nach China gelangten und vom damaligen Kaiser auch ehrenvoll empfangen wurden, weil diese Priester . . .«

Ich unterbrach ihn, vermochte ich doch mit dem Begriff

»Nestorianer« nichts anzufangen, und bat um eine Erklärung.

»Eine christliche Sekte. Sie geht auf Nestorius, den Patriarchen von Konstantinopel zurück, der im Jahre 431 auf dem Konzil von Ephesos erklärte, Christus sei zwar gott*ähnlich*, aber nicht gott*gleich*.«

»Ketzer!«, rief Osborne in gespielter Empörung. »Verräter an der wahren und damit sakrosankten Heilslehre! Auf das Schafott mit ihm! Er muss brennen lichterloh, dieser Teufel im Priestergewand!«

Der Missionar warf ihm einen tadelnden Seitenblick zu, fuhr jedoch ruhig fort: »Damit widersprach er natürlich der Lehre unserer römisch-katholischen Kirche.«

»Und was geschah mit diesem freien Geist, der es wagte, sich nicht die Scheuklappen der kirchlichen Dogmen und Denkverbote anzulegen?«, fragte Osborne herausfordernd. »Wurde er zu seinem eigenen Seelenheil als Ketzer auf dem Scheiterhaufen verbrannt?«

Bruder Johann-Baptist seufzte. »Nein, er wurde aufgrund seiner Lehren zwar verurteilt . . .«

»Ha!«, rief Osborne triumphierend und fuhr sich mit der flachen Hand demonstrativ über die Kehle.

». . . und nach Ägypten verbannt, aber zu einer Hinrichtung kam es nicht!«, fuhr der Missionar gelassen, jedoch mit Nachdruck fort. »Später dann gelangten viele seiner Anhänger, nachdem sie zunächst an den moslemischen Höfen Aufnahme und Schutz gefunden hatten, über die Seidenstraße bis nach China. Ihre freundliche Einstellung zum Islam und ihre Kenntnisse in Astrologie und Medizin bahnten ihnen den Weg zum chinesischen Kaiserhof. Und da der damalige Kaiser Taizong, selbst ein überzeugter Konfuzianer, überaus tolerant gegenüber anderen Religionen war, konnten die Nestorianer das Christentum ohne Behinderung in China verbreiten. Im Jahre 845 gab es hier mehr als dreitausend nestorianische Priester.«

Verwirrt sah ich ihn an. »Ja, aber haben Sie mir denn nicht mehr als einmal erzählt, dass in China tiefste heidnische Finsternis herrscht?«

»So ist es auch«, versicherte der Missionar. »Denn die nestorianischen Mönche haben sich im Laufe der Zeit immer mehr den alten buddhistischen Lehren angepasst, sodass bald nicht mehr allzu viel vom Christentum übrig blieb. Und dann fielen die Nestorianer auch noch unter Kaiser Wuzong in Ungnade. Auf seinen Befehl hin kam es 845 im ganzen Reich zu einer gewaltigen Klosterzerstörung, und die Nestorianer-Mönche wurden gezwungen einen bürgerlichen Beruf zu ergreifen. In der Folgezeit erlosch ihr Einfluss in China völlig.«

»Und dann, noch einmal achthundert Jahre später, nahmen sich die ehrgeizigen Jesuiten in der Person von Matteo Ricci und einigen Gefolgsleuten das himmlische Reich der Mitte vor«, sagte Osborne und brachte so das Thema wieder auf den italienischen Missionar zurück.

»Wie gesagt, er wollte den Chinesen ein Chinese sein. Auf diese Weise und dank seiner überragenden geistigen Fähigkeiten drang er bis ins Herz Chinas vor und erlangte am

Kaiserhof großen Respekt und Einfluss, sodass seiner Mission ein beachtlicher Erfolg beschieden war.«

»Um der Wahrheit die Ehre zu geben, sollte doch nicht unerwähnt bleiben, dass er die Kleidung eines konfuzianischen Gelehrten wählte«, bemerkte Osborne süffisant. »Und diese bekleiden in der chinesischen Gesellschaft den höchsten Rang und genießen das größte Ansehen, sieht man vom ›Sohn des Himmels‹, wie sich der Kaiser nennt, ab. Der clevere Matteo Ricci machte sich also das enorme Ansehen, das diese weisen Männer im Reich der Mitte besitzen, mit scharfem Kalkül zunutze – wie er sich auch seiner – zugegeben beachtlichen – wissenschaftlichen Kenntnisse auf dem Gebiet der Alchimie, Astronomie und Kartografie bediente, um den Kaiser und dessen gebildeten Hofstaat zu beeindrucken und sich gewogen zu machen. Der Bursche war wirklich ein vollendeter Jesuit, wie er im Buche steht: Exzellent in Theologie *und* Naturwissenschaften ausgebildet, erfüllt von einem göttlichen Sendungsbewusstsein, anpassungsfähig wie ein Chamäleon und nicht zimperlich in der Wahl der Mittel, um sein Ziel zu erreichen.«

»Gemach, gemach, Verehrtester!«, protestierte Bruder Johann-Baptist nun auf seine zurückhaltende Art, jedoch mit einer scharfen Falte des Unwillens auf der Stirn. »Sie rücken Matteo Ricci in ein sehr unfreundliches Licht, in das er wahrlich nicht gehört! Seine gewaltigen Verdienste stehen außer Frage . . .«

Osborne spuckte eine Gräte aus. »Ja, als Mathematiker,

Astronom, Kartograph, sprachbegabter Übersetzer und Meister der Uhrmacherei, dessen Chronometer unvergleichlich mehr Eindruck auf die herrschende Clique von Höflingen und Gelehrten machten als seine Bekehrungsversuche.«

»Als Matteo Ricci 1610 in Peking starb, hinterließ er eine mehr als zweitausend Seelen starke Christengemeinde!«, hielt der Missionar dagegen.

Osborne zuckte die Achseln. »Ja, gut, aber diese Chinesen gehörten überwiegend der führenden Schicht der Literaten und Beamten an, was im Reich der Mitte oft ein und dasselbe ist. Und was sind schon zweitausend Seelen in einem Volk, das so viele Millionen zählt? Außerdem haben der gute Ricci und seine vielen Jesuitenfreunde, die ihm nach Peking gefolgt sind, sich nicht gescheut gegenüber dem ausgeprägten Ahnenkult der Chinesen großzügig beide Augen zuzudrücken. Und wie die Nestorianer hat Matteo Ricci sich auch ganz unverfroren einiger hilfreicher Begriffe aus der konfuzianischen Lehre bedient, um es bei der Verkündigung des Evangeliums leichter zu haben . . .«

»Also wirklich, ich bitte Sie! Die Symbolnatur der chinesischen Sprache bringt es einfach mit sich . . .«, unterbrach ihn Bruder Johann-Baptist und setzte zu einer energischen Erwiderung an.

Osborne ließ ihn jedoch seinerseits nicht ausreden. »Entschuldigen Sie, dass ich Sie unterbreche, aber lassen Sie mich noch kurz hinzufügen, dass die größte Trumpfkarte der Jesuiten am kaiserlichen Hof ihre hervorragenden Kenntnisse im Geschützegießen waren. Sie verstanden sich so exzellent auf das Gießen von Kanonen, dass sie bald unentbehrlich wurden«, verkündete er mit breitem Grinsen.

Der Missionar seufzte.

»Ja, mein Lieber, so verhielt es sich nun mal mit dem werten Matteo Ricci und seinen gottesfürchtigen Jesuitenfreunden«, fuhr Osborne genüsslich fort. »Zuerst stellten sie Kanonen für die Herrscher der Ming-Dynastie gegen die kriegerischen Mandschus her. Und als diese dann doch, trotz aller Bemühungen der Jesuiten, sie mit ihren Kanonen ins Jenseits zu befördern, an die Macht kamen, sorgten die Ordensbrüder eben dafür, dass fortan die Mandschu-Kaiser mit den besten Geschützen gegen ihre Feinde ins Feld zogen. Ein bewundernswertes Beispiel von großherziger Nächstenliebe und Sendungsbewusstsein, findest du nicht auch, Felix?«

Obwohl ich Mühe hatte ein Grinsen zu unterdrücken, empfand ich gleichzeitig auch so etwas wie Mitleid mit Bruder Johann-Baptist, der ein bedrücktes Gesicht machte, vermochte er diese historische Tatsache doch nicht aus der Welt zu schaffen. Ich spürte, dass er von einem anderen Schlag war als die Männer, die wie Matteo Ricci jeden Vorteil ergriffen, der sich ihnen bot, um mehr Einfluss zu gewinnen. Ein Mann wie Bruder Johann-Baptist würde sich niemals dazu hergeben, irgendeine Waffe herzustellen, dessen war ich mir gewiss. Nicht in dem Sicherheit bietenden Aufzug eines hoch angesehenen konfuzianischen Gelehrten, sondern in der einfachen Kleidung eines durchschnittlichen Chinesen wollte er das Evangelium verkünden und dafür notfalls auch sein Leben hingeben.

»Wenn die Jesuiten am Kaiserhof noch vor zweieinhalb Jahrhunderten so angesehen und einflussreich waren, wie Sie sagen, wie kommt es dann, dass das Christentum hier dennoch nicht Wurzeln geschlagen hat?«, fragte ich, um von den Kanonengießern im Rock der Kirche abzulenken.

»Weil sich Rom sozusagen selbst in den Fuß geschossen hat«, warf Osborne nicht ohne Häme ein. »Eine Clique von mächtigen, selbstgerechten Prälaten und Besserwissern, die wohl nie über die eigenen Landesgrenzen hinausgekommen sind, hat mal wieder geglaubt alles besser zu wissen und beurteilen zu können als ihre eigenen Männer vor Ort, sprich die Jesuiten.«

Bruder Johann-Baptist nickte. »Leider entspricht das der Wahrheit. Der Ritenstreit, der kurz nach 1600 entbrannte und 1773 zum weltweiten Verbot des Jesuitenordens führte, machte die in nur wenigen Jahren geleistete Aufbauarbeit der Jesuiten zunichte und dem Christentum in China den Garaus.«

»Und worum ging es bei diesem Ritenstreit?«, fragte ich, während der schnelle Krebs einer lang gezogenen Biegung des Wasserweges folgte, der sich nun in nordwestliche Richtung erstreckte.

»Um einige Begriffe, die die Jesuiten bei ihrer Beschreibung Gottes benutzten und die dem Vokabular der konfuzianischen Lehre entlehnt waren, beispielsweise die beiden alten, traditionellen Gottesbegriffe wie *shangdi* und *tian*, was ›oberster Herrscher‹ sowie ›Himmel‹ bedeutet. Es ging aber mehr noch um die Ahnenverehrung der Chinesen und ihren rituellen Kult um den großen Philosophen Konfuzius«, antwortete der Missionar. »Die Jesuiten hatten sich auf den Standpunkt gestellt, dass weder die Ahnenverehrung noch der Konfuziuskult einer regelrechten Religion gleichkam und daher mit dem Christentum vereinbar sei. Aber auf Betreiben insbesondere der Franziskaner und Dominikaner, die sich verstärkt der Chinamission zu widmen begannen, entwickelte sich daraus der erbittert geführte so genannte Ritenstreit, in den sogar der damalige chinesische Kaiser Kangxi zu Gunsten der Jesuiten eingriff, indem er höchstpersönlich ein Schreiben an Papst Clemens XI. sandte.«

»Der Gute war eben noch nicht mit dem Selbstverständnis des Heiligen Stuhls vertraut, denn sonst hätte er gewusst, dass das Schreiben eines heidnischen Herrschers in Rom so viel Beachtung findet wie ein Furz im Fegefeuer«, warf Osborne spitzzüngig ein.

Bruder Johann-Baptist ließ sich nicht aus der Ruhe bringen. »Der Streit zog sich über anderthalb Jahrhunderte hin«, fuhr er fort. »Rom verbot schließlich die Tolerierung der chinesischen Riten und verlangte die Ausübung des Christentums in der europäischen Form. Der chinesische Kaiser, der dem Christentum und den Missionaren bis dahin großes Wohlwollen entgegengebracht hatte, reagierte auf die Entscheidung Roms mit Empörung. Er wollte nicht dulden, dass sich Europäer ohne jegliche Chinakenntnisse erlaubten die chinesische Kultur zu verurteilen. Diese Empörung teilten auch die meisten der schon bekehrten hohen Staatsbeamten und Literaten des Landes. Und so sah er sich gezwungen die Missionare auszuweisen. China verschloss sich wieder dem Westen.«

»Jaja, der Heilige Geist weht in der Tat, wo er will«, bemerkte Osborne. »Und mir scheint, dass er sich nur äußerst selten einmal in den Vatikan verirrt, um dort die muffigen Gemächer und die verknöcherten Greise durchzupusten, die das Zepter des Glaubens allzu häufig wie eine Keule schwingen!«

»Der Heilige Geist als frischer Wirbelwind im Vatikan? Nun, ich hätte nicht das Geringste dagegen einzuwenden«, erwiderte der Missionar mit erstaunlich heiterer Gelassenheit. »Aber so ist die menschliche Natur nun mal, nämlich demütigend schwach und sündhaft. Niemand macht da eine Ausnahme, gleichgültig, welchen Rang er bekleidet. Aber hier soll doch nicht verschwiegen werden, dass Papst Pius VII. im Jahre 1814 die feierliche Wiederherstellung des Jesuitenordens vorgenommen hat.«

Osborne wandte sich mir zu. »Sag mal, wusstest du, dass die Chinesen Nonnen und chinesische Missionsmädchen für die Konkubinen, die Geliebten der Missionare hielten?«, fragte er vergnügt. Es gefiel ihm, in des Missionars offene Wunde noch mehr Salz reiben zu können. »Sie glaubten, dass die gemeinschaftlichen Gottesdienste in der Kirche dazu dienten, Unzucht zu treiben. Außerdem waren sie überzeugt, dass die Priester schwarze Magie betrieben und aus den Augen und Herzen toter Kinder . . .«

»Ich denke, Sie haben Felix für heute genug Gruselgeschichten aus dem finsteren Mittelalter erzählt!«, unterbrach ihn Bruder Johann-Baptist. »Lassen Sie es gut sein!«

Osborne setzte zu einer Bemerkung an, die sicherlich nichts Schmeichelhaftes für die römische Kurie enthielt, kam jedoch nicht mehr dazu, sie auszusprechen. Denn in diesem Moment gab Hsi Sheng Mo einen Befehl, worauf der schnelle Krebs abstoppte und dann beidrehte.

Als ich aufschaute und über das Wasser blickte, sah ich, dass sich der breite Wasserweg vor uns in zwei schmälere aufteilte.

»Ah, wir haben die Einmündung des Xi Jiang, was übersetzt Westfluss bedeutet, in das Delta erreicht!«, stellte Osborne fest und erhob sich. »Wir werden also bald von dem schnellen Krebs auf ein kleineres Boot umsteigen. Ein Dschunke wird uns flussaufwärts bringt.«

»Warten wir hier auf die Dschunke?«

Der Opiumhändler schüttelte den Kopf. »Wir haben hier bloß beigedreht, damit Hsi Sheng Mo mit dem abergläubischen Zirkus beginnen kann, den jeder chinesische Bootsführer veranstaltet, wenn er an die Mündung eines neuen Flusses kommt, den er befahren will. Da wird auf dem Vorschiff dem Fluss- und Küchengott geopfert und die bösen Geister werden mit allerlei Lärm und Feuerwerkskörpern vertrieben.«

Und genau so geschah es auch. Die Zeiger von Bruder Johann-Baptists Taschenuhr zeigten gerade neun Uhr morgens an, was nach chinesischer Zeitrechnung die Stunde der Schlange war, als Hsi Sheng Mo auf dem Vorschiff einen kleinen Tischaltar mit einer Götzenfigur aufbaute. Dieser setzte er Fleisch und andere zubereitete Speisen vor, steckte zu beiden Seiten Räucherstäbchen an und machte den Kotau, den traditionellen chinesischen Kniefall, indem er sich dreimal an Deck verneigte, wobei sein Haupt jedes Mal die Planken berührte.

»Hat gewisse Ähnlichkeiten mit Ihrer heiligen Messe, finden Sie nicht auch?«, flüsterte Osborne. »Es fehlt eigentlich bloß noch der Wein.«

Der Missionar holte tief Luft. »Irgendwann reden Sie sich noch mal um Kopf und Kragen«, raunte er zurück.

Osborne lächelte spöttisch, während Hsi Sheng Mo nacheinander ein gutes Dutzend Schwärmer zündete und in die Luft warf. Danach verbrannte er vieleckige, mit hauchdünnem Silber überzogene Papiere, die zu jedem Opfer gebraucht wurden, wiederholte den Kniefall und warf zum Abschluss der Zeremonie eine Prise Salz sowie Brühe ins Wasser.

»So, jetzt haben uns alle unheiligen Geister verlassen!«, verkündete Osborne vergnügt, während der schnelle Krebs nun wieder Fahrt aufnahm und in den gewundenen Fluss einschwenkte, wo weiter oberhalb die Dschunke auf uns wartete – und wenige Tage später der blutige Überfall der Flusspiraten.

氷

Die teilweise felsigen und von tiefen Grotten ausgehöhlten Ufer des Xi Jiang boten hervorragende Verstecke für Schmuggler und Piraten. Die Dschunke von Hsi See Kai, einem entfernten Verwandten von Hsi Sheng Mo, wartete eine halbe Tagesreise unterhalb des uralten Felstempels Quan-inn-schann in einer solchen dunklen Grotte auf uns. Mit umgelegtem Mast lag das Boot im tiefen Schatten, den das gezackte, überhängende Gestein über das Wasser warf.

Der schnelle Krebs glitt längsseits und Bruder Johann-Baptist atmete laut hörbar aus, als sich unsere Augen an das Dämmerlicht in der Grotte gewöhnt hatten. »Diese Dschunke macht aber einen recht vernachlässigten Eindruck«, sagte er.

Osborne zuckte gleichmütig die Achseln. »Ja, der Rumpf sieht wurmzerfressen aus und taugt wohl nicht mehr viel«, gab er unumwunden zu. »Ich wette, der Kahn zieht Wasser wie ein Sieb. Aber was soll's? Wir wollen mit dieser Dschunke ja nicht auf die offene See, sondern nur den Xi Jiang flussaufwärts schippern. Und je gewöhnlicher und unauffälliger das Boot wirkt, desto besser sind die Chancen, dass wir unsere Geschäfte abwickeln können, ohne die Aufmerksamkeit der kaiserlichen Patrouillenboote oder die der Triaden auf uns zu lenken. Wobei die Letzteren die einzig wirkliche Gefahr darstellen.«

Ich wollte Osborne nach den Triaden fragen, musste dies aber auf später verschieben, weil der Händler sich nun seiner kostbaren Fracht zuwandte. Zwei Dutzend Opiumkisten wurden auf die Dschunke von Hsi See Kai umgeladen. Der *mantale* der Dschunke sah so gar nicht wie ein Verwandter des hageren Hsi Sheng Mo aus, glich er mit seiner mächtigen Leibesfülle doch einem wandelnden Buddha. Er besaß jedoch ein sehr freundliches, umgängliches Wesen, was vielleicht nicht unwesentlich mit seiner ausgeprägten Vorliebe für den scharfen Reisschnaps und klingende Silbermünzen zu tun hatte.

Auf jeden Fall wurden wir auf der Flussdschunke, die eine siebenköpfige Besatzung hatte, freundlich empfangen. Und die winzigen Verschläge, die uns als Schlafkammern unter Deck zugewiesen wurden, überraschten uns mit ihrer Sauberkeit. Es lagen sogar neue Schlafmatten für uns bereit. Der Schiffsjunge, ein sehniger und flinker Bursche, der nur ein Jahr jünger war als ich und auf den Namen Chang Chia Pao hörte, brachte uns sogar frische Tücher. Barfuß, in zerrissener Kleidung, aber mit lebhaften dunklen Augen wieselte er um uns herum. Er zeigte uns, wie sich die mit dünnem Coreapapier bespannten Fensterelemente aufschieben ließen.

»Master nur sagen, was brauchen, ich bringen *chop-chop*«, versicherte Chia Pao diensteifrig in dem für die Chinesen typischen Pidginenglisch, das mir bald so geläufig wurde wie meine Muttersprache. Hier an Bord der Flussdschunke und aus seinem Mund hörte ich jedoch zum ersten Mal dieses *chop-chop*, das »geschwind, schnell« bedeutet und das von fast allen Weißen im Umgang mit chinesischen Kulis und Bediensteten auf beschämende Weise missbraucht wird.

Hier sei mir ein kurzer Hinweis auf gewisse Besonderheiten der chinesischen Sprache erlaubt. Diese verwandelt das uns geläufige *r* in ein *l* und das *b* in ein *p*. Und dementsprechend klang der obige Satz von Chia Pao natürlich nicht, wie ich ihn niedergeschrieben habe, sondern wie folgt: »Mastel nul sagen, was plauchen, ich plingen *chop-chop!*«

Ich gestehe, dass dieses Pidginenglisch auch in meinen Ohren anfangs äußerst merkwürdig, ja sogar irritierend klang. Es bedurfte einiger Gewöhnung, zumal diese Sprache viele Eigenwörter enthält, die nun absolut nichts mehr mit dem Englischen zu tun haben. Dass *tiffin* Lunch bedeutet, *chop* ein wichtiges Dokument ist, *chop-chop* für schnell steht, *chin-chin* das Wort für Besprechung ist und mit *joss pidgin* Gottesdienst gemeint ist – all das muss man einfach lernen, so wie man eben auch den Umgang mit Essstäbchen erlernen muss, wenn man in dieser Welt zurechtkommen will.

Um der besseren Lesbarkeit dieser Aufzeichnungen willen werde ich jedoch darauf verzichten, bei der Wiedergabe der Dialoge in Pidginenglisch das *r* und das *b* durch *l* und *p* zu ersetzen. Auch werde ich die gesprochenen Sätze nicht in ihrer oftmals abgehackten Form wiedergeben, sondern unserer normalen Sprachgewohnheit anpassen. Einmal ganz davon abgesehen, dass Chia Pao später enorme Fortschritte in der korrekten Beherrschung der englischen Sprache machte, handelt es sich dabei nicht um barmherzige Beschönigung, sondern um schlichte Wahrhaftigkeit, so seltsam das auch klingen mag. Denn ich selbst habe diese sprachlichen Merkwürdigkeiten bald schon gar nicht mehr bewusst wahrgenommen. Es gehört nun mal zu den Wundern unseres Gehirns, dass es wie in einer Art von Reflex das Lückenhafte und Fehlerhafte verbindet, ergänzt und dem Gemeinten gleichsetzt.

Nun jedoch zurück zu Hsi See Kai und seiner Flussdschunke, die bei Flaute oder ungünstigen Winden von sechs mäßig kräftigen Ruderern vorangetrieben werden konnte – was wohl genug über ihre »Schnelligkeit« stromaufwärts aussagt, besonders wenn man von Bord eines schnellen Krebses kommt! Aber weder dem Missionar noch dem Opiumhändler ging es um Schnelligkeit.

Als die Opiumfracht verladen war, legte der schnelle Krebs ab und kehrte wieder in das weit verzweigte Delta zurück, das der Xi Jiang und seine Nebenflüsse unterhalb von Canton bilden, während wir unsere Fahrt flussaufwärts in das Herz der Provinz Guangdong fortsetzten.

Am frühen Mittag saß ich mit Osborne und Bruder Johann-Baptist beim *tiffin* achtern unter einem provisorischen, fleckigen Sonnensegel. Ich nutzte die Gelegenheit, um Osborne nach den kaiserlichen Wachbooten und den Triaden zu fragen.

»Wegen der kaiserlichen Flusspolizei brauchen wir uns keine Sorgen zu machen. Die Soldaten auf den wenigen Booten sind nicht nur miserabel ausgebildet, sondern dermaßen schlecht ausgerüstet und bezahlt, dass es ein Witz ist«, erklärte er mit vollem Mund. »Vier Patrouillenboote mit jeweils gerade mal vierzehn Soldaten und Seeleuten, unterstützt von achtzehn kleinen Sampans mit nur zwei Soldaten und zwei Seeleuten pro Boot, sollen den Xi Jiang, der ja allein schon über sechshundert Meilen lang ist, sowie all die anderen Flüsse in der Nachbarprovinz Guangxi kontrollieren. Nein, von den Mannschaften der Wachboote haben wir nichts zu fürchten. Die sind vielmehr auf ein bescheidenes Schmiergeld angewiesen, um ihren kargen Lohn ein wenig aufzubessern.«

»Und was ist mit diesen Triaden?«, wollte ich wissen.

Osborne hielt im Essen inne und ließ die Essstäbchen sinken, während sein Gesicht einen ernsten Ausdruck annahm. »Die stellen eine wirkliche Gefahr dar, Felix. Triaden sind Geheimbünde, die sich Mitte des 17. Jahrhunderts gebildet und gegen die Mandschu-Kaiser konspiriert haben. Mittlerweile sind die meisten jedoch zu reinen Verbrecherbanden und Flusspiraten heruntergekommen. Die Flusspiraten sind jedoch noch immer bekannt dafür, dass sie mit größter Vorliebe den einfachen Soldaten der Mandschu-Dynastie Zopf und Ohren abschneiden und die Offiziere in lebendige Fackeln verwandeln.«

Ein kalter Schauer lief mir durch den Körper. Jetzt verstand ich auch, weshalb er zwei Pistolen in seinem Gürtel trug, seit wir uns an Bord der Flussdschunke befanden.

»Diese Banditen rauben gern Gräber aus und verlangen für die Knochen der Verstorbenen, die ja den Hinterbliebenen heilig sind, Lösegeld – wie sie auch reiche Bauern und Händler entführen und erpressen. Geld ist die Sprache, die sie verstehen, deshalb werden wir gut mit ihnen klarkommen. Sie sind hartgesottene Kerle, die den Tod nicht fürchten«, fuhr Osborne fort. »Wenn eines ihrer Boote von einer Übermacht kaiserlicher Soldaten geentert wird, muss man damit rechnen, dass einer der Piraten mit einer brennenden Lunte hinunter ins Pulvermagazin stürmt und sich, seine Kameraden sowie die Soldaten samt dem Boot in die Luft sprengt. Und wenn sie von ihrem Boot getrieben im Wasser landen und dort auf einen Feind stoßen, dann ist es nichts Ungewöhnliches, dass sie ihm mit ihrem Schädel einen tödlichen Schlag zu versetzen versuchen, der auch sie töten wird. Oft genug ist es auch vorgekommen, dass sie in einer wilden Umklammerung ihre Beine um den Hals ihres Feindes legen und ihn mit sich in die Tiefe und damit in den Tod ziehen.«

Ich bekam eine Gänsehaut.

Bruder Johann-Baptist ließ seine Reisschale sinken und räusperte sich vernehmlich. »Das ist nicht unbedingt ein Thema, das den Appetit fördert und die Zuversicht stärkt«, sagte er tadelnd.

»Gewiss, aber so verhält es sich nun mal mit den meisten irdischen Wahrheiten«, erwiderte Osborne trocken, um mit spitzer Zunge hinzuzufügen: »Dagegen haben Sie es mit Ihren himmlischen Botschaften und Versprechungen vom Paradies mit seinen Engelchören natürlich wesentlich leichter.«

»Ich fürchte, dass Sie die im wahrsten Sinne des Wortes anspruchsvolle Botschaft des Evangeliums mit den schalen Vergnügungen eines Jahrmarkts verwechseln«, konterte der Missionar schlagfertig. »Denn die christliche Botschaft und ihr Heilsversprechen sind nicht mit ein paar Silberstücken wie ein Lotterielos zu haben, sondern verlangen die Umkehr sowie tatkräftiges Handeln im Sinne der Zehn Gebote und der Bergpredigt.«

»Selig sind die Armen?« Osborne schüttelte den Kopf. »Das ist nicht nach meinem Geschmack, Verehrtester.« Er machte eine Pause, bevor er sarkastisch fortfuhr: »Allein dass die Gewaltlosen selig sein sollen, will ich gelten lassen. Denn diese Dummköpfe sind wahrlich schnell selig, weil nämlich tot – ganz besonders hier auf dem Xi Jiang!«

Osbornes beißender Spott gefiel mir nicht. Es hatte mir noch nie gefallen, wenn jemand das, was einem anderen Menschen, aus welchen Gründen auch immer, lieb und heilig ist, verhöhnt und in den Dreck zieht.

Obwohl ich ja mehr oder weniger in den Diensten des britischen Opiumhändlers stand, bedeutete das jedoch nicht, dass ich Frederick Osborne mehr schätzte als Bruder Johann-Baptist. Eher traf das Gegenteil zu. Eigentlich hatte ich mich nur deshalb für Osborne entschieden, weil mir der Mut fehlte den Missionar zu begleiten. Das Unternehmen des Opiumhändlers erschien mir abenteuerlich genug. Ich will auch nicht verschweigen, dass seine kühle Einschätzung aller Risiken und die Vorsichtsmaßnahmen, die er traf, mir ein trügerisches Gefühl der Sicherheit vermittelten. In meiner jugendlichen Leichtgläubigkeit und Unerfahrenheit vermochte ich damals nicht zu erkennen, dass er in einem gewissen Sinne ein viel größerer Hasardeur war als Bruder Johann-Baptist, der auf die Vorsehung vertraute, dabei aber nicht die Augen davor verschloss, dass seine Mission zum Martyrium werden konnte.

Ich ärgerte mich nicht zum ersten Mal über Osbornes verletzende Art dem Missionar gegenüber, dessen Sanftmut mich manchmal nicht weniger wütend machte. Diesmal fand ich jedoch den Mut Bruder Johann-Baptist in der Gegenwart des Händlers zu fragen: »Warum lassen Sie sich das gefallen? Wie konnten Sie sich bloß mit Mister Osborne zusammentun, wo Sie doch so verschieden sind wie Tag und Nacht?«

Osborne fühlte sich nicht im Mindesten angegriffen, geschweige denn von mir hintergangen. Meine Frage amüsierte ihn vielmehr, denn er lachte. »In der Arena, wo Ormazd und Ahriman miteinander kämpfen, vergeudet derjenige Zeit, der Hunde jagt!«, antwortete er rätselhaft, klatschte sich vergnügt auf die Schenkel und ließ uns allein, um sich mit dem *mantale* der Dschunke zu bereden, wo er die erste Kiste Opium mit hohem Profit an einen örtlichen Händler verkaufen konnte.

Verblüfft sah ich ihm nach, wie er im Ruderhaus verschwand. »Wer sind Ormazd und Ahriman? Wissen Sie, wen er damit gemeint hat?«

Ein kaum merkliches Lächeln kräuselte die Lippen des Missionars, als er nickte und mir antwortete: »In der Verkündigung des iranischen Propheten Zarathustra stehen sich Ormazd und Ahriman als unversöhnliche Feinde gegenüber. Ormazd ist ›der weise Herr‹ und stellt den Schöpfer und Wächter der sittlichen Ordnung dar, während Ahriman ›den feindlichen Geist‹ und damit das Prinzip des Bösen schlechthin personifiziert. Der Kampf dieser beiden Symbolgestalten ist ein ewiger und erst am Ende der Zeit wird Ormazd der endgültige Sieg über seinen erbitterten Widersacher gelingen.«

»Das soll wohl ein Gleichnis dafür sein, wie es im Leben zugeht, wo das Gute gegen das Böse kämpft und umgekehrt, nicht wahr?«, vermutete ich.

Er nickte. »Ormazd und Ahriman spiegeln unsere zwiegespaltene Welt, wo dem Schöpferischen das Zerstörerische, wo die Liebe dem Hass und wo der Barmherzigkeit die gnadenlose Gewalt gegenübersteht. Es ist der zentrale Kampf, der wie ein Riss durch die Schöpfung geht und unser Leben beherrscht.«

»So weit verstehe ich das. Aber was hat das mit dem zu tun, was ich Sie gerade gefragt hatte?«, wunderte ich mich. »Und was soll das mit der Arena und den Hunden?«

Bruder Johann-Baptist lächelte. »Hunde können dich mit ihrem Gebell erschrecken und dir Angst einjagen. Sie können auch beißen und dir sehr wehtun. Aber wenn du in der Arena stehst, was bildlich gemeint ist, und wie Ormazd und Ahriman einen derart entscheidenden Kampf führst, dann musst du dich auf das Wesentliche konzentrieren, musst deine Sinne schärfen, all deine Kräfte auf das eine entscheidende Ziel konzentrieren und sogar Gefahren minderer Art ignorieren. Das Gebell, ja selbst die Bisse von Hunden dürfen dich dann nicht ablenken.«

»Sie meinen, so wie man sich nicht von einer Stechmücke ablenken lassen darf, wenn man im Gefecht gerade die Pistole auf den Gegner anlegt?«

»Ja, das ist damit gemeint, auch wenn mir dein kriegerisches Beispiel nicht gefällt, denn es haftet ihm der geistige Stallgeruch von Mister Osborne an. Und damit hast du auch schon die Antwort auf deine Frage, warum ich mich bei unserer in der Tat großen Unterschiedlichkeit der Hilfe von Mister Osborne bediene. Seine Art zu denken wie zu reden widerstrebt mir zutiefst und ich ertrage sie auch nur deshalb, weil ich sie als Prüfung betrachte, die mich auf Zeiten noch größerer Anfechtungen vorbereitet. Doch da dies für mich die einzige Möglichkeit ist ins Landesinnere zu kommen, um dort das Evangelium verkünden zu können, will ich mich gern von ihm verspotten und scheinbar zum Narren machen lassen«, erklärte er. »Schon eine einzige bekehrte Heidenseele wäre alle Mühen und Heimsuchungen wert.«

»Und gegen das Opium haben Sie nichts einzuwenden?«

Er zögerte kurz. »Mir wäre es zweifellos lieber, er würde mit Tee und Seide handeln. Aber nicht die Sorge um das körperliche Wohlbefinden der Heiden, sondern die Sorge um ihre unsterbliche Seele ist es, die mich nach China treibt und mich nicht ruhen lässt.«

So einleuchtend mir das damals auch erschien, so konnte ich mich doch eines unguten Gefühls nicht erwehren. Aber ich sagte mir, dass ich wohl noch zu jung war, um überhaupt eine Vorstellung von so etwas wie der unsterblichen Seele zu haben. Mir ging es vor allem um mein körperliches Wohlbefinden ...

Die vielfältigen Mühen und Heimsuchungen eines christlichen Missionars in China ließen nicht lange auf sich warten. Bruder Johann-Baptist wollte sich zwar erst eine Tagesreise unterhalb der Provinzstadt Zhanqing von uns trennen und von dort auf eigene Faust landeinwärts reisen. Da die Dschunke auf dem Weg dorthin jedoch nur langsam vorankam, weil Osborne immer wieder mit örtlichen, auf Sampans reisenden Opiumhändlern zusammentraf und stundenlang mit ihnen über den Preis seiner Ware feilschte, nutzte der Missionar diese Gelegenheiten, um in den umliegenden Dörfern erste hautnahe Erfahrungen zu sammeln.

Zweimal begleitete ich ihn auf seinen missionarischen Landausflügen. Beim ersten Mal gelangten wir in ein kleines Dorf, das nicht mehr als anderthalb Dutzend schäbige Hütten zählte. Bruder Johann-Baptist legte seine christlichen Schriften, kurze Abhandlungen über zentrale Themen des Christentums, die er selbst ins Chinesische übersetzt hatte, auf die Schwelle eines jeden Hauses. Auf meinen Hinweis, dass doch wohl die wenigsten dieser einfachen Menschen, die in solch einem Sprengel lebten, des Schreibens und Lesens kundig wären, überraschte er mich mit der Antwort: »Die Chinesen haben höchste Achtung vor dem geschriebenen Wort, Felix, und zwar bedeutend mehr, als es in Europa der Fall ist, das sich in seiner Überheblichkeit als ganz außergewöhnlich kultiviert und allen anderen Kulturvölkern überlegen fühlt. Wer im Reich der Mitte Beamter werden und Karriere machen will, muss zahlreiche schwere Prüfungen bestehen, bei denen im Mittelpunkt stets die umfassende Kenntnis chinesischer Poesie und Philosophie steht – sowie die Fähigkeit eigene Gedichte in dieser jahrtausendealten Tradition zu verfassen. Das bedeutet zwar nicht, dass nun jeder Bauer ein halber Philosoph und Dichter ist, aber diese Hochschätzung des geschriebenen Wortes reicht doch bis in die einfachsten Klassen. Und daher gibt es in jedem noch so abgelegenen Dorf Menschen, die des Lesens und Schreibens mächtig sind.«

An diesem Vormittag kamen jedoch nur wenige Neugierige,

zumeist Kinder und gebrechliche Alte, auf dem staubigen Dorfplatz zusammen, um zu hören und zu sehen, was die *fangui,* die fremden Teufel, bei ihnen verloren hatten. Die meisten arbeitsfähigen Dorfbewohner befanden sich draußen auf den Feldern, die das hügelige Land terrassenförmig überzogen, denn unser Eintreffen fiel in die Zeit der Zuckerrohr- und zweiten Reisernte.

Von dem, was Bruder Johann-Baptist dem verlorenen Häufchen predigte, verstand ich natürlich nicht ein einziges Wort. Mich faszinierte jedoch das »wortlose Buch«, das der Missionar zum besseren Verständnis seiner Worte verwendete. Bei diesem wortlosen Buch mit seinen vier »Seiten« handelte es sich um vier Stofftafeln, jede etwa so groß wie die Sitzfläche eines gewöhnlichen Stuhls, die untereinander angebracht waren und von einem einfachen Holzstab hingen. Jede Stofftafel besaß eine andere Farbe und symbolisierte eine zentrale christliche Aussage. Die schwarze stand für die Sünde, die rote für das Blut Christi, die weiße für Heiligkeit und die goldene für den Himmel.

»Bilder bleiben am leichtesten im Gedächtnis haften«, erklärte er hinterher, als sich die Hand voll Dörfler wieder verstreut hatte, ohne sich von seiner Predigt groß beeindruckt gezeigt zu haben, »besonders wenn es um etwas geht, was einem bisher noch nicht begegnet ist.«

Tags darauf begleitete ich ihn erneut. In dem zweiten Dorf, das wir gemeinsam aufsuchten, lebten jedoch viel mehr Menschen. Mindestens vierzig, fünfzig Häuser und Hütten umfasste die kleine Ortschaft, zu der auch eine mehrstöckige Pagode und einige recht solide Häuser aus Ziegelsteinen gehörten. Da wir am späten Nachmittag in der Siedlung eintrafen, als viele Dörfler schon von den Feldern zurückgekehrt waren, fand sich nach dem Verteilen der dünnen Druckschriften eine recht beachtliche Menge auf dem Dorfplatz ein, als der Missionar sein wortloses Buch mit den vier farbigen Stofftafeln entrollt und an den Haken des Ständers gehängt hatte.

Diesmal kam Bruder Johann-Baptist bei seiner Verkündigung des Evangeliums jedoch nicht weit. Er war gerade erst bei der Erklärung der zweiten Tafel angelangt, als ein älterer Mann in der Menge den Vortrag des Missionars mit wütenden Zwischenrufen unterbrach. Er löste eine Aufregung unter den Zuhörern aus, die mich an einen Stein erinnerte, der ins Wasser fällt und blitzschnell immer mehr und immer größere Kreise um sich zieht.

Innerhalb weniger Augenblicke steckte dieser Mann die Umstehenden mit seinem Zorn an. Und dann flogen auch schon die ersten Steine. Einer traf mich am Kinn und hinterließ eine blutende Platzwunde. Mindestens ein Dutzend weiterer Steine traf mich an Armen, Brust und Beinen. Sie hinterließen jedoch nur harmlose Kratzer und ein paar blaue Flecken. Und damit kam ich noch vergleichsweise glimpflich davon, denn die meisten Geschosse hatten den Missionar zum Ziel. Als wir die Flucht ergriffen, folgte uns ein wahrer Hagel Steine.

»Sie sollten vielleicht mehr über die Barmherzigkeit und Liebe Gottes predigen, als über die Sünde und das Blut

Christi!«, stieß ich atemlos hervor, als wir zur Dschunke zurückrannten.

»Der Weg eines Missionars im heidnischen Land ist dornig und oft genug schmerzhaft«, erwiderte der Missionar, während ihm aus mehreren Platzwunden Blut über das Gesicht lief. »Aber Jesus hat uns ja auch keinen idyllischen Gang durch einen gepflegten Rosengarten versprochen, als er uns zu seiner Nachfolge aufgerufen hat.«

Zu dieser Art von Nachfolge, wo einem die Steinigung auf einem staubigen Dorfplatz drohte, fühlte ich mich ganz sicher nicht berufen! Und fortan blieb ich an Bord, wenn die Dschunke in irgendeinem stillen Seitenarm des Flusses vor Anker ging und Bruder Johann-Baptist mit seinen Druckschriften und bunten Stofftafeln loszog, um die Saat des Christentums in das nächste Dorf zu tragen. Ich bewunderte seinen Mut und seine unerschütterliche Entschlossenheit sich durch nichts, wirklich durch gar nichts von seiner Mission abbringen zu lassen. Und diese Bewunderung empfinde ich auch heute noch für Bruder Johann-Baptist Wetzlaff, obwohl ich so manches, was er getan und gesagt hat, längst mit kritischen Augen sehe, wie etwa seine eher gleichgültige Einstellung zum Opiumhandel.

Dass ich damals auf dem Xi Jiang aber auch große Bewunderung für Osbornes Geschäftstüchtigkeit hegte, soll an dieser Stelle ebenso wenig verschwiegen werden. Und was war das für ein profitables Geschäft, das der Händler mit dem klebrigen, pechfarbenen Extrakt der Mohnpflanze machte!

Die meisten chinesischen Opiumhändler, die unser *mantale*

Hsi See Kai mit Osborne zusammenbrachte, lebten selbst auf Dschunken oder Sampans, wie die kleineren Boote genannt werden, die vom Heck aus nur mit einem langen Ruder vorangetrieben und zugleich gesteuert werden. Einige gehörten der verachteten Volksgruppe der *tanka* an, deren Angehörige zeit ihres Lebens ausschließlich auf den gleichnamigen kleinen Booten leben, die aus der Entfernung wie beschädigte schwimmende Eier aussehen. Die rastlosen *tanka* gehören zu der niedrigsten Klasse in der chinesischen Gesellschaft. Ihnen ist nicht nur der Erwerb von Land und das Errichten eines Hauses verboten, sondern auch die Heirat außerhalb ihres Lebensbereiches, der einzig und allein auf die Flüsse begrenzt ist.

Wie bewunderte ich Osbornes Geduld und sein zähes Feilschen, wenn er mit den chinesischen Händlern Stunde um Stunde unter dem Sonnensegel saß, zahllose Tassen Tee schlürfte und sich nicht aus der Ruhe bringen ließ, wenn seine möglichen Kunden immer wieder Anstalten machten von Bord der Dschunke zu gehen, weil sie die Verhandlungen wegen seines Beharrens auf einem unvernünftig hohen Preis angeblich als gescheitert ansahen.

Letztlich verließ jedoch keiner der Chinesen ohne das kostbare Opium die Dschunke von Hsi See Kai. War das Geschäft besiegelt, brachten die Händler kleine Beutel an Bord, die mit Silbermünzen und kleinen Silberbarren gefüllt waren. Der Inhalt wurde vor Osborne auf die Planken geschüttet, der daraufhin mit geübtem Griff die Münzen prüfend durch seine Finger gleiten ließ.

»Diese Silberklumpen nennt man *sycee«*, erklärte er mir und legte mir einen der kleinen Barren in die Hand. »Sie gleichen in Form und Größe gewöhnlichen Bleibarren. Und selbst der Silberglanz schließt nicht aus, dass man beides miteinander verwechselt.«

Er zeigte mir, wie man sich durch genaues Abwiegen davor schützte, mit Bleibarren betrogen zu werden, die nur eine dünne Außenschicht aus Silber besaßen.

»Hier, das sind spanische Taler, auf welche die Mandarine den Wert in chinesischen Zeichen aufgedrückt haben.« Er warf mir eine Münze zu. »Die Schlitzaugen nennen sie Chop-Taler. Fast alle, die hier in Umlauf sind, weisen diese Zeichen auf und haben überdies an den Seiten kleine Einschnitte, an denen man sehen kann, ob sie aus gutem Silber geprägt sind. Sehr gute Waren erhalten daher ganz allgemein die Qualitätsbezeichnung *first chop*, während alles, was von geringerer Qualität und damit zweitklassig ist, als *second chop* bezeichnet wird.« Er lehrte mich auch, dass Preise in *tael* angegeben und diese wiederum in 1.000 *qian* unterteilt werden. Bei diesen kleinen Währungseinheiten handelt es sich meist um Kupfermünzen, die in Strängen aufgezogen werden.

Osborne brachte mir auch die chinesischen Handzeichen beim Zählen bei. »Die Chinesen fangen nicht mit dem Daumen an, wie wir es tun, sondern bei ihnen bedeutet der hochgestreckte Zeigefinger eins. Zeige- und Mittelfinger bilden das Symbol für zwei, zusammen mit dem Ringfinger ergeben sie drei, alle vier Finger zeigen vier an, und wenn der Daumen noch dazukommt, haben wir fünf.«

»So ein großer Unterschied ist das aber gar nicht«, meinte ich voreilig.

»Der kommt schon noch. Denn jetzt wird es komplizierter, aber auch raffiniert. Um sechs anzuzeigen, brauchen die Chinesen, im Gegensatz zu uns, nämlich nur eine Hand. Dabei werden Daumen und kleiner Finger ausgestreckt, während die anderen drei Finger eingeknickt auf der Handfläche liegen. Sieben zeigt man mit gestrecktem Daumen und Zeigefinger an, was bei uns ja zwei bedeutet. Acht formt man mit Daumen, Zeige- und Mittelfinger, indem man sie an den Spitzen zusammenlegt – so, als wollte man eine Prise Salz mit diesen drei Fingern fassen. Die geschlossene Faust, aus der nur der oben eingeknickte Zeigefinger wie ein Haken aufragt, ist das Zeichen für neun. Und wenn man die Zeigefinger beider Hände zu einem Kreuz übereinander legt, hat man die Zahl Zehn.«

Das bedurfte dann doch einiger Übung. Aber ich sollte schon bald Gelegenheit genug bekommen mir mit derlei Dingen die Zeit zu vertreiben. Denn tags darauf, kurz vor Einbruch der Dämmerung, geschah der blutige Überfall, der so vielen an Bord der Dschunke das Leben kostete.

酒

Der Verrat
oder
Wie ich Chia Pao unfreiwillig das Leben rettete und mit ihm vom Regen in die Traufe geriet

Ling Wei Yuk, der ausgemergelte und opiumsüchtige Steuermann, stand zu jener kritischen Stunde am Ruder. Der Fluss machte in diesem Abschnitt einige scharfe Biegungen. Hsi See Kai hatte für diese Nacht einen versteckten Ankerplatz für uns festgelegt, der gleich hinter der Flussschleife in einem tiefen, felsigen Ufereinschnitt lag. Doch diese Stelle sollten wir nie erreichen.

Als Ling Wei Yuk die Dschunke um die erste Biegung steuerte, tauchten vor uns zwei Sampans auf, die gemächlich flussabwärts glitten. Sie wichen nach rechts und links aus, um uns gefahrlos in ihrer Mitte passieren zu lassen. Zumindest hatte es diesen Anschein. Auf dem größeren der beiden Sampans, der sich uns an Steuerbord näherte, türmte sich mittschiffs ein ordentlich aufgeschichteter Berg Bambus auf. Auf dem anderen saßen drei Gestalten mit weit ausladenden Hüten um ein rauchendes Kochfeuer. Neben ihnen lag ein flacher Stoß Bastmatten.

»Komisch«, hörte ich Osborne hinter mir murmeln. »Bei so einer großen Ladung Bambus müsste der Sampan doch eigentlich viel tiefer im Wasser liegen.« Er schüttelte den Kopf, begab sich eiligen Schrittes zu Hsi See Kai hinüber und redete aufgeregt auf ihn ein.

Der *mantale* blickte zum Sampan mit der Bambusfracht hinüber, der mittlerweile nur noch ein halbes Dutzend Bootslängen von uns entfernt war, und stapfte hastig zu Ling Wei Yuk ans Ruder. Dabei rief er ihm aufgeregt und wild gestikulierend etwas zu. Wie ich später erfuhr, war es der Befehl, unverzüglich den Kurs zu ändern, Abstand von dem Sampan mit dem Bambusberg zu halten und den anderen Sampan zu rammen, sollte dieser Anstalten machen, uns allzu nahe zu kommen.

Und dann überschlugen sich die Ereignisse.

Statt dem Befehl Folge zu leisten, zog der Steuermann ein langes Messer unter seinem weiten Gewand hervor und schnitt unserem *mantale,* der ihm in diesem Moment den Rücken zuwandte und seinen Blick auf den verdächtigen Sampan an Steuerbord gerichtet hielt, von hinten die Kehle durch. Mit einem schrecklichen, röchelnden Laut stürzte Hsi See Kai sterbend zu Boden. Einen winzigen Augenblick später warf Ling Wei Yuk, der mit den Flusspiraten im Bunde stand, das Ruder herum.

Osborne, der zu seinen Pistolen greifen wollte, verlor bei dem abrupten Manöver das Gleichgewicht und taumelte dem verräterischen Steuermann geradewegs in die Arme. Die Pistole in seiner rechten Hand entlud sich in die Luft. Ling Wei

Yuk hob die Hand mit dem Messer und ließ das dicke, eisenbeschlagene Ende mit aller Wucht auf den Hinterkopf des Händlers niedersausen. Vermutlich hatte Osborne das Bewusstsein schon verloren, noch bevor er auf den Bootsplanken aufschlug. Zur selben Zeit krachte der Sampan an Steuerbord gegen unseren Bootsrumpf. Wenige Sekunden später hatte uns auch das zweite Piratenboot an Backbord erreicht.

Panik brach an Bord unserer Dschunke aus, denn nun wurden von beiden Sampans Enterhaken herübergeworfen. Der Bambusberg flog zur Seite und entpuppte sich als Versteck für ein Dutzend Flusspiraten, die nun katzengleich an den Seilen hochkletterten, an Deck stürmten und gnadenlos von ihren Schwertern, Messern und kurzen Lanzen Gebrauch machten.

Ich sah, wie Chia Pao, der Schiffsjunge, einem muskelbepackten Piraten in die Quere geriet. Der Mann stach, ohne zu zögern, mit seiner Lanze zu. Chia Pao brach mit einem gellenden Schrei zusammen, als sich die Spitze tief in seinen rechten Oberschenkel bohrte. Der Pirat riss die Lanze aus der Wunde, zerrte Chia Pao mit der linken Hand hoch – und warf ihn wie ein Stück Abfall über Bord.

Vor Angst und Entsetzen wie zur Salzsäule erstarrt, stand ich achtern an der Backbordreling. Die Piraten, die es auf Osbornes Opium und die Säcke voll Silber abgesehen hatten, schienen entschlossen jeden von uns niederzumetzeln. Die grauenhaften Szenen, die ich dann während der nächsten Augenblicke miterlebte, brannten sich mir unauslöschlich in mein Gedächtnis, raubten mir jegliche Kraft und Kontrolle über meine Gliedmaßen – wie sie auch jeden noch so vagen Gedanken an Widerstand in mir erstickten. Ich war unfähig mich nur von der Stelle zu rühren und ich erinnere mich noch genau daran, dass mir in dieser Situation der geradezu lächerliche Gedanke durch den Kopf ging: »Wie gut, dass sich Bruder Johann-Baptist schon unter Deck begeben hat. Da kann er sich bestimmt irgendwo verstecken und dem Massaker vielleicht entkommen!«

Zeit für weitere Gedanken blieb mir nicht. Denn da traf mich der Blick des opiumsüchtigen Steuermanns und mit dem blutbeschmierten Messer in der Hand stürzte Ling Wei Yuk auf mich zu.

Die Lähmung fiel wie eine schwere Rüstung von mir ab – und von purer, nackter Todesangst erfüllt, sprang ich einfach über Bord! Fern von jeglichem Heldenmut, ergriff ich die Flucht und suchte mein Leben durch einen Sprung in den Fluss zu retten.

Ob nun Vorsehung oder blinder Zufall, ich stieß jedenfalls im Wasser mit Chia Pao zusammen, der vom Bug der Dschunke über Bord geschleudert worden war und nun gegen das Ertrinken ankämpfte, denn er konnte nicht schwimmen.

Die Strömung riss uns flussabwärts, während Chia Pao sich verzweifelt an mich klammerte, mich würgte und gleichzeitig wild um sich trat. Ich versuchte mich aus seinem Würgegriff zu befreien und ihn abzuschütteln, indem ich nicht weniger rücksichtslos um mich trat und schlug. Wir waren beide von panischer Todesangst erfüllt und fern eines klaren Gedankens. Wasser schluckend und nach Atem ringend, wurden wir einzig und allein von dem animalischen Trieb beherrscht, unser Leben zu retten – und zwar um jeden Preis. Ich bin mir sicher, dass die Geschichten, die Osborne mir über die Grausamkeit der Piraten erzählt hatte und über ihre Bereitschaft, mit ihrem Opfer notfalls zusammen unterzugehen, dass diese Geschichten mit dazu beigetragen haben, die Angst in mir noch zu steigern.

Vermutlich wären wir an diesem Abend beide in den trüben Fluten des Xi Jiang ertrunken, wenn ich Chia Pao nicht zufällig mit meinem Ellenbogen an der Schläfe getroffen hätte – und wenn seine linke Hand sich nicht hinter meinem Gürtel verklemmt hätte. Der blinde Hieb mit dem Ellenbogen, in dem all meine Kraft lag, raubte ihm das Bewusstsein, doch hing er mit seiner linken Hand weiterhin an mir fest.

Ich gestehe freimütig und nicht ohne Scham ein, dass ich Chia Pao vermutlich seinem Schicksal überlassen hätte, wenn ich sofort von ihm freigekommen wäre. Er wäre dann unweigerlich ertrunken. Doch da ich nicht von ihm freikam, rettete ich ihm unfreiwillig das Leben. Denn um mich selbst über Wasser halten und dem Ufer entgegenstreben zu können, blieb mir gar nichts anderes übrig, als den Kopf des Chinesenjungen in meine linke Armbeuge zu nehmen und all meine Kraft darauf zu konzentrieren, ans rettende Ufer zu kommen. Glücklicherweise half mir die Strömung dabei, indem sie uns am Ausgang der scharfen Biegung aus der Flussmitte und in seichtes, rettendes Ufergewässer trug.

Ich spürte festen Grund unter den Füßen. Am Ende meiner Kräfte, hustend und mit schmerzenden Lungen, taumelte ich an Land. Chia Pao zog ich dabei wie einen nassen Sack hinter mir her. Aber ich rechnete nicht wirklich damit, dass er noch lebte. Als ich ihn jedoch auf trockenen Ufersand sinken ließ und auf den Rücken drehte, regte er sich plötzlich. Er schlug die Augen auf – und erbrach sich. In einem dicken Schwall schoss ihm das Wasser aus dem Mund. Mir schien, als hätte er den halben Xi Jiang verschluckt gehabt.

Erschöpft sackte ich neben ihm in den groben Sand. In diesem Moment empfand ich nicht einmal Erleichterung, dass Chia Pao überlebt hatte. Ich war einfach zu ausgelaugt, um irgendetwas anderes als meine schmerzenden Muskeln zu empfinden. In meiner Brust schienen tausend Nadeln zu stecken und in meinen Ohren rauschte und pulsierte das Blut, als wollte es sich dort jeden Augenblick gewaltsam einen Weg ins Freie bahnen.

»Du . . . du . . . hast mir . . . das Leben . . . gerettet!«, stieß Chia Pao plötzlich, nach Atem ringend, hervor. Er klang verwundert, als könnte er nicht glauben wirklich noch am Leben zu sein.

»Irgendwie musste ich mich ja dafür revanchieren, dass du versucht hast, mich im Wasser umzubringen!«, erwiderte ich bissig und setzte mich auf.

»Tut mir . . . Leid, aber ich muss wohl . . . die Nerven verloren haben. Ich kann nämlich . . . nicht schwimmen«, entschuldigte er sich, verzog dann schmerzhaft das Gesicht und tastete vorsichtig über seinen rechten Oberschenkel.

Erst jetzt kam mir wieder in den Sinn, dass er ja einen recht tiefen Lanzenstich erhalten hatte und starke Schmerzen im Bein haben musste. Und mit diesem Gedanken kehrten auch wieder die Bilder des blutigen Überfalls zurück.

»Ist es sehr schlimm?«, fragte ich und schämte mich insgeheim, dass mir sein Schicksal bisher so gleichgültig gewesen und ich nur rein zufällig zu seinem Lebensretter geworden war.

»Es brennt wie Feuer.«

»Lass mal sehen.« Ich verstand absolut nichts von Wunden und Heilkunde, hatte aber das Gefühl ihm einen besorgten Blick und guten Rat schuldig zu sein. Als er nun sein zerfetztes Hosenbein weit aufriss, um die blutende Wunde freizulegen, sagte ich deshalb: »Oh, das sieht böse aus! Das muss schleunigst verbunden werden.« Der Anblick des aufgerissenen Oberschenkels bereitete mir ein flaues Gefühl in der Magengegend.

Er nickte und erwiderte mit gequälter Miene: »Es tut wirklich mächtig weh, aber ich habe noch Glück gehabt. Die Lanze dieser verfluchten Eiterbeule von Pirat hat den Knochen verfehlt. Das wird schon wieder.«

Die Erwähnung der Piraten ließ mich unwillkürlich über den Fluss blicken, der still und trügerisch friedlich im letzten Abendlicht vor uns lag. Das Wissen, dass hinter der nächsten Biegung, nur wenige hundert Meter weiter flussaufwärts auf der Dschunke ein entsetzliches Massaker stattgefunden hatte und dass wir womöglich die einzigen Überlebenden des Überfalls waren, bohrte sich wie ein eisiger Dorn in mein Bewusstsein und ließ mich erschauern.

Aber wenn wir als Einzige überlebt hatten, waren wir gleichzeitig auch die einzigen Zeugen dieses Verbrechens! Und Ling Wei Yuk wusste, dass ich mich unverletzt mit einem Sprung über Bord gerettet hatte. »Wir müssen so schnell wie möglich vom Flussufer verschwinden!«, stieß ich erschrocken hervor. »Die Piraten werden bestimmt nach uns suchen.«

»Und uns die Kehle durchschneiden«, fügte Chia Pao nüchtern hinzu. »Zumindest mir.«

»Als ob sie mich laufen lassen würden!«

»Nein, einfach so laufen lassen werden sie dich nicht, aber doch erst einmal leben lassen, bis sie wissen, wie viel du wert bist«, erwiderte er. »Für *fangui*, weiße Teufel, gibt es nämlich meist ein gutes Lösegeld.«

Ich protestierte gegen diese abschätzige chinesische Bezeichnung für uns Weiße. »Dieser weiße Teufel«, ich tippte mir dabei auf die Brust, »hat dich immerhin aus dem Wasser gezogen!«

Er grinste verzerrt, während er mühsam auf die Beine kam. »*Fangui* bedeutet nicht nur weiße Teufel, sondern auch weiße Geister. Und es gibt ja auch gute Geister, oder?« Sein Gesicht nahm nun einen ernsten Ausdruck an. »Ich danke dir. Du hast ein Herz aus Bambus.«

»Wieso ein Herz aus Bambus?«, fragte ich irritiert.

»Weil Bambus stark ist und auch Kräften zu trotzen vermag,

die eigentlich viel mächtiger sind. Bambus beugt sich vielleicht im Sturm, doch er bricht nicht. Er übersteht sogar das Toben eines Taifuns. Außerdem kenne ich eben . . .« Seine Stimme ging in einen Schmerzensschrei über, als er mit dem verletzten Bein aufzutreten versuchte.

Chia Pao wäre zu Boden gestürzt, wenn ich ihm nicht rechtzeitig zur Seite gesprungen wäre. »Warte! Stütz dich auf meine Schulter! Das mit dem Verbinden deiner Wunde muss noch ein bisschen warten, bis wir ein gutes Stück vom Fluss weg sind und ein Versteck gefunden haben.«

Als wir Augenblicke später durch die mannshohen Büsche brachen, die einige Schritte oberhalb des Ufers standen, warf ich noch einen Blick über die Schulter zurück auf den Fluss. Mir war, als tauchte in diesem Moment der kleinere der beiden Piratensampans hinter der Flussbiegung auf. Vielleicht hatte ich bei diesem flüchtigen, ängstlichen Blick aber auch nur einen Schatten der hereinbrechenden Nacht gesehen und ihn für den Sampan gehalten. Ich vergeudete jedenfalls keine Sekunde, um mich zu vergewissern, und ging schnell weiter. Raschelnd schloss sich hinter uns das Dickicht.

Chia Pao biss tapfer die Zähne zusammen und bestand darauf, sich keine Rast zu gönnen, bis wir nicht mindestens hundertfünfzig Schritte landeinwärts zurückgelegt hatten. Für einen gesunden Menschen mag das eine lächerlich kurze Strecke sein, zumal bei Tageslicht und in offenem Gelände. Wenn man jedoch verletzt und unter Schmerzen bei Dunkelheit durch eine hügelige, weglose und fremde

Wildnis humpelt, dann können hundertfünfzig Schritte zu einer außerordentlichen Herausforderung und Quälerei werden.

Mit bewundernswerter Willenskraft hielt Chia Pao durch. Die hundertfünfzig Schritte, die jeder von uns in seiner Muttersprache mitzählte, führten uns an den Saum eines kleinen Waldstücks, der sich bis auf die Kuppe einer Hügelkette hinaufzog. Stöhnend sank Chia Pao zu Boden und lehnte sich gegen den Stamm eines Maulbeerbaumes.

Ich half ihm nun dabei, das rechte Hosenbein eine Handbreit unterhalb der Leistengegend abzutrennen und in Streifen zu reißen. Dasselbe taten wir mit dem unteren Teil meines Hemdes, weil das Hosenbein allein als Verband nicht ausreichte. Bevor wir seine Wunde jedoch verbanden, machte er mich auf einen Kampferstrauch aufmerksam, der in der Nähe wuchs, und bat mich eine gute Hand voll Blätter von den Zweigen abzustreifen. Diese knetete und presste er kurz durch, damit das Blattgrün brach und Saft absonderte, bevor er sie auf die klaffende Wunde schichtete.

Mittlerweile hatte die Nacht den letzten Schimmer Tageslicht hinter den westlichen Horizont vertrieben. Völlige Dunkelheit umschloss uns. Und sosehr wir uns auch anstrengten irgendwo in der Ferne den Schein einer Laterne auszumachen, die Nacht um uns herum blieb so undurchdringlich und Furcht einflößend düster wie das Schicksal, das uns erwartete, sollten die Piraten unsere Verfolgung aufgenommen haben und uns finden.

»Wir müssen weiter!«, drängte Chia Pao.

»Aber nicht so!«, erwiderte ich, als ich sah, wie er sich beim Aufstehen mühte. »Das Mindeste, was du brauchst, ist so etwas wie eine Krücke. Warte hier, ich schaue, ob ich im Wald einen soliden Stock finde.«

Mit dem »Schauen« war es natürlich nicht weit her, obwohl sich unsere Augen inzwischen an die Finsternis gewöhnt hatten. Das Glück zeigte sich mir jedoch wohlgesonnen und führte mich nach einigem Umherirren zu einem morschen Baum, den wohl ein Sturm gefällt hatte. Ich fand an seinem oberen Ende einen Ast mit einer Gabel, der vom Stamm splitterte, als ich mit einem kraftvollen Ruck an ihm zerrte. Mit dem Fuß brach ich die Zweige ab – und kehrte stolz mit einer provisorischen Krücke, die er sich unter den Arm klemmen konnte, zu Chia Pao zurück.

Wir setzten nun unsere Flucht fort, begleitet von Hunger und Angst, kamen jedoch wegen Chia Paos Verletzung nur langsam voran. Die Schmerzen in seinem Bein zwangen uns in immer kürzeren Abständen zu Pausen, die immer länger wurden. Als der Mond seinen Aufstieg am Nachthimmel begann und die einsame Landschaft in einen milchig hellen Schein tauchte, mieden wir das offene Gelände.

Es dürfte noch weit vor Mitternacht gewesen sein, als offensichtlich wurde, dass Chia Pao am Ende seiner Kraft angelangt war. Es machte auch keinen Sinn, weiter ins Unbekannte zu stolpern. Denn Chia Pao, der aus einem Dorf bei Foshan stammte und erst vor wenigen Wochen auf der Dschunke von Hsi See Kai als Schiffsjunge angeheuert hatte, kannte sich in dieser Region genauso wenig aus wie ich. So machte ich denn den Vorschlag unsere schwindenden Kräfte zu schonen und uns einige Stunden Schlaf zu gönnen.

»Ich kann auch nicht mehr«, gestand er mit schmerzerfüllter Stimme, schleppte sich aber noch bis zu einem wilden Bambushain, der uns ein gutes Versteck bot.

Mein nobler Vorsatz, noch möglichst lange wach zu bleiben, die Augen auf zu halten und in die Nacht zu lauschen, ob wohl jemand unsere Fährte aufgenommen hatte, erwies sich unter dem Ansturm der Müdigkeit als so schwach wie die Mauern einer Sandburg bei auflaufender Flut. Nicht einmal die Angst vor Ling Wei Yuk und seinen blutrünstigen Komplizen vermochte den Schlaf von mir fernzuhalten. Ja, zu meiner Schande muss ich gestehen, dass ich Chia Pao in dieser Nacht mit seinen Schmerzen allein ließ. Denn kaum hatte ich mich ausgestreckt, als mir auch schon die Augen zufielen.

Das habe ich nun davon, dass ich unbedingt mit Osborne und Bruder Johann-Baptist gehen und etwas erleben wollte – koste es, was es wolle! Oh Gott, warum bin ich denn nicht bei Groneveld auf der *Hindostan* geblieben? Dieses schreckliche Blutbad auf der Dschunke! Und was steht mir jetzt bloß noch bevor? Mit diesen Gedanken später Reue und banger Ungewissheit glitt ich in den Schlaf, der grässliche Träume für mich bereithielt.

状

Im Morgengrauen rettete ich mich aus einem beklemmenden Alptraum, indem ich aufwachte und mit schwerem Atem hochfuhr. Benommen sah ich mich um. Feine Nebelfelder lagen wie Rauchschleier über dem hügeligen, unkultivierten Land – und tausend Tropfen Morgentau schienen sich auf Chia Paos Gesicht gesammelt zu haben. Doch was wie der feuchte Atem der scheidenden Nacht aussah, war in Wirklichkeit kalter Schweiß, der ihm aus allen Poren brach.

Wir machten nicht viel Worte. Wir mussten weiter, eine Landstraße und ein Dorf finden, wo sich jemand um seine Wunde kümmern und dafür sorgen konnte, dass wir irgendwie nach Canton kamen.

Chia Pao konnte mit seinem rechten Bein nicht mehr auftreten, weil der glühende Schmerz dann einfach zu stark war. Ich sah, wie ihm schon beim ersten Versuch die Tränen in die Augen schossen. Auch mit der Krücke ging es schlecht. Ich musste ihn wieder stützen.

Wir kamen nur quälend langsam voran. Kaum hatte die Sonne die zerklüfteten Hua-Berge überwunden, die sich im Südosten erhoben, als mit den tiefen Schatten auch die letzte Kühle der Nacht verflog. Allzu bald brannte die Sonne heiß auf uns herab. Mit Gras und Blättern, die wir kauten, bekämpften wir Hunger und Durst. Ab und an bat er mich, von jenem Heilkraut ein Dutzend Pflanzen zu pflücken und von diesem Strauch eine Hand voll Blätter abzureißen. Er nannte mir stets die Namen dieser Gewächse, doch die chinesische Sprache war mir noch so fremd und scheinbar unaussprechlich, dass ich Schwierigkeiten hatte die Worte nicht sofort wieder zu vergessen.

»Dieses Kraut heißt *san qi«*, erklärte er und deutete auf ein unscheinbares Pflänzchen, das im Schatten eines Dornenbusches wuchs. »Daraus macht man *bai yao*, ein weißes Pulver, das die Wundränder zusammenzieht und die Heilung beschleunigt. Soldaten haben sich damit schon seit Jahrhunderten behandelt. Es heißt bei uns auch ›Gold, mit dem nicht gehandelt wird‹. Reiß alle aus, die du finden kannst!«

»Du scheinst ja eine Menge von Pflanzenheilkunde zu verstehen«, sagte ich beeindruckt, während ich diese kostbaren *san qi*-Pflanzen pflückte.

Er schüttelte den Kopf. »Nicht wirklich. Ich habe nur ein bisschen von meinem *qing bebe* aufgeschnappt, als ich eine Weile bei ihm gelebt habe.«

»Wer ist *qing bebe?«*

Er lachte. »Ach, das ist ein Kosewort und bedeutet so viel wie ›liebster Onkel‹. Dabei ist Chang Liang Sen gar nicht wirklich mein Onkel. Er ist der Sohn von der verstoßenen, zweiten Nebenfrau meines Großvaters und ein *sheng jen*, ein weiser Mann, der sich auch auf die Heilkunde versteht.«

»Dein Großvater hatte zwei Frauen?«, fragte ich verblüfft.

»Nein, er hatte eine Ehefrau und zwei Nebenfrauen, Konkubinen eben«, erklärte er, als sei es das Selbstverständlichste von der Welt, dass man mehrere Frauen hatte. »Er hatte damals noch Geld und konnte sich den Luxus von jungen

Konkubinen leisten. Aber dann hat er alles verspielt und nach ihm hat es keiner aus unserer Sippe mehr zu viel Geld gebracht.«

»Und er hat diese . . . Konkubinen und seine unehelichen Kinder vor seiner Ehefrau geheim halten können?«

Nun sah er mich verständnislos an. »Geheim halten? Sie haben natürlich mit ihm im Haus gelebt, und zwar unter der Fuchtel meiner tyrannischen Großmutter. Wieso hätte er sie denn auch versteckt halten sollen? Es ist doch ein Zeichen von Wohlstand und bringt Ansehen, wenn sich ein Mann eine oder gar zwei Konkubinen neben der ersten Frau halten kann!«

Ich musste wohl ein sehr ungläubiges Gesicht gemacht haben, denn er fragte verwundert: »Ja, ist das denn bei euch nicht so?«

Ich schüttelte den Kopf. »Bei uns ist nur eine Frau erlaubt. Wir nennen es das heilige Sakrament der Ehe.«

Chia Pao sah mich mitleidig an.

»Aber im Geheimen hat auch bei uns manch einer eine Konkubine, auch wenn es streng verboten ist«, fügte ich schnell noch hinzu, als hoffte ich, damit mein Gesicht und die Ehre des Abendlandes retten zu können.

»Komm, wir müssen weiter«, sagte Chia Pao, stopfte die Heilkräuter in die Tasche und legte mir wieder den Arm um die Schulter.

Anderthalb Stunden nach unserem Aufbruch stießen wir auf eine frisch sprudelnde Quelle, die weiter unterhalb unseres Weges in einen kleinen Bach floss. Ich meinte, noch nie etwas so Köstliches getrunken zu haben wie dieses klare, kühle Wasser.

Nachdem wir unseren Durst gestillt hatten, half ich Chia Pao die Wunde auszuspülen. Erstaunlicherweise hatte sich nur wenig Eiter gebildet, was er auf die Heilwirkung des Blätterbreis zurückführte, wenn auch das Fleisch um die Wunde geschwollen war und auf jeden Druck mit Schmerzen reagierte. Während ich die Stoffstreifen sorgfältig auswusch, zerrieb er einen Teil der gesammelten Kräuter und Blätter zwischen zwei flachen Steinen, die er aus dem Bett der Quelle genommen hatte, und bedeckte die Wunde damit. Dann legten wir den Verband neu an und zogen weiter.

Die Sonne stand schon senkrecht am Himmel, als wir aus einem Bambuswald wankten und endlich auf eine schmale, staubige Landstraße stießen. Wir folgten ihr nach Südosten, wo irgendwo in sechzig, siebzig Kilometer Entfernung Canton liegen musste. Wenig später tauchten vor uns Reisfelder auf, deren seichte Teiche nun, zur Zeit der Ernte, in einem warmen, bernsteinfarbenen Ton schimmerten. Erhöhte Pfade führten um die Felder herum. Und wo Reisfelder darauf warteten, abgeerntet zu werden, da konnte ein Dorf nicht weit sein!

Wir schöpften neue Hoffnung und unser schleppender Gang erhielt plötzlich drängende Zielstrebigkeit. Jetzt konnte es nicht mehr weit sein.

»Da kommt jemand!«, stieß Chia Pao hervor. »Das klingt nach einem Gefährt!«

Weil wir hier auf der Landstraße mehr denn je damit

rechnen mussten, den Piraten zu begegnen, suchten wir eiligst Schutz hinter einem dichten Gebüsch. Bange Sekunden verstrichen, in denen uns das Herz im Hals schlug. Umso größer waren Freude und Erleichterung, als wir Augenblicke später aus einem Waldstück aus Sprossenpinien, das sich zu unserer Rechten erstreckte, zwei massige Wasserbüffel mit mächtigem Gehörn trotten sahen. Die Wasserbüffel zogen einen klobigen, einachsigen Karren mit mannshohen Rädern, der eine Fuhre Reisstroh geladen hatte. Auf dem primitiven Kutschbock des Karrens saß ein kleinwüchsiger Mann mit langen, aber spärlichen Barthaaren.

Wir kamen hinter dem Dickicht hervor. Chia Pao humpelte dem Gespann entgegen und brachte es zum Stehen. Der Fuhrmann blickte verwundert von ihm zu mir, während Chia Pao aufgeregt auf ihn einredete. Er erklärte ihm, was uns und den anderen auf der Dschunke widerfahren war, und bat ihn eindringlich uns zu helfen und ins nächste Dorf zu bringen.

Die Miene des Mannes verschloss sich. Schweigend und scheinbar unberührt hörte er zu. Zwischendurch warf er mir immer wieder Blicke zu, die nicht gerade auf große Sympathie für »weiße Teufel« schließen ließen. Dann gab er Chia Pao mit barsch klingender Stimme Antwort oder stellte ihm eine Frage. Jedenfalls kam es nun zu einem schnellen Wortwechsel, bei dem Chia Pao immer wieder auf mich deutete. Schließlich rammte der Mann den Stiel seiner langen Büffelpeitsche in die hölzerne Halterung und stieg vom Kutschbock.

»Was ist?«, fragte ich ungeduldig. »Wird er uns nun helfen oder nicht?«

»Ja, er hilft uns. Aber erst wollte er nichts von uns wissen. Doch als ich ihm gesagt habe, dass du der Sohn eines reichen Kaufmanns aus Canton bist, der durchgebrannt ist, und er mit einer ansehnlichen Belohnung rechnen kann, hat er sich eines anderen besonnen.«

»Aber das stimmt nicht!«, wandte ich ein. »Mein Vater ist tot, und ob mein Vormund sich so großzügig zeigen wird, wage ich sehr zu bezweifeln.«

»Ich habe ihm fünfzig *tael* versprochen. Für deinen Vormund ist das bestimmt nur ein lächerlicher Betrag. Bestimmt gibt er mehr für seinen Tabak aus, falls er raucht. Aber für unsereins ist das eine Menge Geld«, erwiderte er. »So, und jetzt komm schon, bevor einer der Piraten auftaucht, die sich hier herumtreiben und nach uns suchen.«

Ich erschrak. »Sie sind also wirklich hinter uns her?«

Chia Pao nickte. »Heute Morgen sind drei bewaffnete Fremde in seinem Dorf aufgetaucht, haben Fragen gestellt, die Leute bedroht und sie in Angst und Schrecken versetzt. Einer ist im Dorf geblieben, während die beiden anderen die Gegend nach uns durchsuchen. Wir müssen uns daher unter dem Stroh verstecken. Lin Yang, so heißt der Bauer, bringt uns in ein benachbartes Dorf, das größer ist als seines und wo wir mehr Hilfe erwarten können.«

»Dann bloß nichts wie weg von hier!«

Als wir um den Karren herumgingen, stellten wir fest, dass sich unter dem Reisstroh fünf Tonkrüge befanden. Lin Yang hatte diese bauchigen Gefäße indessen rechts und links von den Seitenbrettern aufgestellt. Wir krochen nun auf die Ladefläche und zwischen die Tonkrüge. Lin Yang holte vom Kutschbock eine löchrige, stinkende Decke, warf uns einen Wasserschlauch zu und sagte mit schroffer Stimme etwas, was ich natürlich nicht verstand.

»Wir sollen uns in unserem Versteck bloß still und ruhig verhalten und nicht ungeduldig werden. Bis zum Nachbardorf sind es nämlich einige Meilen und Wasserbüffel sind keine Rennpferde. Wir werden mindestens anderthalb Stunden unterwegs sein«, teilte mir Chia Pao mit.

»Mir soll alles recht sein, wenn er uns bloß in Sicherheit bringt!«, murmelte ich. »Und lieber schlecht gefahren und höllisch geschwitzt als gut gelaufen!«

Der Bauer legte die alte Decke nun so über die Gefäße, dass wir darunter in einer Art von Hohlraum lagen. Darüber schichtete er dann das Stroh auf und verteilte es an allen Seiten, sodass seine Ladung wieder ganz unverdächtig erschien.

Die Erleichterung der ersten Minuten, endlich Hilfe gefunden zu haben und nicht länger marschieren zu müssen, hielt nicht lange an. Die Enge unseres Verstecks und die harten Bohlen, auf denen wir lagen, ließen sich ja noch ertragen. Aber der Reisstaub, der bei dem Gerumpel des Karrens durch die vielen Löcher der Decke drang und sich uns auf die Brust legte, sowie die Hitze machten die Fahrt schon recht bald zu einer Tortur. Dazu kam, dass die Tongefäße offenbar mit Wein gefüllt waren und einen strengen, intensiven Geruch abgaben, der das Atmen in der stickigen Luft noch schwerer machte.

Die Zeit verstrich so quälend langsam, wie die beiden Wasserbüffel ihres Weges dahintrotteten. Ich zählte die Sekunden, um mich abzulenken, gab es jedoch auf, als ich bei sechshundertneun angelangt war und mir bewusst wurde, dass ich damit gerade erst zehn Minuten und neun Sekunden mit meiner monotonen Zählerei totgeschlagen hatte.

»Was hältst du davon, wenn du mir erzählst, woher du kommst und was dich an Bord der Dschunke geführt hat?«, forderte ich meinen Schicksalsgefährten auf, dem es wegen seines schmerzenden Beines noch schlimmer erging als mir. »Hinterher erzähl ich dir dann von mir.«

»Gute Idee, aber warum fängst du nicht bei dir an?«

»Von mir aus.«

Ich kam über die Erwähnung meines Geburtsortes jedoch nicht hinaus. Denn da hämmerte Lin Yang auch schon mit dem Peitschenstiel heftig gegen die Seitenwand und rief uns mit wütender, zischender Stimme etwas zu.

»Was ist?«, raunte ich erschrocken.

»Wir sollen den Mund halten und auch sonst keinen Ton von uns geben«, lautete seine geflüsterte Antwort. »Wenn er uns noch einmal miteinander sprechen hört, will er uns vom Karren werfen. Er hat Angst, wir könnten uns verraten, dann würden die Piraten auch ihm ans Leder gehen.«

Ich seufzte. »Dann sollten wir wohl besser tun, was er sagt, bis wir in Sicherheit sind.«

»Wir werden es schon überstehen, Felix«, versicherte er, jedoch mit gequälter Stimme, als hätte er in Wirklichkeit seine stillen Zweifel.

»Ja, bestimmt, Chia Pao«, murmelte ich und flüchtete mich in altvertraute Gebete, die ich unablässig wiederholte, was mir jedoch erst nach einiger Zeit zu Bewusstsein kam.

Gute zwei Stunden wurden wir auf dem Karren durchgerüttelt und litten unter Enge, Staub und Hitze. Der Schweiß lief nur so in Strömen und der Wasserschlauch war schnell geleert, obwohl wir uns bemühten immer nur kleine Schlucke zu nehmen.

Während der letzten Stunde wies der Weg, den Lin Yang mit seinem trägen Wasserbüffelgespann nahm, eine spürbare Steigung auf. Ich vermutete, dass wir uns mittlerweile auf den hügeligen Ausläufern der Hua-Berge befanden und dass das Dorf, in das Yang uns bringen wollte, wohl in einem höher gelegenen Tal lag.

Der steinige, unebene Boden rüttelte uns durcheinander und ich hörte, wie Chia Pao so manches Mal nur mit Mühe einen Schmerzensschrei unterdrückte. Aber dann hatten wir es endlich geschafft. Das Ziel war erreicht. Und der Karren kam zum Stehen.

Lin Yang sprang vom Kutschbock und wir hörten ihn rufen. Eine Männerstimme antwortete ihm aus einiger Entfernung, gefolgt von zwei anderen, die sich uns nun rasch näherten. Der Bauer rief ihnen etwas zu.

»Nein!«, stieß Chia Pao entsetzt hervor. »Nicht das!«

Eine dunkle Ahnung schnürte mir die Kehle zu. »Was ist

passiert?«, krächzte ich. »Hat er uns an Ling Wei Yuk und seine Komplizen verraten?«

»Nein, aber an Bergbanditen!«, keuchte Chia Pao. »Lin Yang, dieser schmierige Schleim einer Schnecke, hat uns an die berüchtigten Hua-Banditen ausgeliefert, die hier in den Bergen hausen und mit denen er wohl heimlich Geschäfte macht! Und ich wette, dass Lin Yang nicht mal sein richtiger Name ist, dieser verfluchte Kot einer räudigen Wanze!«

Im selben Augenblick wurde die Decke über uns weggerissen und wir blickten in die harten Gesichter von drei Bergbanditen – sowie auf die blitzenden Klingen ihrer gezogenen Schwerter, die sich blitzschnell auf unsere Brust richteten, kaum dass wir uns zwischen den Tonkrügen aufgesetzt hatten.

Wir waren vom Regen in die Traufe geraten!

祭

Die Grube
oder
Wie wir die bittere Zeit unserer Gefangenschaft in den Hua-Bergen überstanden

»Wenn die Banditen nicht damit rechnen können, auch für mich ein ordentliches Lösegeld zu bekommen, bin ich jetzt schon so gut wie tot!«, stieß Chia Pao mit gedämpfter Stimme hervor. »Nur du kannst mich retten! Sag ihnen, dass ich dein Jugendfreund bin und dass ich dir und deinem Vormund mindestens hundert *tael* wert bin! Sonst schneiden sie mir gleich hier die Kehle durch!« Sein Gesicht hatte Leichenblässe angenommen und in seinen Augen stand ein beschwörendes Flehen.

Bevor ich ihm noch eine Antwort geben konnte, zerrten die Männer uns auch schon grob vom Karren und trennten uns voneinander. Einer der insgesamt sechs Banditen, dessen abgeschnittene Ohren von einer früheren öffentlichen Bestrafung zeugten und der nur einige wenige Brocken Pidginenglisch sprach, stieß mich neben dem Karren zu Boden, wo ich bäuchlings liegen bleiben musste. Er verstand es auch ohne viel Worte, mir klarzumachen, dass ich mich nicht von der

Stelle rühren sollte. Der Fuß, den er auf meinen Rücken stellte, und die kalte Klinge seines Schwertes, die er an meinen Hals legte, sprachen eine sehr deutliche Sprache und ließen keinen Raum für falsche Auslegungen. Ich erstarrte, gefror vor Angst und hätte sogar das Atmen eingestellt, wenn es in meiner Macht gelegen hätte.

Zwei andere Banditen hatten Chia Pao indessen ein gutes Dutzend Schritte vom Karren weggeführt und verhörten ihn nun, während Lin Yang unter leisem, fröhlichem Pfeifen die Tonkrüge ablud. Obwohl ich kein einziges Wort verstand, hörte ich Chia Paos Stimme die Todesangst an, die ihn beherrschte.

All dies dauerte kaum mehr als zwei, drei Minuten, mit dem Schwert am Hals kam es mir jedoch wie eine Ewigkeit vor.

Ein klatschendes Geräusch, ein scharfes Wort – und Chia Paos Stimme brach jäh ab. Und dann kam einer der beiden Chinesen, die meinen Gefährten verhört hatten, zu mir herüber. Der Bandit mit den abgeschnittenen Ohren nahm seinen Fuß von meinem Rücken, zog sein Schwert zurück und trat mir ungeduldig in die Seite. »Aufstehen, *fangui!* Du hören? *Chop-chop!*«, befahl er und trat noch einmal zu. »Los, *chop-chop!*«

Hastig und mit zitternden Knien stand ich auf.

Der Bandit, der Chia Pao ausgefragt und geohrfeigt hatte und wohl das Kommando führte, baute sich vor mir auf. Seine schmutzige Kleidung bestand, wie auch die der anderen Männer, aus knöchellangen schwarzen Hosen und einer weiten schwarzen Jacke, die ein gutes Stück über die Hüften reichte und von einem geflochtenen, gleichfalls schwarzen Gürtel umschnürt war. Er besaß eine stämmige Gestalt und ein breites Gesicht, das wie zusammengepresst wirkte und mich unwillkürlich an eine Kröte erinnerte. »Dein Name, *fangui!*«, blaffte er mich an.

Ich sagte ihm meinen Namen.

»Du woher kommen? Für welche *Company* arbeiten? Wer Vater? Er wie viel Geld zahlen?« Er stieß die Fragen in abgehacktem Pidginenglisch hervor und fuchtelte dabei mit seinem Dolch vor meinem Gesicht herum.

Stockend und angsterfüllt, beantwortete ich seine Fragen.

»Wenn Vater und Mutter tot und keine Familie in Canton, wer dann für dich zahlen? Niemand?« Die Augen des Banditen wurden noch um eine Spur schmaler und er sah mich an, als überlegte er ernsthaft, ob er nicht besser kurzen Prozess mit uns machen sollte.

»Doch, mein Vormund!«, widersprach ich heftig und mir war vor Angst ganz übel. »Hermanus Groneveld verwaltet auch das Geld, das mein Vater mir hinterlassen hat! Er ist ein Ehrenmann. Er wird das Lösegeld bezahlen. Für mich und auch für Chia Pao! Er ist ein Mann, der zu seinem Wort und zu seiner Verantwortung steht, die er übernommen hat. Er wird bezahlen! Ganz bestimmt! Es ist Geld genug da!« Wie eilfertig ich in dieser Situation doch war die Ehrenhaftigkeit und Zuverlässigkeit meines geschmähten Vormundes zu beteuern!

Kröte nagte an seiner Unterlippe und dachte nach. »Dein Vormund bei *Dutch Factory?*«

»Ja, Hermanus Groneveld. Und weil mein Vater tot ist, wird er jetzt bestimmt der neue Kontoreivorsteher!«

Kröte bemerkte nun die goldene Kette und das kleine Medaillon, das ich um den Hals trug. Beides hatte einst meiner Mutter gehört. Das Medaillon enthielt im Innern auf der rechten Seite das kunstvolle Abbild der Muttergottes und auf der linken das Stadtwappen sowie den Dom zu Köln eingraviert. Es war das kostbarste, weil einzige Andenken an meine Mutter, das ich besaß.

Er riss mir Kette und Medaillon vom Hals, fingerte an dem feinen Verschluss des Medaillons herum und starrte dann mit gefurchter Stirn auf die Gravuren im Innern.

»Das ist unser Familienwappen!«, log ich und deutete auf das Kölner Stadtwappen.

Natürlich kann ich nicht mit Sicherheit sagen, dass uns diese lächerliche Lüge gerettet hat. Aber vieles spricht dafür. Denn Kröte verzog das Gesicht plötzlich zu einem regelrecht vergnügten Grinsen, steckte Medaillon und Kette ein und rief seinen Komplizen etwas zu.

Ich hatte gerade noch Zeit mir bewusst zu werden, dass wir uns tatsächlich in den Ausläufern der zerklüfteten und dicht bewaldeten Hua-Berge auf einer kleinen Lichtung befanden. Denn bis zu diesem Moment hatte ich weder die Gelegenheit gehabt noch in meiner Angst genug Geistesgegenwart besessen mich umzusehen. Ich erhaschte jedoch auch jetzt nur einen flüchtigen Blick auf die Bergzüge, die vor uns in den Nachmittagshimmel aufragten. Denn im nächsten Moment setzten die Banditen uns breitkrempige Strohhüte auf und befahlen uns den Blick ausschließlich auf den Boden gerichtet zu halten und nicht miteinander zu sprechen. Sie ließen nicht den geringsten Zweifel, was uns drohte, sollten wir uns nicht daran halten. Die Geste, die Kröte mit seinem Dolch über seiner Kehle vollführte, bedurfte keiner weiteren Erklärung. Anschließend fesselten sie uns die Hände auf den Rücken. Ich sah, dass Lin Yang die Tonkrüge hinter ein Gebüsch trug. Die Banditen würden ihren Wein wohl später holen kommen. Jetzt hatten sie erst einmal genug mit uns zu tun.

»*Walkee-walkee!*«, trieb Kröte uns an. »Auf Weg, *chop-chop!*«

Nun begann ein mehrere Stunden langer, mühsamer Marsch in die Berge, durch Pinienwälder, scheinbar undurchdringbare Dickichte und handtuchschmale Schluchten. Es ging über Stock und Stein und beständig aufwärts. Ich versuchte mir besondere Merkmale entlang des Weges einzuprägen, was jedoch bei gesenktem Kopf mit großen Schwierigkeiten verbunden ist. Die wichtigsten Hinweise gaben mir die Schatten, welche die Bäume und Felsen im Licht der sinkenden Sonne warfen. Sie verrieten mir, dass wir die ersten anderthalb Stunden mehr oder weniger konstant nach Osten marschierten und später einen Haken nach Süden schlugen.

Wegen Chia Paos verletztem Bein kamen wir nur langsam voran, was besonders Stummelohr, der Bandit mit den abgeschnittenen Ohren, übel aufstieß. Immer wieder versetzte er ihm mit einem Birkenstock, der ihm als Wanderstab diente, Hiebe zwischen die Schultern und auf die Oberarme. Dabei ging Chia Pao mehrmals zu Boden, doch er gab keinen Laut von sich. Er biss die Zähne zusammen, rappelte sich so schnell er konnte wieder auf und humpelte weiter. Als ich schließlich zornig gegen diese Behandlung protestierte, bekam auch ich Stummelohrs Prügel höchst schmerzhaft zu spüren.

Kurz vor Einbruch der Dunkelheit legten die Bergbanditen eine kurze Rast ein. Mir drängte sich der Eindruck auf, als warteten sie das Verglimmen des letzten Tageslichtes ganz bewusst ab, ein Verdacht, den mir Chia Pao später bestätigen sollte. Als die Hua-Berge schließlich im finsteren Schattenmeer der Nacht versunken waren, wurden uns die Augen verbunden. Diese Sicherheitsmaßnahme wertete ich als Hinweis, dass unser Ziel, das Versteck der Banditen, nicht mehr weit sein konnte. Blind führte man uns weiter, jedoch nicht mehr mit auf den Rücken gefesselten Händen. Sie hatten unsere Handgelenke nun vorn zusammengebunden, damit wir uns am Gürtel unseres Vordermannes festhalten und uns auf diese Weise des Weges führen lassen konnten.

Diese letzten zwanzig, dreißig Minuten erwiesen sich als die mühsamsten des ganzen Marsches, insbesondere für Chia Pao. Auch wenn wir von den Banditen sozusagen »nachgeführt« wurden, passierte es doch alle Augenblicke, dass wir aufgrund unserer Blindheit einen falschen Tritt machten. Mal traten wir in ein Loch oder in eine vom Regen ausgewaschene Bodenrille, ein andermal stolperten wir über einen Stein oder eine aus dem Boden ragende Wurzel. Jede kleinste Unebenheit konnte uns zum Stolpern und Stürzen bringen. Und wir lernten rasch unseren Vordermann nicht mit zu Boden zu reißen, wollten wir nicht von wütenden Stockschlägen für unsere Ungeschicklichkeit bestraft werden.

Ein gedämpftes Rauschen drang auf einmal an mein Ohr und mit jedem Schritt wurde es ein wenig lauter. Es klang wie ein ferner rauschender Wildbach.

Plötzlich blieben wir stehen. Kröte rief etwas in die Nacht. Sofort antworteten ihm fremde Männerstimmen, bei denen es sich zweifellos um Komplizen unserer Entführer handelte. Sie kamen rasch näher und begrüßten offenbar die drei Banditen, die uns an diesen Ort geführt hatten.

Stummelohr schlug nun meine Hände zur Seite, stellte sich hinter mich und machte mir mit wenigen Brocken Pidginenglisch klar, dass wir nun eine schmale Brücke überqueren würden und dass ich langsam vor ihm hergehen sollte.

»Wenn du fallen, du fallen *chop-chop* tief!«, warnte er. Dann packte er mich von hinten an den Schultern und schob mich vor sich her.

Welch eisiger Schreck durchfuhr mich, als sich der feste Boden unter meinen Füßen nach wenigen Schritten plötzlich in einen sich biegenden, schwankenden Untergrund verwandelte! Mein Herz, das auch so schon mit erhöhtem Pulsschlag in meiner Brust gehämmert hatte, begann nun wie wild zu rasen. Die Erkenntnis, welche Art von Brücke ich mit verbundenen Augen und gefesselten Händen überqueren sollte, traf mich wie ein Blitz.

Die Banditen führten uns über eine Hängebrücke, die über eine Schlucht gespannt war, aus deren Tiefe das Rauschen eines Wildbachs zu uns aufstieg!

Und dass die Schlucht erschreckend tief war, blieb mir auch mit verbundenen Augen nicht verborgen. Es war das gedämpfte Rauschen des Wassers, das mir verriet, wie tief der Sturz ausfallen würde, sollte ich einen falschen Tritt machen. Es klang so fern, als könnte man den Strom am Boden der Schlucht sogar bei hellem Tageslicht nur mit Mühe ausmachen.

»Was stehen? Du *walkee-walkee!«*, herrschte Stummelohr mich an, denn ich war vor Schreck wie erstarrt. »Auf, *chop-chop!«*

Übelkeit würgte mich, während ich nun zitternd einen Fuß vor den anderen setzte. Ich schlurfte förmlich über die Bambusrohre, aus denen die Hangebrücke bestand. Die Konstruktion hing spürbar durch. Es war ein entsetzliches Gefühl, sich blind nicht nur vorwärts, sondern auch noch *abwärts* zu tasten und dabei zu wissen, dass ein tiefer, tödlicher Abgrund unter einem klaffte.

Die Banditen hinter uns lachten. Für sie war es offenbar eine willkommene Belustigung, mit unserer Angst und unserem Leben zu spielen.

Aber ich achtete nicht auf ihr Gelächter. Mit jeder Faser meines Körpers konzentrierte ich mich auf den schmalen, immer stärker schwankenden Pfad, auf dem ich bleiben musste, um nicht abzurutschen und in die gähnende Tiefe zu stürzen.

Schritt für Schritt! Bleib auf dem Bambussteg! Pass dich den Schwingungen der Brücke an! Beweg dich im Rhythmus deines Hintermannes! Zähl die Schritte!

Nichts anderes beherrschte mein Denken und Fühlen.

Die Zeit verlor ihre Bedeutung.

Ich erreichte bei vierunddreißig den tiefsten Punkt der Hängebrücke. Nun ging es aufwärts. Die Hälfte hatte ich also schon geschafft! Oder erst.

Als ich beim Zählen meiner kleinen Schritte bei zweiundsechzig angelangt war, versetzte Stummelohr mir einen Stoß. Mit einem gellenden Aufschrei stürzte ich nach vorn. Doch statt in die Tiefe zu fallen, landete ich auf hartem, festem Untergrund. Ich machte mir in diesem Moment vor unsäglicher Erleichterung in die Hosen und Stummelohr lachte hämisch über mein Aufschluchzen.

Die Banditen führten uns auf der anderen Seite der Hängebrücke noch etwa hundert Meter weiter über einen recht ebenen Pfad und um eine scharfe Biegung herum. Dann nahmen sie uns Augenbinden und Fesseln ab.

Das Versteck der Bande, die ungefähr zwei Dutzend Mitglieder zählte und sich *Bund der Schwarzen Seerose* nannte, wie ich hier schon anmerken möchte, befand sich in einem kleinen Tal, das auf drei Seiten von steil aufragenden Felswänden umschlossen wurde, die steinernen Palisaden glichen. Der einzige Ausgang aus diesem Sacktal führte an den Rand der tiefen Schlucht und über die Hängebrücke.

Der flackernde Schein eines Lagerfeuers vor uns entriss der Nacht die Umrisse einer Hand voll primitiver Hütten unter Pinien. Und sogar bei Dunkelheit konnte man sehen, dass dieses schmale, versteckte Tal über einen guten Boden und reichlich Wasser verfügte. Denn Bäume und Gestrüpp erstreckten sich in überraschender Üppigkeit bis an seine steinernen, abweisenden Flanken.

Kröte und Stummelohr trieben uns zu einem kleinen freien Platz, der rechts vom prasselnden Lagerfeuer und den Hütten der Banditen lag und völlig frei von Baum und Strauch war. Ich bemerkte große Gitter aus armdicken, gekreuzten Bambusstämmen, die dort im Abstand von etwa zehn Schritten auf dem Boden lagen. Als wir näher kamen, stellte ich zu meiner Bestürzung fest, dass sich unter diesen Bambusgittern, die über eine aufklappbare Öffnung verfügten, tiefe Gruben befanden.

Kröte klappte die Gitterluke der vordersten Grube auf, griff zu einer Strickleiter, die daneben lag, hängte sie ein und befahl uns hinunterzusteigen.

»Das können Sie nicht mit uns machen!«, protestierte ich, jedoch mit kläglicher Stimme, wusste ich doch, wie wenig sich die Banditen von meinem Protest beeindruckt zeigen würden.

Kröte drückte mir die Spitze seines Dolches unter das Kinn. »Du nicht *chop-chop* in Grube klettern wollen?«, zischte er drohend und kam mir mit seinem gequetschten Gesicht ganz nahe. »Du machen Ärger, *fangui?*«

Stummelohr sagte etwas zu Kröte.

Chia Pao flüsterte mir mit beschwörender Stimme zu: »Mach bloß, was er sagt, sonst bringen sie uns um! Die machen keine leeren Drohungen, glaube mir!«

Ich beteuerte schnell, dass ich keinen Ärger machen und allen Befehlen folgen wollte, sackte in die Knie, ergriff die

Strickleiter und stieg in die pechschwarze Grube hinunter, die mehrere Meter tief und gerade mal vier Schritte im Quadrat maß. Chia Pao folgte mir. Als er neben mir auf die nackte Erde sank, holte Stummelohr die Strickleiter schon wieder ein. Die Luke knallte zu und wurde mit einem Keil verschlossen.

»Haben Durst?«, rief Kröte zu uns herunter. »Wollen Wasser trinken?«

»Ja, bitte!«, rief ich dankbar und mit der neu erwachten Hoffnung, vielleicht doch noch auf eine verhältnismäßig barmherzige Behandlung rechnen zu können.

Im nächsten Moment stellten sich Kröte und Stummelohr an den Rand der Grube und unter hämischem Gelächter verschafften sie ihrer Blase mit kräftigem Strahl Erleichterung.

Und so begann unsere Gefangenschaft.

祝

Bei aller Angst, die mich bedrückte und in der ersten Nacht in diesem einsamen, namenlosen Tal in den Hua-Bergen bis in die frühen Morgenstunden hinein um den Schlaf brachte, rechnete ich doch fest damit, schon bald wieder in Freiheit zu sein.

Pao schätzte, dass es bis nach Canton nicht mehr als hundertfünfzig chinesische Meilen sein konnten, was umgerechnet eine Entfernung von rund fünfzig englischen Meilen ergab. Es würde also nur ein, zwei Tage dauern, bis Groneveld von der Lösegeldforderung der Banditen erfuhr – und natürlich würde er die geforderte Summe ohne Zögern bezahlen, zumal er dafür nicht die eigenen Ersparnisse anzugreifen brauchte. Denn wenn mein Vater auch kein vermögender Mann gewesen war, so hatten wir die vergangenen Jahre doch vergleichsweise spartanisch gelebt, sodass er mir bei seinem Tod einen ansehnlichen Betrag hinterlassen hatte. Groneveld hatte diese nicht unerhebliche Barschaft meines Vaters treuhänderisch in Verwahrung genommen und somit keine Schwierigkeit das Lösegeld umgehend aufzubringen. Und ich wusste, dass ich mich in dieser Hinsicht auf diesen humorlosen und peniblen Buren verlassen konnte wie auf das Amen in der Kirche.

Dass für die Bergbanditen die Zeitspanne von einem Tag oder einer Woche jedoch eine völlige andere Bedeutung besaß als für mich, machten sie mir am achten Tag unserer Gefangenschaft mit erschreckender Deutlichkeit klar.

An diesem Tag führten mich Stummelohr und ein anderer Bandit, den ich wegen seines starken Silberblicks »Schielauge« taufte, in die stabilste und ansehnlichste der armseligen Bambushütten. Hier hauste Kröte, der Anführer der Banditen, die auf der Brust alle eine schwarze Seerose eintätowiert trugen, wie ich zwischenzeitlich hatte feststellen können. Er hockte hinter einem niedrigen, verkratzten Lacktisch, der die dunkelrote Farbe von Ochsenblut hatte. Auf ihm lagen mehrere schmutzige Blätter Reispapier, ein kleiner Napf mit schwarzer Tusche sowie eine längliche Schale mit mehreren verschieden dicken Pinseln.

»*Kotau*! Auf Boden, *fangui*! Los, *chop-chop!*«, befahl Stummelohr. »*Kotau! Chop-chop!*«

Statt mich vor Kröte zu Boden zu werfen und ihm mit dem verlangten Kniefall, dem Kotau, meine Unterwürfigkeit zu zeigen, murmelte ich in einem Moment unbedachten, grimmigen Aufbegehrens: »Herrgott, lass dir doch langsam mal etwas Geistreicheres einfallen als dieses ewige, nervtötende *chop-chop!*« Denn dieses *chop-chop!* fehlte wirklich in keinem jener abgehackten Halbsätze oder Befehle, die Stummelohr, Schielauge oder Kröte in ihrem primitiven Pidginenglisch hervorbrachten.

Stummelohr hatte sicherlich nicht verstanden, was ich da vor mich hin gemurmelt hatte, vermutete aber zu Recht eine Respektlosigkeit. Er schlug mir seinen Knüppel quer über den Rücken und ich fand mich im nächsten Moment auf den Knien wieder – und mit Tränen des Schmerzes in den Augen.

»Du schreiben *chit!*«, teilte Kröte mir herrisch mit.

»Ich soll einen Brief schreiben?«, fragte ich verdutzt. »Ja, aber an wen?«

»An ehrwürdigen Vater Vormund! Du ihm schreiben, wir dich und deinen Diener haben. Wenn deine Schrift lesen, er glauben und zahlen. Du ihm auch schreiben, wir wollen zweitausend *tael!*«, forderte er mich auf.

Verstört sah ich ihn an. »Mein Vormund weiß noch gar nicht, dass wir entführt worden sind und in Gefangenschaft gehalten werden?«, stieß ich bestürzt hervor und bemerkte erst jetzt, dass er mein Medaillon in der Hand hielt und mit der Kette spielte. Ich war davon ausgegangen, dass er dieses schon längst Groneveld als Beweis, dass wir uns wirklich in seiner Gewalt befanden, hatte überbringen lassen. »Sie haben noch gar keinen Kontakt mit Groneveld aufgenommen?«

»Dir nicht gefallen bei uns, *fangui?*«, fragte Kröte zurück und machte dann eine ungeduldige Handbewegung in Richtung der Schreibutensilien. »Du jetzt schreiben, *chop-chop!*«

Acht entsetzlich lange Tage waren schon vergangen – und die Banditen hatten noch nicht einen Handschlag unternommen, um Groneveld von unserer Gefangenschaft und dem Lösegeld, das sie verlangten, zu informieren!

In mir erwachte die schrecklich dunkle Ahnung, dass ich mich womöglich auf eine erheblich längere Gefangenschaft einrichten musste, als ich es bisher gedacht hatte. Ich war so erschüttert, dass es einer nachdrücklichen Ermahnung in Form eines weiteren Stockhiebes bedurfte, damit ich meine Lähmung überwand und der Aufforderung des Anführers Folge leistete.

Kröte bestand darauf, dass ich den Brief respektvoll an meinen »ehrwürdigen Vater Vormund« richtete. So griff ich denn zum ersten Mal in meinem Leben zu einem chinesischen Schreibpinsel, tunkte ihn in die schwarze Tusche und schrieb reichlich ungelenk mit diesem sensiblen, ausdrucksstarken Schreibgerät auf das Blatt Reispapier, was Kröte mir in seinem abgehackten Pidgin diktierte.

Am Nachmittag desselben Tages schnappte Pao ein Gespräch zwischen zwei Banditen auf, die nahe unseres Grubengitters stehen geblieben waren und sich über ihren anderen Gefangenen unterhielten. Denn wir waren nicht die einzigen Geiseln, die sie in diesem Tal festhielten.

»Der Mann, den sie in der hinteren Grube gefangen halten, ist Besitzer von zwei Reismühlen«, berichtete er, als die Männer sich entfernt hatten. »Sein Sohn weigert sich jedoch die geforderte Lösegeldsumme zu bezahlen.«

»Was, er will seinen eigenen Vater nicht auslösen?«

»Doch, das schon, aber er will auch nicht vor seinem Vater das Gesicht verlieren, indem er sich übers Ohr hauen lässt. Wie steht er denn da, wenn sein Vater nach Hause kommt und die Familie ist finanziell ruiniert, weil er auf die erste, horrende Forderung eingegangen ist? Deshalb schachert er mit den Banditen um die Höhe des Lösegeldes. Denn angeblich bringen die beiden Reismühlen nicht annähernd so viel ein, wie die Banditen vermuten. Das geht nun schon eine ganze Weile hin und her.« Er machte eine kurze Pause. »Weißt du, wie lange er da drüben schon in der Grube auf seine Freilassung wartet?«

Ich schüttelte den Kopf.

»Fünfeinhalb Monate.«

Wir sahen einander stumm an und wussten nun, auf welche Art von Zeitmaß wir uns einzustellen hatten.

歳

Zeit – was für ein unerklärliches, göttliches Mysterium!

Wem ist nicht schon einmal aufgefallen, dass physikalische Definitionen die wahre Natur von Zeit so wenig zu fassen vermögen wie eine nüchterne Abhandlung das Wunder der Liebe? Zeit, so habe ich zumindest die Erfahrung gemacht, ist ein höchst unergründliches, weil wandlungsfähiges Element. Zehn Sekunden im Laufe eines anregenden Gespräches sind im Nu verflogen, ja werden als Zeiteinheiten gar nicht bewusst wahrgenommen. Doch zehn Sekunden unter der Folter erfährt der Gemarterte wie eine schmerzerfüllte Ewigkeit, während dieselben zehn Sekunden für den Folterknecht nur einen kurzen Moment in seiner grauenvollen Tätigkeit darstellen, die er selbst nur nach Stunden oder gar Tagen misst. Dergleichen Beispiele lassen sich wohl ohne Ende anführen. Zeit mag, physikalisch gesehen, eine Konstante sein, doch im Leben des Menschen wird sie, sogar in ein und derselben Situation, höchst unterschiedlich erfahren. Und letztlich erweisen sich alle Definitionen angesichts des Mysteriums als unbeholfene Versuche das eigentlich Unbeschreibliche in ein wissenschaftliches Korsett zu zwingen und zu beschreiben – so wie es Theologen mit Gott versuchen.

Und so waren es denn auch nicht die Umstände unserer Gefangenschaft, die sich als besonders qualvoll erwiesen, sondern der unerschöpfliche Strom der Zeit, der die Tage und Nächte zu scheinbar endlosen Wüsten dehnte, die wir zu überwinden hatten, wenn wir nicht darin versanden und umkommen wollten.

Dabei waren die Umstände schon bitter genug. Man warf

uns zwei muffige Säcke in unseren irdenen Kerker hinunter, die nur sehr spärlich mit altem Reisstroh gefüllt waren und uns fortan als Lagerstatt dienten. Zudem erhielten wir zwei Holzeimer. Der eine war unserem Trinkwasser vorbehalten, den anderen benutzten wir als Abort. Nur einmal am Tag durften wir an der Strickleiter aus der Grube steigen, und zwar am frühen Morgen und auch jeweils immer nur einer von uns. So bekamen wir auch niemals den anderen Unglücklichen zu Gesicht, der zwei Gruben weiter seit fast einem halben Jahr eingesperrt saß.

Wer zuerst hochgerufen wurde, nahm den Fäkalieneimer mit nach oben. Geleert wurden die Eimer – auch die der Banditen – in die Schlucht, wo in bestimmt hundert Meter Tiefe ein reißender Gebirgsbach durch das von Felsen durchsetzte Bett schäumte. Ein bedeutend kleinerer, aber nicht weniger beständiger Wasserlauf durchfloss das Tal, das die Banditen zu ihrem Versteck erkoren hatten, und ergoss sich etwa sechzig Meter links von der Hängebrücke in die Tiefe. Der Bach führte nicht genug Wasser, um einen rauschenden Wasserfall zu bilden, sondern verwandelte sich im Sturz in ein breites Band feiner Gischt, die dort wie ein ewiger Schleier von der Klippe herabhing und im Wind hin und her wehte.

Mit einer Schlinge um den Hals und begleitet von einem Banditen, der uns wie einen Hund an der Leine führte und sich nicht selten einen Spaß daraus machte, kräftig am Seil zu ziehen, wenn man es am wenigsten erwartete, begab sich der Erste von uns morgens also an diese Stelle, leerte und säuberte den Eimer und kehrte dann nach spätestens einer Viertelstunde wieder in die tiefe Grube zurück.

Wer als Zweiter an die Oberfläche durfte, auf dem lastete entschieden mehr Verantwortung, oblag ihm doch die schwierige Aufgabe den Wassereimer so voll wie möglich in unsere unterirdische Zelle zurückzubringen. Schwierig war dies deshalb, weil Männer wie Stummelohr und Schielauge in ihrer Gemeinheit und bösartigen Schadenfreude uns auf dem Rückweg stets im Laufschritt vor sich hertrieben und nichts unversucht ließen, damit wir möglichst viel Wasser verschütteten.

Zum Bach zurückzukehren und den Eimer wieder aufzufüllen erlaubten sie natürlich nicht. Wenn wir stolperten und der Eimer kippte um, dann stand uns ein durstgepeinigter Tag und eine nicht weniger schlimme Nacht bevor. Es sei denn, wir hatten das Glück, dass weniger hartherzige Banditen, wie der pockennarbige Daotai, sich unserer erbarmten und im Vorbeigehen einen Krug Wasser in unsere Grube leerten. Dann hieß es, geistesgegenwärtig den Eimer zu packen, unter den Strahl zu halten und so viel wie möglich von dem kostbaren Nass aufzufangen. Und weil wir jeden Tag in dieser Ungewissheit schwebten, tranken wir morgens, wenn wir zum Bach geführt wurden, erst einmal so viel wir konnten. Denn nie wussten wir, ob uns ein guter Tag mit ausreichend Trinkwasser bevorstand – oder vierundzwanzig Stunden Durst.

Was unsere Verpflegung betraf, so war diese zwar ausreichend genug, um zumindest nagenden Hunger auszuschließen, jedoch entsetzlich eintönig. Unser Essen bestand nämlich fast ausschließlich aus *jook* und *choy*, wie Reisbrei und chinesisches Gemüse heißen. Gelegentlich verirrten sich auch einige Süßkartoffeln zu uns, unter deren rostroter Haut sich ein recht schmackhaftes Fruchtfleisch von der Farbe einer hellen Orange verbarg. Bei all dem Reis, den ich essen musste, nahmen Süßkartoffeln bei mir schnell den Rang einer Delikatesse ein. Fleisch, in welcher Form auch immer, gab es nicht ein einziges Mal.

Die Enge unseres unterirdischen Kerkers, das eintönige Essen und die Schikanen unserer Bewacher – all das setzte uns zu, je länger unsere Gefangenschaft dauerte. Und Pao hatte zusätzlich noch unter seiner Verletzung zu leiden, die zum Glück jedoch nicht vereiterte. Dank der Heilkräuter, die ich reichlich für ihn gepflückt hatte, schloss sich die Wunde rasch und begann zu heilen. Aber nichts machte uns so sehr zu schaffen wie die quälend langen Stunden des Wartens, die wie ein gähnender Abgrund vor uns lagen und darauf warteten, auf irgendeine Weise gefüllt zu werden, damit wir nicht in Hoffnungslosigkeit und Verzweiflung versanken.

In den ersten Tagen verbrachten wir einen Großteil der Zeit damit, einander von unserem Leben zu erzählen. Ich berichtete Pao ausführlich von meinem Wanderleben mit meinem Vater, insbesondere von unseren Jahren auf Madagaskar und in Kapstadt, schilderte ihm meine Überfahrt auf der *Hindostan*, gab ihm eine genaue Beschreibung von Hermanus Groneveld, Frederick Osborne und Bruder Johann-Baptist und schilderte, wie ich mich in der Bucht von Linding von Bord geschlichen und mich dem ungleichen Paar angeschlossen hatte. Diese Geschichten zu erzählen nahm schon einige Zeit in Anspruch, zumal Pao immer wieder Fragen stellte. Er war an allem und jedem interessiert und manches, was für einen *fangui* ganz selbstverständlich ist, bedurfte einer besonderen Beschreibung und Erklärung. Und jede Frage war ein Geschenk, füllten sie und die Antwort doch wieder einige Minuten Zeit.

Die Geschichten, die Pao zu erzählen wusste, übertrafen meine jedoch an Aufregung und Spannung, vor allem aber an erschütternder Tragik. Fast schämte ich mich bislang geglaubt zu haben, dass mir ein ungnädiges Schicksal besonders übel mitgespielt hatte. Es ist wohl eine der größten menschlichen Schwächen, stets die eigenen Sorgen und Plagen als ganz besonders drückend zu bewerten und die Leiden anderer bedeutend weniger ernst zu nehmen.

Es würde zu weit führen, hier all das zu Papier zu bringen, was er mir in jenen ersten Tagen unserer Gefangenschaft nach und nach anvertraute. Doch das Wichtigste soll unbedingt Eingang in diese Aufzeichnungen finden.

Paos Heimat lag weiter im Süden der Provinz Guangdong, in einem größeren Dorf namens Lingtao in der Nähe von Foshan. Sein dem Glücksspiel verfallener Großvater hatte in diesem Dorf einst nicht nur viele fruchtbare *mou*, Äcker und Reisfelder, besessen, sondern in Foshan noch ein prächtiges Stadthaus mit zwei Konkubinen unterhalten.

Aber als er Chang Sao, seine zweite und sehr junge Konkubine verstieß, weil er sie in seiner rasenden Eifersucht verdächtigte ihn in seiner Abwesenheit hintergangen zu haben, da begann sein Stern zu sinken. Und hätte ihn nicht eines Tages mitten in einem Glücksspiel der Schlag getroffen und ihn zu seinen Ahnen geschickt, dann hätte er vermutlich auch noch das bescheidene Haus in Lingtao und die letzten zwanzig *mou* verspielt, die ihm bis dahin noch von seinem einstigen Reichtum geblieben waren.

Pao erzählte, sein Vater habe als junger Mann davon geträumt, in den kaiserlichen Staatsdienst einzutreten und einmal den Mandarinshut zu tragen. Doch um eine Chance zu haben die schweren Auswahlprüfungen zu bestehen, muss man viele Jahre dem gründlichen Studium der Lehre des Konfuzius und der Poesie widmen, wie es mir ja auch schon Osborne berichtet hatte. Dafür fehlte jedoch das Geld, als Paos Großvater starb und alle Schulden, die er hinterlassen hatte, beglichen waren. Paos Vater musste seine Studien daher abbrechen und von dem wenigen Grundbesitz leben, der sich noch im Familienbesitz befand. Kurzum: Er vergaß seine Träume vom Staatsdienst und wurde Bauer. Und kein einziges Mal kam ihm darüber auch nur ein Wort der Klage über die Lippen, wie Pao betonte.

Seine Eltern arbeiteten hart und die Familie Chang brachte es im Laufe der Jahre nicht nur zu bescheidenem Wohlstand, sondern sein Vater gewann auch die Achtung der anderen Dorfbewohner, sodass sie ihn eines Tages sogar zu ihrem Dorfvorsteher wählten.

Doch dann begann in vielen Provinzen des Kaiserreichs eine Zeit blutiger Unruhen. Die Anhänger der *Roten Turbane* suchten die Provinz Guangdong heim. Die in Clans und

Geheimbünden organisierten Rebellen, die den Sturz der Mandschu-Dynastie auf ihre Fahnen geschrieben hatten, eroberten Foshan und fielen mordend und plündernd über die umliegenden Dörfer her. Sie lieferten sich mit den örtlichen Milizen und kaiserlichen Truppen zahlreiche Gefechte, bei deren Verlauf immer mehr Dörfer niedergebrannt und ihre Bewohner niedergemetzelt wurden. Und als wäre das nicht schon schrecklich genug gewesen, nutzten auch noch die *punti* und die *hakka* die blutigen Wirren der Zeit, um gegeneinander Bürgerkrieg zu führen.

Punti bedeutet »von dieser Scholle« und so nennen sich die Einheimischen, während die *hakka* die »Gastmenschen« sind. Dass viele *hakka* schon seit mehreren Generationen an ein und demselben Ort leben, macht sie aber in den Augen der Alteingesessenen dennoch nicht zu *punti*.

Hakka sind stolz auf ihre geistige Unabhängigkeit. Sie besitzen ein außergewöhnliches, natürliches Organisationstalent. Erst als schlecht bezahlte Tagelöhner ausgebeutet, erwiesen sie sich bald als so arbeitsam und tüchtig, dass sie oft genug ihren einstigen Herren Hof oder Geschäft abkauften und ihre eigenen Dörfer gründeten. Einer der großen Unterschiede besteht auch im Wesen und Auftreten der Frauen dieser beiden Volksgruppen. Während *punti*-Frauen gemeinhin als still und vornehm gelten und kaum aus dem Haus gehen, weil ihre Füße schon von Kindheit an vom Zusammenbinden der Zehen verkrüppelt sind, erlauben die *hakka* ihren Mädchen ein natürliches gesundes Wachstum ihrer Füße. Und deshalb sind sie auch in der Lage ihren Männern und

Söhnen bei der Arbeit auf dem Feld, in der Werkstatt oder im Laden tatkräftig zur Hand zu gehen. *Punti* empfinden für *hakka*-Frauen deshalb Verachtung und es hat zwischen diesen beiden Gruppen immer wieder böses Blut gegeben.

Hakka weigern sich auch standhaft, im Gegensatz zu den meisten Chinesen, einen langen Zopf zu tragen und sich regelmäßig die vordere Kopfpartie glatt zu rasieren. Die Mandschus hatten nach ihrem Sieg über die Herrscher aus der Ming-Dynastie im Jahre 1644 diese »barbarische« Sitte eingeführt und sie allen Chinesen als Zeichen der Unterwerfung befohlen.

Dieses alte Geschwür der Feindschaft zwischen *punti* und *hakka* sowie zwischen Kaisertreuen und Mandschu-Hassern brach nun auf und brachte über das ganze Land Mord und Totschlag und eine sinnlose Verwüstung, der auch Lingtao zum Opfer fiel – und zwar gleich zweimal. Weil Paos Vater Dorfvorsteher und ein Anhänger des herrschenden Qing-Kaisers aus der Mandschu-Dynastie war, ließen die *Roten Turbane* ihn sowie einige andere Männer, die sie wahllos aus der zusammengetriebenen Bevölkerung in die Mitte des Dorfplatzes gezerrt hatten, enthaupten. Dann brannten sie das halbe Dorf nieder.

Nur wenige Wochen später fiel eine Bande schwer bewaffneter *hakka*, die den marodierenden *punti*-Banden an Grausamkeit in nichts nachstanden, über Lingtao her. Sie waren in der Nacht zuvor aus einem Hinterhalt von Bogenschützen beschossen worden und hatten drei Mann verloren. Ob sie nun wirklich überzeugt waren, die tödlichen Pfeile wären ausgerechnet von Bauern aus Lingtao auf sie abgegeben worden, oder ob sie nur ihren blinden Hass und ihre Mordlust am nächsten Dorf stillen wollten, machte an dem Ergebnis ihrer grausamen Strafaktion keinen Unterschied: Von den Bewohnern von Lingtao überlebte nur eine Hand voll das Massaker der *hakka*, die anschließend auch noch all das niederbrannten, was wenige Wochen zuvor den Brandfackeln der *Roten Turbane* entkommen war.

So kurz nach der Ermordung seines Vaters hatte Pao nun auch noch auf einen Schlag seine Mutter, seine drei Geschwister und seine gesamte nähere Verwandtschaft verloren. Und hätte er sich an jenem Morgen nicht zufällig mit einem zum Verkauf bestimmten Wasserbüffel auf dem Weg ins Nachbardorf befunden, wäre auch ihm der Tod gewiss gewesen.

Gerade neun Jahre alt, hatte er sich dann auf eigene Faust nach Canton durchgeschlagen, sich als Laufbursche in der Handelsniederlassung der *hongmao yingjili,* der »rothaarigen Engländer«, verdungen und schließlich auch *qing bebe,* seinen liebsten Halbonkel Chang Liang Sen, kennen gelernt, über dessen Mutter und Vater im Dorf so viel getuschelt worden war.

Canton mit seinem regen fremdländischen Schiffsverkehr war für ihn zum verheißungsvollen Tor zu jener Welt geworden, die jenseits von Chinas streng gehüteten Grenzen lag. Das Verlangen nach der offenen See, die er schon als kleiner Junge in sich getragen hat und die ich ohne Abstriche mit ihm teile, sowie die magische Anziehungskraft der Schiffe waren im Laufe der nächsten Jahre immer stärker und drängender geworden. In der Hoffnung, sich hochzudienen und eines Tages auf einer hochseetüchtigen Dschunke die Meere zu befahren, hatte er schließlich auf dem Flussboot von Hsi See Kai angeheuert.

Und dort, auf dieser einfachen Flussdschunke, hatte das Schicksal die verworrenen Bänder unseres Lebens zusammengeführt und miteinander verknüpft.

壽

Wie lange braucht man gewöhnlich, um ein Buch zu lesen, das die bewegte Lebensgeschichte eines Menschen erzählt, auch wenn es recht umfangreich ist und an manchen Stellen eines stillen Nachdenkens bedarf?

Nun, wenn man sich die Zeit nimmt dem Strom der Erzählung wachen Sinnes und gewissenhaft auch in den Einzelheiten zu folgen statt den Blick mit nur flüchtiger Aufmerksamkeit über die Zeilen fliegen zu lassen, dann wäre man mit einer solchen Lektüre zweifelsohne eine gute Woche beschäftigt.

Unser beider Leben, wiewohl nicht eben arm an außergewöhnlichen Begebenheiten, jedoch noch kurz an Jahren, half uns gerade mal fünf Tage durch die Wüsten leerer Zeit, die wir zu füllen hatten.

Fan tan war das erste Spiel, mit dem Pao mich vertraut machte, um uns abzulenken und zu beschäftigen, wenn uns nichts mehr zu erzählen einfiel.

»Normalerweise spielt man *fan tan* mit Knöpfen. Man braucht mehrere Dutzend davon, außerdem noch eine Schale und eine Tasse«, erklärte Pao mir das Spiel.

»Na, dann wird ja wohl nichts daraus, denn wir haben weder Knöpfe noch Tasse oder Schale.«

»Die Knöpfe können wir durch kleine Steine ersetzen, die hier überall in der Erde stecken. Und eine Art Tasse kann ich aus dünnen, jungen Zweigen flechten.«

»Und wo willst du diese Zweige herholen? Mit Sträuchern und Büschen sind wir hier unten nicht gerade reich gesegnet«, wandte ich ein und wies auf die nackten Erdwände, die uns umgaben.

»Aber auf dem Weg morgens zur Schlucht führt der Pfad durch mehrere Buschgruppen«, erwiderte Pao. »Und da wird es uns doch wohl gelingen, im Vorbeigehen hier und da ein kleines Ästchen abzuknicken und einzustecken, oder?«

Und ob uns das gelang!

Wie lächerlich unwichtig einem Menschen, der sich in Freiheit befindet und davon liest, die Beschaffung von kleinen Steinchen und dünnen biegsamen Zweigen auch erscheinen mag, für uns stellte diese Aufgabe eine willkommene Herausforderung dar, die von uns höchste Umsicht verlangte. Dass Schielauge und Stummelohr nichts von unserem Tun bemerkten, stärkte unser Selbstbewusstsein und milderte das beklemmende Gefühl den Banditen hilflos ausgeliefert zu sein.

Vier Tage brauchten wir, um auf unseren Wegen zu der Stelle, wo der Bach in die Tiefe stürzte, und zurück genügend handlange Zweige abzubrechen, sodass Pao daraus einen kleinen, vier Finger hohen Becher flechten konnte. Indessen hatten wir auch schon hundert Steine aufgesammelt, von denen die meisten nicht viel größer waren als ein Kirschkern.

Pao häufte die Steine auf einer Strohmatte zu einem kleinen Berg auf, von dem wir wussten, dass er genau hundert Steine enthielt, nahm davon eine Hand voll, legte sie von den restlichen Steinen gut entfernt auf die Matte und stülpte den Becher darüber. Nun wetteten wir, wie viel Knöpfe übrig bleiben würden, wenn der Geber, in diesem Fall Pao, jeweils vier Steine entfernte und nach links auf den Berg zurücklegte. Blieben dann vier, drei, zwei oder gar nur ein Stein zurück? Und wie viele Steine befanden sich insgesamt unter dem Becher?

Zugegeben, die Regeln sind denkbar simpel, sodass dieses Spiel auf den ersten Blick langweilig erscheinen mag. Doch wir empfanden anders. Zudem entwickelt man, wenn man *fan tan* erst einmal öfter und immer mit denselben Steinen oder Knöpfen gespielt hat, ein schärferes Auge für die Menge. Die Schätzungen werden immer genauer.

Pao brachte mir noch ein anderes, simples Spiel namens *gat* bei. Zudem zeigte Laotai ein weiches Herz und warf eines Tages, als unsere Gefangenschaft in die vierte Woche ging, wortlos einen Beutel mit Dominosteinen in unsere Grube. Es bedurfte keines ausdrücklichen Hinweises seinerseits, dass wir diesen Schatz gefälligst vor den anderen Banditen geheim zu halten hatten, wenn wir nicht wollten, dass sie uns die Dominosteine wieder abnahmen.

Wir hatten also einiges, womit wir uns am Tag beschäftigen und die drohende Apathie und Hoffnungslosigkeit bekämpfen konnten. Aber sowie die Abenddämmerung einsetzte, wurde es in unserer Grube dunkel, und zwar lange bevor die Sonne im Westen erloschen war. Nun brach die Zeit an, die wir am meisten fürchteten: Nämlich die endlosen Stunden der Nacht. Die tagsüber mühsam unterdrückten Ängste und das Gefühl, von aller Welt verlassen und verloren zu sein, brachen sich in uns unaufhaltsam Bahn. Wie die Kakerlaken, die nachts aus allen Ritzen kriechen und sich dreist überall breit machen, wo sie sich im Licht des Tages nicht hinwagen, kamen diese Ängste in uns hervorgekrochen und nahmen von unseren Gedanken Besitz.

Als Gegenmittel erfanden wir Rate- und Merkspiele. Doch unser beider Liebling war zweifellos die »Sternenreise«. Dabei legten wir uns rücklings auf unsere Strohmatten, blickten durch das Bambusgitter zum Nachthimmel hoch, wählten uns ein Sternzeichen aus und reisten mit ihm nun durch das Universum, wobei es durchaus erlaubt war, zwischendurch einen Abstecher hinunter auf die Mutter Erde zu machen. Es waren in jeder Beziehung fantastische Sternenreisen, die wir in diesen Nächten, die nun schnell kühler zu werden begannen, unternahmen.

Ich glaube jedoch nicht, dass all das, was wir uns in unserer Verzweiflung an vielfältigen Beschäftigungen hatten einfallen lassen, uns auf die Dauer vor dem Sturz in die Mutlosigkeit bewahrt hätte. Dass wir in der Gefangenschaft keinen Schaden an unserer Seele nahmen, schreibe ich überwiegend unserem unermüdlichen gegenseitigen Sprachunterricht zu.

Es begann damit, dass Pao irgendwann in der ersten Woche mit einem gesplitterten Essstäbchen gedankenversunken Zeichen auf die Erde malte und ich ihn fragte, was es damit auf sich habe.

»Ach, das ist das Symbol für *Sonne* und dies hier ist das Schriftzeichen für *Mond«*, erklärte er. »Und wenn man beide kombiniert, dann erhält man das Zeichen für *morgen.«*

»Wie bitte?«, fragte ich ungläubig, denn ich sah nur scheinbar sinnlose Striche im Dreck, die wie die Spuren von Würmern aussahen, die sich nicht hatten entscheiden können, in welche Richtung sie denn nun wollten.

Er lachte. »Aus wie vielen Zeichen besteht deine Sprache?«

Ich überlegte kurz. »Aus sechsundzwanzig Buchstaben.«

»Und die werden immer gleich ausgesprochen?«

»Ja, im Großen und Ganzen schon.«

»Und ihr setzt sie zu Wörtern zusammen, richtig?«

Ich nickte.

»In der chinesischen Sprache geht es um einiges komplizierter zu. Da wimmelt es nur so von zigtausend Zeichen, auch wenn sie zum Teil aufeinander aufbauen und diese mehr als fünfzigtausend Schriftzeichen sind eher Symbole für Ideen als Bezeichnungen für etwas Eindeutiges«, erklärte er zu meinem Erstaunen. »Wenn man zum Beispiel die alten chinesischen Klassiker studiert, wie es mein Vater einige Jahre getan hat, dann geben die Schriftzeichen noch nicht einmal darüber Aufschluss, ob das Wort etwas Aktives oder Passives ausdrückt und ob es Einzahl oder Mehrzahl darstellt. Jedes Zeichen kann sämtliche Funktionen erfüllen.«

»Aber wie können solche Zeichen denn einen eindeutigen Sinn ergeben?«

»Was gemeint ist, muss der Leser aus dem Zusammenhang herauslesen. Natürlich gibt es deshalb auch viel Spielraum für Auslegungen. So kann beispielsweise auch ein und dasselbe Gedicht, je nach Deutung, viele gänzlich unterschiedliche ›Gesichter‹ haben, wie mein Vater das genannt hat.«

Mein Interesse war geweckt. »Du hast gerade gesagt, dass diese Schriftzeichen aufeinander aufbauen. Wie geht das genau vor sich?«

»Ich will dir ein Beispiel geben«, sagte er und malte mit der Spitze des Essstäbchens ein Symbol in den Sand. »Dieses Schriftzeichen ist das Symbol für *Tür.*«

Ich verzog das Gesicht und sagte spöttisch: »Na klar, liegt doch auf der Hand. Wer das nicht auf den ersten Blick sieht, gehört wirklich nach Haus geschickt!«

Pao schmunzelte. »Wenn ich hier nun einen Strich anfüge, dann erhält das Schriftzeichen die Bedeutung *Heim.* Mit einem weiteren Strich wird daraus das Symbol für *Ehe«,* fuhr er fort. »Und so kann man durch einen einzigen zusätzlichen Strich dem Schriftzeichen eine ganz neue Bedeutung geben.«

»Ganz schön raffiniert! Und wie oft kann man das mit einem solchen Zeichen machen?«

»Die meisten Schriftzeichen bestehen aus vier bis fünf Strichen. Zehn sind schon eher selten. Aber es gibt auch

Schriftzeichen mit fünfundzwanzig oder gar dreißig Strichen, die jedoch nur von Gelehrten verwendet werden. Das sind übrigens Zeichen in Cantonesisch, meiner Muttersprache. In Mandarin, wie es im Staatsdienst verlangt und in Peking gesprochen wird, kenne ich mich nicht so gut aus. Mein Vater ist nicht mehr dazu gekommen, mich darin ausreichend zu unterrichten.«

Mich reizte es herauszufinden, ob ich wohl in der Lage war diese hohe Kunst, Wörter durch Strichsymbole darzustellen, zu erlernen. »Sag mal, hast du Lust mir Unterricht in Cantonesisch zu geben?«

Und welche Lust er hatte! Pao fühlte sich geehrt, weil ich seine Muttersprache lernen wollte, und war vom ersten Augenblick an mit großer Begeisterung bei der Sache. Die ersten Zeichen, die er mir beibrachte, waren die Schriftzeichen für *Sonne*, *Mond*, *Himmel* und *Erde* sowie für *Vater*, *Mutter*, *Sohn* und *Tochter*. Diese Zeichen besitzen für die Chinesen, deren Leben in allen Bereichen stark von der Ahnenverehrung und der Beachtung einer großen Zahl von guten wie bösen Geistern geprägt ist, die höchste Symbolbedeutung.

Da wir weder Pinsel noch Tusche zur Verfügung hatten, zerrieben wir eine Hand voll Erde so lange zwischen unseren Fingern, bis sie fast so fein wie Staub war und den Boden an einer Stelle mit einer dünnen Schicht überzog. In dieses Schreibfeld aus feiner Erde malten wir chinesische Zeichen mit ihren vielen kleinen Strichen, Bögen und Haken. Und so kauerten wir fortan so manche Stunde vor unserer primitiven

Erdtafel und unterrichteten uns gegenseitig. Denn Pao zeigte sich nicht weniger wissbegierig und lerneifrig. Es war ihm so sehr daran gelegen, die englische Sprache zu beherrschen, wie mich der Ehrgeiz packte, die cantonesische Sprache in Schrift und Rede zu meistern.

So schwierig wie das Zeichnen der Symbole erschien mir anfangs auch die Aussprache. Denn im Chinesischen haben viele Wörter sieben oder noch mehr gänzlich unterschiedliche Bedeutungen, weil man ein und dasselbe Wort in sieben verschiedenen Tonfällen aussprechen kann. Je nachdem, welche Tonlage man wählt und ob man dabei seine Stimme zusätzlich noch hebt, senkt oder beständig auf einer Höhe hält – jede kleinste Nuance hat eine neue Bedeutung zur Folge. Nimmt man beispielsweise das Wort *wan* und variiert die Tonlage des *a* immer ein wenig anders, bedeutet es *Wolke* oder *transportieren, berechtigen, prüfen*, *halten* oder *suchen!* Und aus dem Wort für *Seide* kann je nach Tonlage die Zahl *Vier*, *Tod*, *privat*, *Löwe*, *Herr* oder *Angelegenheit* werden.

Nachts übten wir die Aussprache, lernten Vokabeln und spornten uns gegenseitig an, unserem Erinnerungsvermögen Höchstleistungen abzufordern, als gelte es, sich auf eine Prüfung vorzubereiten, bei der es um Leben und Tod ging. Und in gewisser Weise ging es ja auch darum. Denn wenn wir unseren Geist nicht ständig in Bewegung gehalten hätten, wer weiß, ob wir nicht verrückt geworden wären.

風

Wer diese Aufzeichnungen liest, wird sich vermutlich schon mehrfach die Frage gestellt haben, ob wir denn nicht an Flucht dachten und Versuche unternahmen aus unserem Kerker auszubrechen.

Und ob wir daran dachten! Besonders in den ersten Tagen unserer Gefangenschaft zermarterten wir uns stundenlang den Kopf, wie wir uns wohl aus der Grube befreien und aus diesem Tal entkommen konnten. Einmal ganz abgesehen davon, dass die Hängebrücke Tag und Nacht bewacht war, und zwar auf beiden Seiten, kamen wir in unseren Gedankenspielen noch nicht einmal aus unserer unterirdischen Zelle heraus.

Zuallererst mussten wir eine Möglichkeit finden, um oben an das Bambusgitter heranzukommen. Das war die Grundvoraussetzung für jeden Fluchtversuch. Aber schon an dieser Grundbedingung scheiterten all unsere Ideen.

Als Paos Beinwunde verschorft war und er nicht mehr so viele Schmerzen hatte, falteten wir eines Nachts die dünnen Strohsäcke, schichteten sie in der dunkelsten Ecke auf und stellten darauf die beiden Holzeimer aufeinander. Dann stieg ich auf den Rand des oberen Eimers, lehnte mich gegen die Wand, verschränkte die Hände zu einer Räuberleiter und half Pao an mir hochzuklettern und sich auf meine Schultern zu stellen.

Doch sosehr ich mich auch lang zu machen versuchte und Pao die Arme ausstreckte, die dicken Bambusstangen blieben weit außerhalb seiner Reichweite.

»Gute anderthalb Armlängen fehlen!«, stieß er enttäuscht

hervor. »Wir sind zusammen um verfluchte anderthalb Armlängen zu kurz!«

»Wenn es anders gewesen wäre, hätten sie uns wohl kaum zusammen in eine Grube gesteckt, sondern getrennt eingesperrt«, mutmaßte ich. »Aber auch wenn wir an das Gitter herankommen könnten, wie sollen wir die Luke aufkriegen? Der Eisenring wird doch durch eine Kette verschlossen, deren Enden in einen Haken eingehängt werden, der neben der Grube aus dem Boden ragt – und zwar außerhalb unserer Reichweite.«

Die Erkenntnis, dass es ohne Hilfsmittel für uns kein Entkommen aus der Grube gab, war niederschmetternd und hatte einen langen Moment düsteren Schweigens zur Folge.

»Dann müssen wir uns etwas anderes überlegen«, meinte Pao schließlich trotzig. »Es muss doch einen Weg geben!«

Nur wir fanden ihn nicht, sosehr wir uns auch den Kopf zerbrachen.

Selbstverständlich durchdachten wir auch alle nur vorstellbaren Möglichkeiten, wie wir morgens unseren Bewacher überwältigen, ausschalten und den anderen aus der Grube holen könnten. An wagemutigen, abenteuerlichen Ideen fehlte es uns wirklich nicht. Leider machte uns die nüchterne Realität einen dicken Strich durch die Rechnung.

Am Morgen, wenn wir unsere kostbare Viertelstunde Freigang erhielten, waren auch alle Banditen auf den Beinen und auf dem freien Platz vor den Hütten herrschte ein reges Kommen und Gehen. Der eine kehrte mit Feuerholz aus dem Wald zurück, der andere holte Glut aus der Asche eines

Lagerfeuers, ein Dritter schleppte Wasserkrüge, während wieder andere einfach nur herumlungerten. Niemals wäre es einem von uns gelungen, allein zur Grube und damit mitten in die Höhle des Löwen zurückzukehren, die Luke aufzuklappen, die Strickleiter hinunterzuwerfen und den anderen hochklettern zu lassen, ohne dabei die Aufmerksamkeit der Banditen zu erregen. Keine zehn Schritte weit wären wir gekommen, wenn wir ohne Bewacher hinter den Sträuchern aufgetaucht wären!

Und außerdem: Niemals kam uns der Bandit, der uns morgens begleitete, nahe genug, als dass wir eine Chance gehabt hätten ihn durch einen blitzschnellen Schlag mit dem Holzeimer außer Gefecht zu setzen. Und selbst wenn es uns gelungen wäre, der Grube zu entrinnen – die Wachen, die auf beiden Seiten der Hängebrücke postiert waren, stellten ein zusätzliches, schier unüberwindliches Hindernis dar.

So blieb uns also notgedrungen nichts anderes übrig, als unsere Hoffnungen darauf zu setzen, dass Groneveld bald meinen Brief mit der Lösegeldforderung erhielt und diese umgehend erfüllte.

Doch eine quälend lange Woche folgte auf die andere, ohne dass sich etwas tat oder wir Nachricht erhielten, wie weit der Handel mittlerweile gediehen war. Schielauge und Stummelohr antworteten auf unsere Nachfragen mit einem Stockschlag oder einem herrischen Ruck am Seil. »Maul halten! Weiter, *chop-chop!*« war alles, was wir von ihnen zu hören bekamen.

Eines Morgens, vier Tage vor Weihnachten, kreuzte Kröte zufällig unseren Weg, als Stummelohr mich mit ausgewaschenem Fäkalieneimer zur Grube zurückführte.

»Wann werden wir endlich freigelassen? Schämen Sie sich denn gar nicht Kinder in Gefangenschaft zu halten? Und was haben Sie mit meinem Vormund ausgemacht?«, rief ich ihm zu. In diesem Moment war es mir gleichgültig, ob ich mir damit Stockschläge einhandeln würde. »Warum halten Sie uns noch immer fest? Ich weiß, dass Groneveld für uns bezahlt!«

»Ehrwürdiger Vormund noch nichts wissen von seinem Glück«, antwortete der Anführer der Bergbanditen spöttisch. »Bote sagen, Groneveld haben wichtiges *chin-chin* in Macao. Erst kommen zurück nach *Yasoo*-Fest.«

Yasoo stand im Pidginenglisch für Jesus. »Das kann doch nicht wahr sein! Groneveld ist gar nicht in Canton, sondern in Macao und kommt erst nach dem Weihnachtsfest zurück?«, fragte ich schockiert.

Kröte zuckte gleichgültig die Achseln. »Vielleicht aber auch erst kommen zurück nach *fangui*-Neujahr. Werde schicken dann wieder Boten«, sagte er und ging weiter.

Es war also noch nicht einmal zu einem ersten Kontakt zwischen den Banditen vom *Bund der schwarzen Seerose* und Groneveld gekommen!

Benommen und den Tränen nahe, taumelte ich hinter Stummelohr her, als dieser mich am Seil zur Grube zerrte. Wir befanden uns nun schon fast fünf Wochen in Gefangenschaft, ohne dass wir unserer Freilassung auch nur einen winzigen Schritt näher gekommen wären. Wir waren nicht weiter als am ersten Tag! Mir wurde regelrecht schlecht.

Die Nachricht war auch für Pao ein schwerer Schlag, der ihn aus dem mühsam bewahrten seelischen Gleichgewicht warf. Er hatte wie ich fest damit gerechnet, dass mein Vormund uns auslösen und dabei nicht wie der Sohn des Reismühlenbesitzers erst noch lange mit den Banditen feilschen würde. Und nun erfuhren wir zu unserer Bestürzung, dass Groneveld noch gar keine Nachricht von unserer Gefangenschaft und der Lösegeldforderung erhalten hatte, sondern davon erst in ein, zwei Wochen oder gar noch später Kenntnis erhalten würde. Das bedeutete, dass wir noch einmal vier, fünf Wochen in dieser Grube aushalten mussten, bis die Übergabe des Lösegeldes ausgehandelt war! Denn Groneveld würde Garantien verlangen, bevor er einem Fremden so viel Geld aushändigte. Und solche Verhandlungen nahmen viel Zeit in Anspruch, weil der Bote mehrmals aus den Bergen nach Canton und zurückmusste.

Pao kehrte an diesem Morgen von seinem Gang zum Bach nicht nur mit leerem Trinkwassereimer zurück, sondern auch mit einem guten Dutzend blauer Flecken und einer blutenden Platzwunde am Hinterkopf.

»Um Gottes willen, was ist passiert, Pao?«

»Mir sind die Nerven durchgegangen und ich habe Stummelohr den Eimer an den Kopf geworfen. Das hat er mir dann ordentlich mit seinem Knüppel vergolten.«

»Hast du ihn denn wenigstens getroffen?«

Pao nickte. »Aber es war dumm von mir, weil es ja doch

nichts ändert«, sagte er niedergeschlagen. »Es tut mir Leid, dass du nun wegen mir den ganzen Tag Durst leiden musst.«

»Hast du vergessen, wie oft ich es nicht geschafft habe, einen vollen Eimer zurückzubringen?«, tröstete ich ihn. »Außerdem ist es meine eigene Schuld. Ich hätte dir das mit Kröte und meinem Vormund erst hinterher sagen sollen.«

Dieser Tag gehörte zweifellos zu den schlimmsten unserer Gefangenschaft – und das nicht nur, weil es noch einmal fast hochsommerlich heiß wurde und wir wirklich sehr unter Durst litten, sondern auch wegen des Reismühlenbesitzers zwei Gruben weiter. Denn ausgerechnet an diesem Tag traf im Tal die Nachricht ein, dass der Sohn auf die letzte Forderung der Banditen eingegangen war und gezahlt hatte. Natürlich gönnten wir dem armen Mann, der über ein halbes Jahr auf diesen Tag gewartet hatte, von Herzen seine Freilassung. Gleichzeitig unterstrich sie aber auch unsere Verlassenheit.

Wie elend uns zu Mute war! Nur ein allerletzter Rest von Stolz und Selbstbeherrschung bewahrte uns davor, vor der anstürmenden Woge der Verzweiflung zu kapitulieren und haltlos in Tränen auszubrechen.

Als ich zwei Tage später an einem kühlen Morgen aus der Grube kletterte, herrschte im Lager der Banditen schon ausgelassene Vorfreude. Die Bande bereitete alles für ein großes Fress- und Saufgelage vor. Das Lösegeld für den Reismühlenbesitzer hatte sie ganz offensichtlich in die Lage versetzt sich von Männern wie Lin Yang reichlich mit Alkohol und Lebensmitteln versorgen zu lassen. Die Banditen schleppten die ersten Säcke, Kisten und Tonkrüge, die sie bestimmt weit vom Versteck entfernt in Empfang genommen hatten, ins Lager.

Am Bach angekommen, bückte ich mich, um den Eimer zu füllen. Im selben Augenblick entdeckte ich die Scherbe, die etwa die Größe meiner Hand besaß und zwischen rund gewaschenen, kinderkopfgroßen Steinen im Bachbett lag. Die dunkelblauen Blüten auf hellblauem Grund, die im klaren Wasser gut zu erkennen waren, sowie die Glasur verrieten mir, dass es sich um die Scherbe einer zersprungenen Reisschüssel handelte – und zwar keine der üblichen Tonschalen, wie sie die einfache Landbevölkerung benutzt. Diese Scherbe dort hatte einmal zu einem guten Porzellanstück gehört, das die Banditen wohl bei einem Überfall auf eine vermögende Familie irgendwo erbeutet hatten.

Ich wusste, dass ich diese Scherbe unbedingt in meinen Besitz bringen musste, denn ein Gegenstand mit einer so festen und scharfen Kante, wie gebrochenes Porzellan sie gewöhnlich aufweist, war fast so wertvoll wie ein geschliffenes Messer. Aber wie sollte ich bloß an diese Stelle im Bach kommen? Das Seil, an dem Schielauge mich führte, ließ mir viel zu wenig Spielraum. Es drohte sich ja jetzt schon zu spannen und mir die Kehle abzuschnüren!

Aber ich *musste* die Scherbe haben! Nur wie? Sollte ich den nächsten Tag abwarten und mir bis dahin etwas einfallen lassen? Oder sollte ich es jetzt sofort wagen, weil die Scherbe morgen vielleicht nicht mehr da war?

Glücklicherweise nahm es Schielauge an diesem Morgen mit der Aufmerksamkeit nicht so genau wie sonst. Vermutlich war er mit seinen Gedanken schon bei dem kommenden Saufgelage. Auf jeden Fall behielt er mich nicht unablässig im Blick. Deshalb riskierte ich es.

Ich tat, als wäre ich von einem übermoosten Stein abgerutscht, umgeknickt und hätte das Gleichgewicht verloren. Mit einem unterdrückten Fluch ließ ich mich nach links in den feuchten Ufersand fallen, wobei mir scheinbar der Eimer aus der Hand geprellt wurde – und gute zwei Schritte weiter unterhalb im Bach landete.

Schielauge fuhr zu mir herum, zog heftig am Seil und herrschte mich an: »Dreckiger *fangui!* Machen *chop-chop* oder heute wieder ohne Wasser!«

»Ich bin ausgerutscht! Es tut mir Leid!«, stieß ich scheinbar ängstlich hervor und rappelte mich auf.

»Los, holen Eimer! *Chop-chop!«,* fauchte er und versetzte mir einen kräftigen Tritt, der mich nach vorne in den Bach schleuderte. Der Länge nach fiel ich zwischen die Steine, was er mit höhnischem Gelächter begleitete.

Auch wenn das kalte Gebirgswasser ein Schock war und mich augenblicklich bis auf die Haut durchnässte, so hätte er mir doch keinen größeren Gefallen tun können. Denn nun befand sich mein Körper zwischen ihm und der Scherbe. Schnell griff ich danach, schob sie unter meinen Hosenbund und nahm dann den Eimer auf, um ihn in einer der vielen tiefen Mulden des Baches voll laufen zu lassen.

Es bereitete mir große Mühe, mir ein zufriedenes Grinsen

zu verkneifen, als ich mit dem vollen Eimer triefnass aus dem Bach stieg. Schielauges Interesse an mir war jedoch schon wieder erloschen. Unter ständigem, mir ebenso vertrautem wie verhasstem *»Chop-chop, fangui! Chop-chop!«* trieb er mich zur Eile an und gut ein Drittel des Wassers schwappte mir dabei aus dem Eimer. Er wollte mich so schnell wie möglich zur Grube zurückbringen. Vermutlich fürchtete er irgendetwas zu verpassen.

Innerlich zitterte ich vor Aufregung über die Porzellanscherbe, die ich unbemerkt an mich gebracht hatte. Ich konnte es gar nicht abwarten, meinen kostbaren Fund Pao zu zeigen. Aber obwohl diese Scherbe mich in helle Aufregung versetzte und mir neue Hoffnung gab, dass wir vielleicht doch eine Möglichkeit zur Flucht finden könnten, fehlte mir noch immer eine zündende Idee.

Als Schielauge die Luke öffnete und ich darauf wartete, dass er die Strickleiter eingehakt und durch die Öffnung geworfen hatte, wanderte mein Blick für einen kurzen Moment über den Platz. Plötzlich sah ich etwas, das mich elektrisierte, obwohl es etwas völlig Unspektakuläres war: Einer der Banditen schüttete einen kleinen Erdwall auf, wohl um eine neue große Feuerstelle zu umgrenzen. Es traf mich so plötzlich wie ein Blitz – und ich wusste von einer Sekunde auf die andere, wie wir möglicherweise aus der Grube ausbrechen konnten.

Ich verschüttete noch mehr kostbares Wasser, weil ich gar nicht schnell genug die Strickleiter hinunterkommen konnte. Wer schon einmal auf einer Strickleiter abgestiegen ist und dabei nur eine Hand zum Festhalten zur Verfügung gehabt hat, der weiß, wie schwierig eine solche Kletterpartie schon bei bedächtigem Tempo ist. Ich verschwendete in diesem Moment jedoch keinen Gedanken an unser Trinkwasser. Es drängte mich zu sehr, Pao mit der Scherbe und meinem Plan zu überraschen.

»Was ist denn heute in dich gefahren?«, wunderte er sich, als ich die Strickleiter freigab – und den Eimer, der nicht mal mehr zur Hälfte gefüllt war, achtlos abstellte.

»Warte!«, raunte ich und zog ihn in die dunkle Ecke, in der noch die Schatten der Nacht hingen. Als Schielauge die Luke zugeschlagen und sich entfernt hatte, holte ich die Porzellanscherbe hervor. »Na, wie gefällt dir das? Wenn wir die Kante mit einem Kieselstein und ein wenig feuchtem Sand nachschleifen, kriegen wir sie so scharf wie ein Messer. Na, wie findest du das?«

Pao machte große Augen und sagte dann mit einem breiten, strahlenden Grinsen: *»First chop,* Felix! Damit können wir wirklich etwas anfangen!«

»Du sagst es! Und zwar können wir damit die Stricke durchtrennen, mit denen die Bambusstangen verknüpft sind!«, erklärte ich und wies zum Gitter hoch.

Sein Blick folgte dem meinigen und seine Miene verlor augenblicklich viel von seinem zuversichtlichen Ausdruck. »Ja, wenn wir eine Leiter hätten oder sonstwie an das Gitter herankommen könnten!«, schränkte er ein.

»Wir werden an das Gitter herankommen!«, versicherte ich und fügte nicht ohne Stolz hinzu: »Mir ist nämlich eine Idee gekommen, wie wir die fehlenden anderthalb Armlängen überbrücken können!«

»Wie?«, stieß er aufgeregt hervor.

»Indem wir aus den beiden Strohsäcken vier kleine machen, sie prall mit Erde füllen und sie dann aufeinander stapeln!«, erklärte ich. »Und wenn das immer noch nicht reicht, erhöhen wir den Boden in der Ecke, indem wir dort Erde aufkippen!«

Pao sah mich eine Sekunde lang sprachlos an. Dann leuchteten seine Augen auf. Er öffnete den Mund zu einem stummen Freudenschrei, packte mich an den Schultern und umarmte mich.

»First chop! Genial! Einfach genial, *fangui!«,* neckte er mich, doch seine Augen leuchteten.

Nun ja, stolz war ich schon auf meinen Einfall. Und unser Plan zeichnete sich in der Tat durch geniale Einfachheit aus. Das hieß aber noch lange nicht, dass er sich auch ebenso einfach ausführen ließ! Immerhin mussten wir in einer Ecke fast fünf Fuß Höhe gewinnen, und das ist eine Menge, wenn man die Erde allein dadurch gewinnen kann, dass man die Wände und den Boden aufkratzt und als einziges Hilfsmittel nur eine Porzellanscherbe und einen Eimer einzusetzen vermag.

Zuerst einmal schärften wir die sichelförmige Kante der Porzellanscherbe so gut wir konnten. Dann begannen wir damit, unserem Kerker lockere Erde abzuringen. Ich überließ Pao die Scherbe und er machte sich nun daran, den Boden aufzugraben. Ich benutzte die Kante unseres Fäkalieneimers, um Erde von den Wänden zu kratzen.

Wir mussten vorsichtig zu Werk gehen und bei jeder Stimme, die sich unserer Grube näherte, das Kratzen und Schaben sofort unterbrechen. Aber so mühsam und anstrengend die Arbeit auch war, so empfanden wir die erzwungenen Ruhepausen zwischendurch doch als die größere Belastung. Was waren schmerzende Armmuskeln schon angesichts der realistischen Chance, nach über fünf zermürbenden Wochen aus diesem unterirdischen Kerker endlich ausbrechen und die Freiheit wiedererlangen zu können!

Die Strohsäcke wagten wir erst nach Einbruch der Dunkelheit in jeweils zwei Hälften zu zerschneiden. Wir füllten die vier kleinen Säcke nun mit der Erde auf, die wir tagsüber schon gelockert und abgekratzt hatten, und knoteten die Enden zu. Wie befürchtet, reichte die gemeinsame Höhe der aufgestapelten Säcke und der beiden Eimer jedoch noch immer nicht aus, damit Pao das Bambusgitter erreichen konnte, wenn er auf meinen Schultern stand.

»Es fehlt noch eine halbe Armlänge!«

»Was ist schon eine halbe Armlänge! Wir haben noch die ganze Nacht vor uns und das wird reichen!« Ich war entschlossen nicht einmal den Hauch eines Zweifels am Gelingen unseres Vorhabens zuzulassen.

Während die Banditen vom *Bund der schwarzen Seerose* es sich an ihren Lagerfeuern gut gehen ließen, sich mit gebackenen und gerösteten Köstlichkeiten aller Art voll stopften sowie Krüge mit Wein und Reisschnaps kreisen ließen, kratzten wir uns die Finger blutig, um einen stabilen, mindestens einen halben Meter hohen Erdsockel in der Ecke unseres Kerkers zu schaffen, genau dort, wo oben im Gitter die Luke eingelassen war. Ein Vorhaben, das sich als schwieriger erwies als gedacht. Denn als wir meinten es endlich geschafft zu haben, Säcke und Eimer aufgeschichtet hatten und Pao auf meine Schulter kletterte – da brach der kleine Erdsockel unter unserem Gewicht auseinander.

»Das konnte ja auch nicht halten. Wir müssen die Erde viel fester und dichter zusammenstampfen!«, sagte Pao.

»Ja, und der Sockel muss mindestens doppelt so breit sein, wenn er lange genug standhalten soll«, fügte ich hinzu. »Denn es wird eine Weile dauern, bis wir die Seile durchgeschabt haben.«

Und so kratzten wir weitere zwei Stunden lang Erde zusammen, um den Erdsockel breiter und standfester zu machen. Es musste gegen Mitternacht gewesen sein, als wir den zweiten Versuch unternahmen das Gitter zu erreichen.

Diesmal gelang es uns.

»Wir haben es geschafft! Ich bin oben am Gitter!«, raunte Pao aufgeregt. »Ich kann die Bambusstangen gut erreichen!«

»Dem Himmel sei Dank!«, stieß ich hervor, auf der Kante des oberen Eimers balancierend.

Pao kletterte erst einmal wieder von meiner Schulter. Denn solange das Gelage der Banditen andauerte, deren Lärmen und Grölen den wachsenden Grad ihrer Trunkenheit widerspiegelten, konnten wir es nicht riskieren, unter dem Bambusgitter zu hängen und an den Stricken herumzuschneiden.

»Wir verhalten uns besser still, bis die Bande total besoffen ist und ihren Rausch ausschläft!«

Das Warten fiel uns ungemein schwer. Alles drängte in uns danach, den Ausbruch sofort zu wagen. Allein die Vernunft bewahrte uns davor, diesem törichten Verlangen nachzugeben. Hellwach und ungeheuer angespannt, kauerten wir in der Finsternis unseres Erdkerkers und lauschten auf das, was sich oben auf dem Platz tat. Die Freiheit lag zum Greifen nahe – und deshalb bedrängte uns die Angst, irgendein dummer Zufall könnte unseren Ausbruch noch im letzten Moment vereiteln.

Dem Stand des Mondes nach zu urteilen musste es gegen drei Uhr gewesen sein, nach chinesischer Zeitrechnung also zu Beginn der Stunde des Tigers, als die letzten Geräusche verklangen und auf dem Platz und bei den Hütten endlich Ruhe eintrat.

Eine halbe Stunde später wagten wir es. Ich stieg auf die Eimer, lehnte mich mit den Rücken gegen die Wand und Pao kletterte wieder auf meine Schulter, die Porzellanscherbe zwischen den Zähnen.

Er machte sich nun an die Arbeit, die geflochtenen Stricke durchzutrennen, die als primitive Scharnierbänder dienten und die hintere Bambusstange der Luke mit einem der viel längeren Bambusstämme verbanden, die von einer Seite der Grube zur anderen liefen. Auch das war kein leichtes Unterfangen, denn die Kante der Scherbe erwies sich als nicht so scharf wie erhofft.

Obwohl Pao sich mit der linken Hand an einer der Bambusstangen festhielt, um einen besseren Halt zu haben und mich zu entlasten, stellten sich bei mir doch recht schnell Schmerzen in Schultern und Beinen ein. Zweimal mussten wir abrupt eine Pause einlegen, weil ich es nicht länger aushalten konnte und Krämpfe in den Oberschenkeln bekam. Und einmal wechselten wir die Positionen. Doch seine schmächtige Gestalt vermochte mein Gewicht noch weniger zu tragen als umgekehrt.

In der Stille der Nacht kam mir das kratzende, schabende Geräusch, das Pao über mir mit der Porzellanscherbe verursachte, erschreckend laut vor. Mein hämmerndes Herz schien meine ganze Brust auszufüllen und meine Nerven waren zum Zerreißen gespannt.

»Wie lange noch?«, flüsterte ich.

»Gleich!«

Der letzte Strick riss wie eine straff gespannte Leine mit einem scharfen, schnappenden Ton. Das Lukengitter klappte an seinem hinteren Ende, wo das Scharnierband gesessen hatte, nach unten hin auf. Gleichzeitig spannte sich die Kette rasselnd am vorderen Teil.

Das laute Geräusch ging mir durch Mark und Bein. Erschrocken hielt ich den Atem an, während mir der Angstschweiß ausbrach. Auch Pao, der das Gewicht der Luke falsch eingeschätzt hatte, erstarrte. Keiner von uns hätte sich gewundert, wenn augenblicklich Stimmen laut geworden und Banditen auf unsere Grube zugerannt wären.

Doch die Nacht blieb still.

Pao gab einen unterdrückten Stoßseufzer der Erleichterung von sich – und im nächsten Moment war ich von seinem Gewicht befreit. Sofort blickte ich nach oben und sah, wie er sich an der Bambusstange hochzog, sich durch die Öffnung zwängte und sich sofort flach auf dem Gitter ausstreckte. Einige bange Sekunden lang blieb er dort reglos liegen und starrte zu den Hütten hinüber. Schließlich glitt er an den Rand, ergriff die Strickleiter, hängte die Haken oben ein und warf die mit kurzen Bambussprossen verknoteten Seile zu mir hinunter.

Obwohl mir die Beinmuskeln schmerzten, bin ich die Strickleiter doch so schnell wie nie zuvor hochgeklettert! Was für ein wunderbares, erhebendes Gefühl im Freien zu sein – und ohne einen Strick um den Hals!

Wir kauerten am Boden und sahen uns um. Der Platz lag verlassen vor uns. Die Lagerfeuer waren längst in sich zusammengefallen, die Glut von einem Bett Asche zugedeckt und die Banditen hatten sich in ihre Hütten zurückgezogen. Die Nacht war frisch und mich fröstelte. Der milde Spätherbst hatte sich endgültig vor dem Winter gebeugt.

»Wir brauchen Decken«, raunte ich. Auch wenn die Winterzeit im subtropischen Südchina nur von kurzer Dauer ist, können die Nächte doch von frostiger Kälte sein, insbesondere in den Bergen.

»Ja, sowie ein paar Beutel Reis und eine Axt«, erwiderte Pao leise. »Und ich weiß sogar, wo wir das alles finden können!« Er deutete über den Platz auf einen windschiefen Bambusschuppen, der sich an die Hütte von Kröte anschloss.

Ich nickte. Wir hatten unsere Augen und Ohren offen gehalten und mehr als fünf Wochen Zeit gehabt, um zumindest einigen Gewohnheiten der Banditen auf die Spur zu kommen. Zu unseren Beobachtungen gehörte, dass in diesem Schuppen ein gut Teil der Vorräte gelagert wurde. Und nicht weit davon entfernt befand sich auch der Hauklotz, auf dem die Männer das Feuerholz, das sie aus dem Wald holten, in handliche Stücke und Scheite schlugen.

Geduckt huschten wir über den Platz. Sekunden später tauchten wir in den tiefen Schatten der Kiefern ein. Jeden natürlichen Schutz nutzend, schlichen wir uns an den Schuppen heran. Auf dem Weg dorthin kamen wir an einer Mattenhütte vorbei, aus der lautes Schnarchen drang. Wir stießen uns in die Rippen, grinsten uns an und hatten wenig später das Vorratslagers der Banditen erreicht.

Unser Hochgefühl erhielt jedoch einen kräftigen Dämpfer, als wir sahen, dass die stabile Bambustür durch ein schweres, solides Schloss gesichert war.

»Mist! Das hat uns gerade noch gefehlt!«, murmelte ich enttäuscht. »Was jetzt?« Der Schuppen mochte zwar nicht sehr sorgfältig zusammengezimmert worden sein, doch um in ihn einzubrechen, bedurfte es roher Gewalt und die war ohne laute Geräusche nicht anzuwenden.

»Warte!«, sagte Pao und huschte um die Ecke.

In weniger als einer Minute stand er wieder an meiner Seite – mit einer Axt in der Hand. »Sie hing gleich neben dem Holzstapel am Baum – und sie ist scharf!«, flüsterte er, setzte die Schneide am oberen Scharnierband der Tür an und durchtrennte sie mit einem kräftigen Ruck. Die beiden unteren Bänder setzten der Axt ebenso wenig Widerstand entgegen.

Wir schoben die Tür einen Spalt auf, zwängten uns hindurch und hätten beinahe einen Tisch mit Tonkrügen umgestoßen, der dort gleich hinter der Tür stand. Das Gepolter und Scheppern von berstenden Tongefäßen hätte Kröte und die Männer, die gleich nebenan in der Hütte schliefen, mit Sicherheit aus dem Schlaf hochfahren lassen.

Vorsichtig tasteten wir uns im Dunkel vorwärts. Wer immer Proviantmeister der Bande war, von Ordnung hielt er wenig, und wohl auch bei Tageslicht konnte man hier schnell ins Stolpern geraten, wenn man nicht sehr aufpasste, wohin man seinen Fuß setzte. Denn überall lagen leere Säcke, Pechfackeln, halb zusammengerollte Bambusmatten und anderes, was wir im Dunkel nicht genau ausmachen konnten, auf dem festgestampften Boden herum. Schließlich fanden wir aber, wonach wir gesucht hatten: Decken, die auf einem kleinen Salzfass lagen, sowie Lebensmittel. Pao hängte sich zwei handliche Beutel Reis über die Schulter, während ich zwei kleine Säcke an mich nahm, die Nüsse und getrocknetes Obst enthielten. Pao fand zudem noch ein einfaches Messer, das er einsteckte.

Wir hatten, was wir für eine erfolgreiche Flucht aus den Bergen benötigten. Nun drängte es uns mit aller Macht, aus dem Tal und über die Hängebrücke zu kommen. Uns war, als hätten wir unser Glück mit dem Einbruch in das Vorratslager schon genug auf die Probe gestellt.

Wie gut, dass wir auf dem Weg zum Talausgang kein Wort sprachen und uns unwillkürlich größter Lautlosigkeit befleißigten. Denn als wir um die letzte Biegung des Pfades kamen, sahen wir vor uns das Licht von flackernden Fackeln. Und wir hörten zwei Männerstimmen, die sich unterhielten.

»Heiliger Sebastian!«, zischte ich erschrocken, während wir rasch zurückwichen und hinter einem Gebüsch in Deckung gingen. »Die Hängebrücke ist ja noch immer bewacht!« Wir hatten fest damit gerechnet, dass wir ungehindert über die Hängebrücke spazieren konnten, weil sich keiner der Männer dieses ausschweifende Gelage entgehen lassen würde, auch die Posten nicht. Die Feststellung, dass wir die Banditen in dieser Hinsicht unterschätzt hatten, war ein gehöriger Schock.

»Vielleicht sind auch diese beiden nicht mehr ganz nüchtern«, flüsterte Pao, nachdem er sich wieder gefasst hatte. »Getrunken haben sie alle, da gehe ich jede Wette ein!«

»Ja, vielleicht. Aber sie sind bestimmt nicht so betrunken, dass wir es mit ihnen aufnehmen könnten«, antwortete ich leise. »Mein Gott, was können wir schon gegen zwei ausgewachsene Banditen ausrichten, die mit Schwert und Dolch bewaffnet sind?«

»Nichts«, pflichtete Pao mir bei. »Schon gar nicht bei dem freien Gelände zwischen der Hängebrücke und den Büschen hier!«

»Vielleicht gibt es ja noch einen anderen Weg aus dem Tal«, überlegte ich.

»Bestimmt gibt es den. Aber um ihn zu finden, brauchten wir eine Menge Zeit und vor allem Tageslicht.«

Ich verzog das Gesicht. »Wenn es erst mal hell geworden ist, haben wir keine Chance mehr.«

»Also ist die Hängebrücke für uns der einzige Weg aus dem Tal. Deshalb müssen wir die Wachen irgendwie ausschalten, Felix! Wir müssen es einfach riskieren, weil wir gar keine andere Wahl haben!«

»Nein, warte! Vielleicht haben wir doch noch eine andere Wahl«, widersprach ich, denn mir war auf einmal eine Idee gekommen.

»Woran denkst du?«, fragte Pao.

»An die Pechfackeln, über die wir im Vorratslager beinahe gestolpert sind, und an ein Ablenkungsmanöver, das den Banditen gehörig einheizt!«, antwortete ich.

Sein Gesicht hellte sich auf. »Du willst Feuer legen!«

Ich nickte. »Genau. Und was meinst du wohl, was die beiden Männer tun werden, wenn sie ihr Lager in Flammen stehen sehen?«

Pao lachte leise auf. »Sie werden natürlich ins Lager rennen, um ihren Kameraden beizustehen. Und auch wenn einer zurückbleibt, haben wir wenigstens eine größere Chance ihn zu überrumpeln und über die Brücke zu kommen.«

»Dann lass uns an die Arbeit gehen!«

Decken, Axt und Proviant deponierten wir hinter dem Gebüsch, weil sie uns in unserer Bewegungsfreiheit nur behindert hätten. So lautlos, wie wir gekommen waren, eilten wir nun wieder ins Lager der Bande zurück. Wir holten drei

Pechfackeln sowie ein halbes Dutzend Säcke und zwei leere Tonschüsseln aus dem Vorratsschuppen. Säcke und Fackeln legten wir hinter dem Schuppen auf die Erde und schlichen dann mit den leeren Tonschüsseln zu einem der heruntergebrannten Lagerfeuer. Da wir fürchteten, von einem nicht ganz so fest schlafenden Banditen bemerkt zu werden, wenn wir das Feuer direkt vor den Hütten neu entfachten, wischten wir nur die dicke Ascheschicht zur Seite, füllten die beiden Schüsseln gut zur Hälfte mit Glut und hasteten damit hinter den Schuppen zurück. Mit Hilfe von ein wenig Stroh und Unterholz, das reichlich herumlag, gelang es uns innerhalb weniger Augenblicke, muntere Flammen aus der Glut auflodern zu lassen.

»Du steckst das Vorratslager in Brand! Ich nehme mir die Hütten vor! Und beeil dich bloß! Sowie das Feuer lodert, bricht hier die Hölle los!«, raunte Pao mir zu, nahm zwei Pechfackeln, hielt sie in die Flammen, klemmte sich zwei der leeren Strohsäcke unter den Arm und lief los, um die Dächer der Banditenunterkünfte in Brand zu setzen.

Ich lief mit meiner brennenden Fackel und zwei Säcken in den Schuppen. Dort hielt ich die Säcke in die Flammen der blakenden Fackel. Als sie Feuer fingen, warf ich einen davon in die Ecke, wo wir die Decken gefunden hatten, und den anderen in die gegenüberliegende Ecke. Dann hielt ich die Pechfackel an das Dach aus geflochtenen Matten, damit der Schuppen auch wirklich lichterloh brennen würde.

Gierig und unter rasch lauter werdendem Prasseln züngelten die Flammen um mich herum empor. Schnell brachte ich mich in Sicherheit, indem ich wieder nach draußen schlüpfte. Dort nahm ich die beiden anderen Säcke, ließ sie Feuer fangen und warf sie auf das Dach von Krötes Unterkunft. Glühende Funken stiebten auf und fielen mir entgegen, um aber noch im Flug zu erlöschen. Aus den Augenwinkeln bemerkte ich, dass auch auf den Dächern von vier, fünf anderen Hütten Flammen aufloderten.

Pao kam angerannt. »Wirf die Fackel weg und komm!«, rief er mir gedämpft zu.

»Ja, jetzt aber *chop-chop* aus dem Tal!« Ich warf die Fackel auf das Dach des Vorratsschuppens und dann machten wir, dass wir so schnell wie möglich aus dem Feuerschein kamen. Nun war jede Sekunde kostbar. Wie von Furien gehetzt, rannten wir den schmalen Pfad hinunter. Überhängende Äste peitschten Gesicht und Arme. Wir nahmen es kaum wahr, weil unsere ungeheure innere Anspannung derlei Schmerzen nicht in unser Bewusstsein dringen ließ.

Die ersten Alarmschreie gellten durch die Nacht, als wir noch mindestens sechzig, siebzig Schritte von der Hängebrücke entfernt waren.

Ich warf einen Blick über die Schulter zurück und sah hellen Feuerschein über dem Lager.

»Wir schaffen es nicht bis zur Biegung! Wir laufen den Wachen in die Arme!«, rief ich, als der Chor der schreienden Banditen jäh anschwoll. Ich packte Pao am Arm und zog ihn vom Pfad ins struppige Unterholz.

Kaum hatten wir uns zu Boden geworfen, als auch schon

die beiden Männer, die an der Hängebrücke auf Wache gestanden hatten, den Pfad entlanggestürmt kamen.

Wir warteten ein Dutzend wild pochender Herzschläge ab, bis sie außer Sichtweite waren. Dann sprangen wir auf, liefen zu unserem Versteck bei der scharfen Biegung am Ausgang des Tals, nahmen Decken, Axt und Proviant an uns und begaben uns auf die schmale Bambushängebrücke. Nur ein einziges Seil, alle paar Schritte von einem kurzen Querstrick mit dem Steg verbunden, lief rechts und links in Hüfthöhe entlang. Bei meiner ersten Überquerung mit Augenbinde hatte ich kaum mehr Angst ausgestanden als nun, wo ich sehen konnte, wie tief die Schlucht und wie schmal der Steg war und wie sehr die Hängebrücke durchhing und ins Schwingen geriet.

Welch ein Gefühl unsäglicher Erlösung durchströmte mich, als wir endlich die andere, sichere Seite der Schlucht erreicht hatten. Pao packte sofort die Axt mit beiden Händen und hieb auf die Seile ein, die das Bambusgerüst hielten. Die Banditen durften keine Möglichkeit erhalten umgehend die Verfolgung aufzunehmen, denn sonst hatten wir wohl kaum eine Chance ihnen zu entkommen. Mit wuchtigen Schlägen, in denen all seine Kraft und sein Zorn lagen, kappte Pao die dicken Taue.

Die Brücke federte zurück, als hätte ein unsichtbarer Riese auf der anderen Seite wütend an den Seilen geruckt. Dann fiel sie in die Tiefe und krachte donnernd gegen die gegenüberliegende Felswand.

Zahlreiche Bambussprossen splitterten unter der Gewalt

des Aufpralls, lösten sich aus dem Geflecht und fielen in den Abgrund.

»Diese Brücke wird so schnell keiner mehr benutzen!«, rief Pao grimmig.

»Ich wünschte, wir könnten die dummen Gesichter von Kröte und . . .« Leider kam ich nicht dazu, meinen Satz zu beenden, denn in diesem Moment wankte hinter uns ein Bandit, der nach Erbrochenem stank, aus einem nahen Gebüsch hervor. Verstört und noch sichtlich unter dem Einfluss von zu viel genossenem Alkohol, blickte er sich um, starrte uns dann verständnislos an und verlangte mit heiserer Stimme zu erfahren, was dieser Lärm zu bedeuten habe.

Pao und ich waren für einen Augenblick wie gelähmt. Einer der Banditen hatte ausgerechnet hier auf dieser Seite in einem Gebüsch seinen Rausch ausschlafen wollen!

Auf dem Gesicht des Banditen zeigte sich plötzlich ein Ausdruck des Begreifens. Seine Augen weiteten sich, als dämmerte ihm, wen er da vor sich hatte und dass dies nicht mit rechten Dingen zugehen konnte. Er griff zu seinem Schwert.

Pao reagierte geistesgegenwärtig. Mit einem lang gezogenen Aufschrei stürzte er auf den Banditen zu, schwang die Axt und wollte sie ihm links in die Brust schlagen.

Doch da hatte der Chinese schon sein Schwert gezogen. Metall schlug mit einem hässlichen Geräusch auf Metall. Die Axt verfehlte ihr Ziel, wurde vom Schwert abgelenkt, bohrte sich jedoch in den Oberschenkel des Banditen. Ihm entglitt das Schwert und mit einem markerschütternden Schrei stürzte er zu Boden.

Schnell hob ich das Schwert auf und schleuderte es in hohem Bogen in die Schlucht. Dann flüchteten wir in die Dunkelheit. Wir rannten, ohne uns auch nur eine Atempause zu gönnen, bis sich die Schreie und Verwünschungen des verletzten Banditen endlich in der Nacht hinter uns verloren hatten.

氷

Geschlagene vier Tage und vier Nächte hielten uns die wilden Hua-Berge mit ihren zahlreichen Schluchten und verschlungenen Tälern nach unserer Flucht aus dem Versteck der Banditen noch gefangen. Zwar wussten wir sehr genau, welche Himmelsrichtung wir einzuschlagen hatten, um zum Fluss und nach Canton zu kommen. Doch wenn man mit den Gegebenheiten des Geländes nicht vertraut ist, nützt einem dieses Wissen nur wenig, insbesondere in unwegsamem Bergland. Wer unversehens vor einer steil aufragenden Felswand, am Rand eines gähnenden Abgrundes, vor einem reißenden Gewässer oder aber in einem Tal steht, das sich plötzlich wie eine Forke in mehrere Schluchten aufteilt, dem ist mit dem bloßen Wissen um die richtige Himmelsrichtung wenig geholfen.

Vielleicht hätten wir bedeutend schneller einen Weg aus

den Bergen gefunden, wenn wir uns nicht aus Angst, von Suchtrupps der Banditen entdeckt zu werden, darauf beschränkt hätten, unsere Flucht nur im Schutz der Dunkelheit fortzusetzen. Ich bin jedoch auch heute noch von der Richtigkeit dieser Entscheidung überzeugt. Denn wären wir bei Tag und mit besserem Überblick marschiert, wären wir vermutlich nicht auf diesem unglaublichen Zickzack-Kurs durch die Berge geirrt, sondern mit großer Wahrscheinlichkeit recht bald auf einen der Pfade gestoßen, die hinunter in die Flussebene führen – und dort zweifellos den Banditen in die Arme gelaufen. So jedoch führten uns unsere Irrwege in ein Gebiet, wo die Banditen uns offensichtlich nicht vermuteten und wo sie daher auch nicht nach uns suchten.

Auf jeden Fall bekamen wir in diesen vier Tagen und vier Nächten nicht einen einzigen von ihnen zu Gesicht, ja wir hörten nicht einmal aus der Ferne einen Laut von ihnen. Die Einsamkeit und Stille um uns herum gaben uns manchmal das unwirkliche Gefühl, als hätten wir unsere Entführung und die fünfwöchige Gefangenschaft in der Erdgrube nur geträumt und als wären wir nun aus diesem Alptraum erwacht.

»Bestimmt finden wir schon bald aus den Hua-Bergen heraus«, sagte Pao, als wir die hellen Tagesstunden des ersten Weihnachtstages in einer Felshöhle verbrachten. Sie reichte tief in den Berg hinein, war weit verzweigt und Tausende von Fledermäusen, die wie wir auf den Einbruch der Dunkelheit warteten, hingen an der Decke der Höhle. »Und wenn es eine Woche dauert.«

Ich pflichtete ihm bei. »Wir haben Zeit – und wir haben ausreichend Proviant.«

Heiligabend auf der Flucht, durch pechschwarze Pinienwälder und Weihnachten versteckt in einer Fledermaushöhle – was für eine Art, das heilige Christfest zu verbringen! Ich glaube, in diesen ersten von Angst und Ungewissheit erfüllten Tagen unserer Flucht habe ich zum ersten Mal in meinem Leben die scheinbar rührselige Geschichte von der Niederkunft im Stall tief und innig begriffen. Ich will nicht behaupten damals schon verstanden zu haben, dass gleich mit der Geburt die Verfolgung und das Leiden Christi begannen und dass die frohe Botschaft des Evangeliums ohne das Kreuz nicht zu haben ist. Ich habe jedoch eine schwache Ahnung von den schweren Prüfungen und Leiden erhalten, die nach der Geburt Jesu auf Maria und Josef gewartet und letztlich zur Kreuzigung Jesu geführt haben.

Als Pao wissen wollte, was es mit meiner Gedankenversunkenheit auf sich hatte, erzählte ich ihm die Weihnachtsgeschichte, wie sie im Lukasevangelium geschrieben steht.

Im Laufe unserer Unterhaltung kamen wir auch auf die Erschaffung der Welt zu sprechen und ich schilderte ihm Gottes Schöpfungsakt, so, wie er mir aus der Genesis in der Heiligen Schrift vertraut war.

Pao machte ein überraschtes Gesicht, als er hörte, dass der Gott der Christenheit zur Erschaffung der Welt eine Woche benötigte und am siebten Tag, als er sah, dass alles gut gelungen war, geruht hatte. »Sieben ist auch in unserer Schöpfungsgeschichte eine wichtige, ja heilige Zahl!«

»Dann bist du jetzt mit Erzählen an der Reihe!«, forderte ich ihn auf.

Bereitwillig folgte er meiner Aufforderung. »Es geschah in der Urzeit, als noch überall Chaos herrschte. Damals traf sich Hu, der Herrscher der Nördlichen See, regelmäßig mit Shu, dem Herrscher der Südlichen See. Diese Zusammenkünfte fanden auf halbem Weg zwischen ihren Reichen statt – und zwar im Zentrum, wo der überaus gastfreundliche Hundun herrschte, dem jedoch die sieben Öffnungen zum Sehen, Hören, Essen und Atmen fehlten. Als Hu und Shu nun überlegten, womit sie sich bei Hundun für seine große Freundlichkeit bedanken konnten, beschlossen sie ihm die notwendigen sieben Öffnungen zu bohren – und zwar eine pro Tag. Doch am siebten Tag, als die letzte Öffnung gebohrt war, starb Hundun, dessen Name ›Chaos‹ bedeutet – und im selben Augenblick wurde die Welt geboren.«

»Wenn der Name Hundun mit Bedacht gewählt ist, weil er für ›Chaos‹ steht, dann steckt doch bestimmt auch hinter Hu und Shu eine besondere Bedeutung, oder?«

Pao nickte mit einem Schmunzeln. »Und ob! Wenn man die Namen der beiden Herrscher nämlich kombiniert, wird daraus Shu-hu – und das bedeutet ›Blitz‹.«

»Der Blitz der Schöpfung, der in das Chaos eingeschlagen ist und es verwandelt hat!«

»So ist es!«, bestätigte er, warf einen besorgten Blick nach oben, wo die unzähligen dicht an dicht hängenden Leiber der Fledermäuse einen schwarzen Baldachin bildeten, und rollte seine Decke zusammen. »Es wird Zeit, dass wir aus der Höhle kommen. Gleich ist es dunkel und ich möchte nicht unbedingt hier am Eingang hocken, wenn dann Tausende von Fledermäusen ausschwärmen!«

Rasch packten wir unsere wenigen Habseligkeiten zusammen und machten uns wieder auf den Weg, von dem wir nicht wussten, wohin er uns in dieser Nacht wohl führen würde. Wir mieden offenes Gelände, schlugen weite Bögen um große Waldlichtungen und freie Bergwiesen und blieben immer wieder stehen, um in die Nacht zu lauschen und zu spähen.

Dann endlich, in den frühen Morgenstunden des fünften Tages, als wir über eine bewaldete Bergkuppe kamen und müde auf den Waldsaum zustolperten, lag die Ebene plötzlich vor uns. Mit Tränen der Freude und der Erlösung sanken wir zu Füßen eines alten Baumes auf den weichen Waldboden, lehnten uns gegen den Stamm und beobachteten mit einem fast andächtigen Staunen, wie die aufgehende Sonne ihren ersten zarten Schein über die Reis- und Zuckerrohrfelder warf.

»Jetzt haben wir das Schlimmste geschafft!«, sagte ich nach einer Weile des Schweigens mit großer Erleichterung.

Pao nickte. »Da drüben ist auch schon das erste Dorf!« Er deutete auf eine kleine Ansiedlung von Häusern mit glockenförmigen Dächern, die sich nur wenige Kilometer vom Fuß der Berge entfernt um einen Teich und einen Tempel gruppierten. »Und wenn mich nicht alles täuscht, ist dieser gewundene Strich da drüben am Horizont der Fluss!«

Wir teilten uns die letzte Hand voll Trockenobst und Nüsse.

»Ich glaube nicht, dass uns die Banditen jetzt noch etwas anhaben können«, sagte ich zuversichtlich.

»Die sehen wir nie wieder«, antwortete Pao. Er ahnte genauso wenig wie ich, dass wir Kröte und seinen Männern sehr wohl noch einmal begegnen würden, wenn auch unter gänzlich anderen Umständen.

Dennoch blieben wir weiterhin vorsichtig und verzichteten darauf, ins nächste Dorf hinunterzulaufen und um Hilfe zu bitten. Die Gefahr, so nahe an den Bergen auf Dorfbewohner zu stoßen, die mit den Hua-Banditen unter einer Decke steckten und ihnen als Spitzel und Zuträger dienten, schien uns noch zu groß zu sein. Und wir hatten ja noch genügend Reis übrig, den wir kauen konnten, wenn uns der Hunger zusetzte.

Erst in der Abenddämmerung machten wir uns wieder auf den Weg. Es war schon Nacht, als wir in die Nähe des ersten Dorfes gelangten und Rast in einem Hain von weißen Maulbeerbäumen machten, die man überall in China antrifft, wo immer der Boden für ihr Gedeihen geeignet ist. Denn die weißen und schwarzen Maulbeerbäume, die bis zu dreimal im Jahr frisches Grün treiben, sind für die chinesische Seidenproduktion von größter Bedeutung. Mit den ersten zarten Blättern füttert man nämlich die kostbaren jungen Seidenwürmer, während das zweite und dritte Jahresgrün sowie die weniger nahrhaften Blätter der schwarzen Maulbeerbäume an die älteren Seidenraupen verfüttert werden.

Pao ließ seine Deckenrolle auf den Boden fallen und legte

seinen halb vollen Beutel Reis dazu. »Ich sehe mich mal ein bisschen im Dorf um.«

Ich wollte natürlich mit, doch er machte mir klar, wie wenig ratsam das war. »Falls mich jemand sieht und anspricht, errege ich allein nicht halb so viel Verdacht, als wenn ich in Begleitung eines *fangui* bin. Du bleibst deshalb besser hier und wartest auf mich.«

Das sah ich ein. »Gut, in Ordnung.«

»Aber werde nicht gleich unruhig, wenn ich nicht im Handumdrehen wieder zurück bin. Es wird nämlich eine Weile dauern, bis ich überhaupt den Weg ins Dorf gefunden habe, denn keiner von den Pfaden zwischen den Feldern führt direkt in die Ansiedlung.«

»Und warum ist das so?«

»Weil man sonst die Dämonen geradezu ins Dorf einladen würde!«, erklärte er mit einer Mischung aus Verwunderung und Selbstverständlichkeit, mit der wohl auch ein gläubiger Christ in Köln oder München auf die Frage geantwortet hätte, was es denn mit den Kreidezeichen auf sich habe, die der Priester am Jahresbeginn auf den Türstock der Häuser in seiner Gemeinde zeichnet. »Aber wenn die Wege kreuz und quer führen, dann schreckt das die bösen Geister ab und sie ziehen weiter.«

Unwillkürlich war ich versucht über diesen Aberglauben zu lachen, besann mich aber noch früh genug eines Besseren, denn ich wollte ihn nicht verletzen. Niemand ist gezwungen den Glauben eines anderen zu teilen. Aber jeder sollte die Gefühle und alles, was einem anderen heilig ist, respektieren, solange es ihn nicht in seinem eigenen Glauben und seiner Freiheit beeinträchtigt. Überheblichkeit oder gar Hohn und Verachtung sind immer ein beschämender Beweis für Charakterschwäche sowie für mangelnde Toleranz und Herzensbildung. Man muss wohl schon ein ausgemachter Trottel oder ein großmäuliger Wichtigtuer sein, um ernsthaft für sich in Anspruch zu nehmen, vom Baum der Erkenntnis gegessen zu haben und nun im Besitz der einzig gültigen Wahrheit zu sein.

Es war gut, dass Pao mich vorgewarnt hatte. Es verstrich nämlich mindestens eine geschlagene Stunde, bis er wieder bei mir zwischen den Maulbeerbäumen auftauchte. »Es hat sich gelohnt!«, rief er vergnügt und präsentierte mir stolz seine Beute. Sie bestand aus fünf Eiern, drei Streifen Trockenfisch, zwei breitkrempigen, aber schon arg mitgenommenen Strohhüten sowie einer verschlissenen weiten Jacke, deren einstige hellblaue Farbe vom vielen Waschen nur noch zu erahnen war.

»Sag bloß, diesen alten Fetzen soll ich anziehen?«, fragte ich.

Pao lachte. »Nun ja, diese Jacke ist alles andere als *first chop*. Aber gerade deshalb wirst du darin nicht auffallen, vor allem dann nicht, wenn du dazu noch einen Hut trägst!«

Als wir kurz darauf die Maulbeerpflanzung hinter uns ließen, trug ich einen ramponierten Strohhut und die ausgewaschene Jacke, die mir um einiges zu groß war und mir fast bis zu den Knien reichte. Aber Pao hatte Recht, es war eine gute Tarnung.

Anderthalb Tage später erreichten wir den Xi Jiang. Als

wir am Ufer entlanggingen, bemerkte ich hier und da weiß angestrichene Bretter, die nahe der Oberfläche schräg auf das Wasser hinausragten. Ich fragte Pao nach ihrer Bewandtnis.

»Die Bretter helfen den Fischern, bei Nacht leichter Beute zu machen«, erklärte er. »Der Mond wirft einen Widerschein vom Brett ins Wasser, was die Fische täuscht und dazu veranlasst, in diese Richtung zu springen – geradewegs in die ausgelegten Netze der Fischer.«

»Raffiniert!«

Aber noch viel raffinierter fand ich die Methode, mit der ein anderer Fischer, den wir wenig später beobachteten, ohne viel eigenen Aufwand an seine geschuppte Beute kam – nämlich mit Hilfe eines Kormorans!

Der Vogel saß auf dem Rand des bauchigen Fischerbootes und trug am rechten Fuß eine lange Leine, die sein Besitzer in der Hand hielt. Kein Fisch, der sich in die Nähe des Fischerbootes wagte, entkam den scharfen Augen des Vogels. Blitzschnell und wie ein Pfeil tauchte er ins Wasser, packte den Fisch und brachte ihn nach oben.

Verwundert beobachtete ich, dass der Fischer weder Eile zeigte noch Mühe hatte den Schlund des Kormorans zu öffnen und den dicken Fisch gänzlich unversehrt herauszuholen. »Wie kann man einem Vogel bloß anerziehen, dass er seine Beute nicht einfach hinunterschluckt?«, rätselte ich.

Pao lachte leise auf. »Gar nicht. Aber schau einmal ganz genau hin, Felix! Siehst du, dass der Kormoran einen Ring um den Hals trägt? Dieser Eisenring und nicht etwa anerzogener Gehorsam ist es, was den Vogel daran hindert, fette Fische zu schlucken. Nur die kleinen, an denen der Mann kein Interesse hat, passen durch den verengten Schlund des Vogels.«

Ich war sprachlos vor Staunen.

Am späten Nachmittag des folgenden Tages, als die Stunde des Affen von der Stunde des Hahns abgelöst wurde, stießen wir auf einen kleinen Kahn, der, unter Sträuchern verborgen, auf der Uferböschung lag. Wir fanden sogar zwei Ruder.

Ich will freimütig einräumen, dass wir nicht lange überlegten, ob wir uns den Kahn aneignen sollten oder nicht. Das Boot war genau das, was wir brauchten, um uns einen mühseligen Fußmarsch von mehreren Tagen zu ersparen. Die Strömung des Xi Jiang würde uns bequem nach Canton tragen.

»Was wirst du machen, wenn wir in Canton sind?«, fragte ich, als wir uns in der mondhellen Nacht flussabwärts treiben ließen und nur gelegentlich einmal zu den Rudern griffen, um den Kahn auf dem rechten Kurs und in Ufernähe zu halten. »Gehst du dann zu *qing bebe*, deinem Lieblingsonkel?«

Pao seufzte. »Ja, das werde ich, denn außer Chang Liang Sen habe ich niemanden. Und du? Was hast du vor, Felix? Gehst du zu deinem Vormund zurück?«

Ich verzog das Gesicht zu einem gequälten Lächeln, denn der Gedanke, dass ich schon bald vor Groneveld stehen würde und für mein Handeln Rechenschaft ablegen musste, bereitete mir einige Magenschmerzen. »Was bleibt mir schon anderes übrig? Als *fangui* darf ich doch bloß bei den Faktoreien an Land gehen. Denn Canton selbst ist ja für weiße Teufel tabu.«

»Natürlich können Ausländer nicht einfach so durch die Stadttore nach Canton hineinspazieren«, räumte Pao ein. »Verbote dieser Art gibt es viele, aber wirklich strikt eingehalten werden die wenigsten, zumal in einer so riesigen Stadt, in der doch immerhin über achthunderttausend Menschen leben. Ob man sich an ein Verbot halten muss oder nicht, hängt deshalb immer davon ab, wie gut die eigenen *guanxi* sind.«

»Und was sind *guanxi?«*, wollte ich wissen.

»Beziehungen, und als ein Heilkundiger, der nicht zuerst nach klingender Münze fragt, kennt mein Onkel viele Leute, die ihm dankbar und etwas schuldig sind. Sogar unter den Torhütern, die oftmals nicht genug Geld verdienen, um seine Dienste zu entlohnen«, antwortete er mit einem breiten Grinsen. »Also, was hältst du davon, wenn ich dich erst einmal mit zu meinem Onkel nehme? Er wird dich bestimmt kennen lernen wollen.«

Was ich davon hielt, Gronevelds freudloser Vormundschaft vielleicht doch noch zu entgehen? Eine Menge hielt ich davon! Ich wollte mich jedoch nicht zu früh freuen. »Glaubst du denn wirklich, dass es nicht zu gefährlich ist und ich deinem Onkel auch willkommen bin?«

»Ganz sicher!«, beteuerte er. »Frag mich nicht, warum, aber er hat an mir einen Narren gefressen. Er ist ein Mann von sanftem Wesen, der schon einiges von der Welt gesehen hat und an allem ein reges Interesse zeigt. Und einmal, ganz davon abgesehen, dass du mir das Leben gerettet hast, wirst du ihm gefallen. Denn wie ich schon einmal gesagt habe: Du hast ein Herz aus Bambus!«

Mit einem verlegenen Lachen wehrte ich sein Lob ab, frohlockte jedoch gleichzeitig auch. Pao würde mich mit nach Canton nehmen! Mit diesem Gedanken schlief ich Stunden später ein, als wir uns mit dem Kahn in einem dichten Schilffeld versteckten und uns in unsere Decken einwickelten.

Unser Erwachen im Morgengrauen des Neujahrstages 1839 geschah jäh und begleitet von rauen, herrischen Stimmen und Stockschlägen. Als ich die Augen aufriss, sah ich über mir eine kräftige Gestalt aufragen, die mir mit dem stumpfen Ende einer Lanze den Strohhut vom Kopf schlug. Ich schrie zu Tode erschrocken auf, denn ich hielt den Mann im ersten Moment für einen Banditen. Dann jedoch bemerkte ich sein farbenprächtiges, mehrlagiges Gewand, den schweren Kopfhelm mit dem langen Nackenschutz und das Schwert, das er auf dem Rücken trug. Da begriff ich, dass ich es mit einem Soldaten des Kaisers zu tun hatte. Genau genommen sogar mit einem ganzen Wachboot voll.

Die Leine unseres Kahns, die ich offenbar nicht gut genug verknotet hatte, musste sich allmählich gelockert und schließlich ganz gelöst haben. Und die Strömung hatte uns, ohne dass wir in unserem tiefen Schlaf etwas davon gemerkt hätten, aus dem Schilf und hinaus auf die Flussmitte gezogen. Dort hatten wir dann die Aufmerksamkeit des Wachbootes erregt, das unseren Kahn längsseits geholt hatte.

Der Soldat starrte mich ungläubig an. Ich verstand mittlerweile genug Chinesisch, um zu verstehen, was er im nächsten Moment seinen Kameraden zurief, die oben an der Reling ihres Patrouillenbootes standen und neugierig zu uns herunterblickten.

»Ein *fangui!*«

Das war nicht nur das Ende unserer Flussfahrt, sondern auch das Ende meiner Hoffnung Groneveld noch eine Weile zu entgehen.

酒

Die Faktoreien
oder
Wie ich der Lüge bezichtigt wurde, dem Tyrannen der niederländischen Katakomben entkam und schwere Schuld auf mich lud

Ich möchte mit meinem Mündel unter vier Augen reden, van der Bloom! Aber halten Sie sich zur Verfügung.« Mit kühler, geschäftsmäßiger Stimme, in der ich auch einen neuen Ton von herrischer Autorität herauszuhören meinte, entließ Groneveld seinen persönlichen Sekretär, der mich unten am Tor der Faktorei in Empfang genommen und nach oben in das lichte Büro des neuen Kontoreivorstehers Hermanus Groneveld geführt hatte.

»Sehr wohl, Mijnheer.« Van der Bloom, ein junger Mann in den Zwanzigern mit den geschmeidigen Bewegungen eines Spitzels und dem unverbindlichen Lächeln eines Opportunisten, deutete eine knappe Verbeugung an und zog die hohen Kassettentüren zum Vorzimmer sanft hinter sich ins Schloss.

Aufrecht und reglos wie ein Mann in Todesstarre saß Groneveld hinter einem kantigen, schnörkellosen Kolonialschreibtisch, dessen Kanten mit Messingbeschlägen versehen waren. Allein die hohe Rückenlehne seines harten Armstuhls, die bis über seinen Kopf reichte, wies Verzierungen in Form von kunstvoller chinesischer Schnitzkunst auf. Ich meinte, den feuerspeienden Rachen eines Drachen erkennen zu können.

Wortlos und mit strafender Miene starrte Groneveld mich an, während unten von der *New China Street* und von der offenen Esplanade her ein vielfältiger Lärm aus Stimmen und Geräuschen wie Brandungsrauschen zu uns in den dritten Stock hochdrang. Die beweglichen Lamellen der grünen Schlagläden vor den offenen Fenstern waren so gekippt, dass nur ein schwacher Rest Mittagssonne durch die Ritzen fiel. Daher lag der große, spartanisch möblierte Raum mit seinen nackten Backsteinmauern und den breiten, gelblichen Dielenbrettern in einem trügerisch friedlichen Dämmerlicht.

Ich ahnte, was mich erwartete, und bemühte mich um einen gefassten Ausdruck. Um meine wachsende Unruhe zu bekämpfen, versuchte ich an Pao und die zweieinhalb Tage zu denken, die wir zuerst in Gewahrsam der Soldaten und dann in Canton im Gefängnistrakt des alten Zollhauses verbracht hatten, das in unmittelbarer Nähe der ausländischen Handelshäuser und der mächtigen Stadtmauer lag.

Zu unserem Glück hatte man uns auf dem Wachboot erst Stunden nach unserer Festnahme voneinander getrennt. So hatten wir reichlich Zeit gehabt uns genau zurechtzulegen und abzusprechen, was wir bei unserer Vernehmung aussagen wollten. Dass wir weder von dem verbotenen Vorhaben des Missionars noch von den nicht weniger unter Strafe stehenden Geschäften des Opiumhändlers auch nur ein Wort verlieren durften, wenn wir uns nicht selbst der Mittäterschaft anklagen und dadurch in Teufels Küche bringen wollten, lag auf der Hand.

Wir konnten davon ausgehen, dass von der Besatzung der Flussdschunke niemand außer Pao den Überfall der Piraten überlebt hatte. Und sollten Osborne sowie Pater Johann-Baptist mit dem Leben davongekommen sein, was ich sehr hoffte, dann waren sie mit Sicherheit nicht so einfältig gewesen den Behörden auf die Nase zu binden, was sie auf dem Xi Jiang wirklich getrieben hatten – sofern sie sich überhaupt einer solchen Befragung hatten unterziehen müssen. Denn wenn sie gegen Lösegeld freigekommen waren, war der Überfall wohl erst gar nicht an offizielle Ohren gedrungen. Deshalb beschlossen wir Osborne und Pater Johann-Baptist in unserer Geschichte völlig zu unterschlagen. Ich hatte mich, von Abenteuerlust getrieben, angeblich als blinder Passagier an Bord der Dschunke geschlichen. Und als man mich entdeckt hatte, hatte der Kapitän beschlossen mich erst auf der Rückfahrt den Behörden zu übergeben. Der Überfall der Flusspiraten war dem zuvorgekommen. Alles andere konnten wir so erzählen, wie es sich auch in Wirklichkeit ereignet hatte.

Diese Gedanken gingen mir also durch den Kopf, während Groneveld mich anstarrte, als wollte er mich kraft seines Blickes auf die Knie zwingen. Und je länger das vorwurfsvolle Schweigen andauerte, desto flauer wurde mir zu Mute.

Dass er schon immer überaus penibel auf seine äußere Erscheinung geachtet hatte, war mir nichts Neues. In dieser Situation stach es mir jedoch ganz besonders ins Auge, wie weiß sein steifer Kragen leuchtete, wie perfekt die Krawatte saß und wie makellos auch der Rest seiner Kleidung war. Und welch abscheulichen Anblick musste ich ihm dagegen in meinen abgerissenen und dreckstarrenden Sachen bieten – nach fünf Wochen Gefangenschaft in einer Erdgrube, einer Woche Flucht und zwei Tagen in einer von Unrat und Ungeziefer verpesteten kaiserlichen Gefängniszelle in Canton!

Gronevelds Schweigen machte mich schließlich mürbe. »Es tut mir Leid, wenn ich Ihnen Sorgen und Unannehmlichkeiten mit den Behörden bereitet habe«, platzte ich schließlich heraus, um die Sache endlich hinter mich zu bringen. »Das war wirklich nicht meine Absicht, und wenn . . .«

Seine rechte Hand mit dem schweren Siegelring am Mittelfinger flog jäh von der Armlehne hoch und fuhr krachend auf die Schreibtischplatte nieder. »Schweig!«, donnerte er.

Ich zuckte wie unter einem Peitschenhieb zusammen.

»Womit habe ich dein empörend undankbares Verhalten verdient? Sag es mir!«, herrschte er mich an. »Sich hinter meinem Rücken vom Schiff zu schleichen und mich damit auf das Peinlichste vor Captain Welsh bloßzustellen, ist das der

Dank dafür, dass ich dem letzten Wunsch deines verstorbenen Vaters entsprochen und die nicht eben leicht zu tragende Verantwortung für dich übernommen habe?«

»Nein, Mijnheer«, antwortete ich zerknirscht. »Es war ja auch gar nicht wegen Ihnen, sondern . . .«

Erneut schlug Groneveld mit der flachen Hand zornig auf den Tisch. »Was nimmst du dir heraus mich zu unterbrechen?«, fuhr er mich erregt an. »Hast du wirklich allen Respekt und Anstand, den dein Vater dich gelehrt hat, vergessen?«

Obwohl ich mir nicht bewusst war ihn in seiner Rede unterbrochen zu haben, senkte ich den Kopf und beschloss diesen Sturm der Entrüstung, der sich offenbar in Groneveld angestaut hatte, über mich ergehen zu lassen – ohne jeden Widerspruch und auch ohne den Versuch mein Handeln erklären zu wollen. Ich sagte mir, dass stumme Bußfertigkeit wohl der beste und schnellste Weg sei, die Sache hinter mich zu bringen.

Groneveld dachte jedoch nicht daran, mich schnell vom Haken zu lassen. Die Strafpredigt, die er mir nun hielt, hatte es in sich – sowohl was ihre Länge betraf, als auch was seine scharfe Wortwahl anging. Er fasste mich wahrlich nicht mit Samthandschuhen an, sondern konfrontierte mich mit Wahrheiten, die mir äußerst unangenehm waren. In vielem legte er den Finger erschreckend treffsicher auf die wunden Punkte meines Gewissens.

Hätte er es bei dieser berechtigten Standpauke belassen, hätte ich mir vermutlich vieles davon zu Herzen genommen und ehrlich versucht seinen Erwartungen gerecht zu werden und auch ein besseres Verhältnis zu ihm zu bekommen. Und dann hätte mein Leben mit großer Sicherheit einen völlig anderen, wohl weniger dramatischen Verlauf genommen. Kaum vorstellbar, dass ich dann auf den Goldfeldern Australiens gelandet wäre, geschweige denn in dieser Zelle.

Aber Groneveld beließ es nicht allein bei scharfen Vorhaltungen und Zurechtweisungen, sondern er beging den folgenschweren Fehler, mich zutiefst zu verletzen und jeglichen Wunsch in mir zu ersticken, sein Wohlwollen und seinen Respekt zurückzugewinnen: Als er mich nämlich endlich zu Wort kommen ließ, schenkte er mir keinen Glauben, sondern bezichtigte mich dreister Lügen und stellte mich als ehrlosen Feigling dar.

»Wie bitte? Du willst angeblich nur knapp einem Überfall von Flusspiraten entkommen und dann bei Bergbanditen wochenlang in Gefangenschaft gewesen sein?«

»Nicht angeblich, Mijnheer. Beides ist mir wirklich zugestoßen«, erwiderte ich mühsam beherrscht. »Die Piraten haben an Bord der Dschunke ein schreckliches Blutbad angerichtet. Und was die Banditen betrifft, denen wir Tage später in die Hände gefallen sind, so wollten sie ein Lösegeld von Ihnen erpressen. Über fünf Wochen haben wir in den Hua-Bergen in einer Grube gehaust, bis uns dann die Flucht gelungen ist.«

Groneveld warf mir einen zornigen Blick zu. »Lüg mich doch nicht an!«

»Es ist die Wahrheit!«, beteuerte ich.

»Nein, es sind billige Lügen!«, schrie er mich erbost an, hatte seine Stimme aber schon im nächsten Moment wieder unter Kontrolle. »Wenn du geglaubt hast, mit deinen Lügenmärchen bei mir Eindruck und Mitgefühl zu schinden, dann bist du nicht nur charakterlich verdorben, sondern auch noch mit Einfalt geschlagen! Ich falle jedenfalls nicht darauf herein. Du solltest dich in Grund und Boden schämen, dass du nach all dem, was vorgefallen ist, noch nicht einmal genug Ehrgefühl im Leib hast, um zur Wahrheit zu stehen! Dein Vater würde sich vor Schande im Grab umdrehen.«

»Aber der Überfall der Flusspiraten . . .«

Er ließ mich nicht ausreden. »Jetzt ist endgültig Schluss mit diesen dreisten Lügengeschichten, hast du mich verstanden? Es hat diesen Überfall nie gegeben! Mister Osborne hätte es mir wohl kaum verschwiegen, wenn es wirklich so gewesen wäre!«

»Mister Osborne lebt? Sie haben mit ihm gesprochen?«, stieß ich freudig überrascht hervor und vergaß für einen Moment, wer und was hier zur Debatte stand. »Hat auch Pater Johann-Baptist den Überfall überlebt?«

»Ja, ich habe in der Tat mit Mister Osborne gesprochen. Damit hast du offenbar nicht gerechnet, nicht wahr?«, höhnte er. »Er und der seltsame Missionar erfreuen sich bester Gesundheit, denn deinen Überfall hat es nie gegeben. Du brauchst also gar nicht so verwundert zu tun! Und von Mister Osborne weiß ich zufällig, dass du ihn und Pater Wetzlaff schon in der Nähe des Überseehafens Whampoa im Stich gelassen und die nächstbeste Gelegenheit wahrgenommen hast, um an Land zu gehen und dich auf eigene Faust in diesem Land herumzutreiben oder um auf einem der Segelschiffe anzuheuern, die da aus aller Herren Länder kommen und gehen.«

Vor lauter Verblüffung wusste ich nichts darauf zu erwidern. Dass der Opiumhändler und der Missionar lebten, freute mich. Aber dass ausgerechnet Osborne solch eine groteske Lüge über mich in die Welt gesetzt haben sollte, erschien mir äußerst unglaubwürdig. Dafür gab es doch auch nicht den geringsten Grund.

Nein, ich konnte und wollte es einfach nicht wahrhaben, dass ich wegen Osborne jetzt als ausgemachter Lügner vor Groneveld dastand.

»Ich habe keine Erklärung dafür, warum Ihnen Mister Osborne den Überfall verschwiegen und Ihnen etwas Falsches über mich erzählt hat!«, brachte ich schließlich mit gepresster Stimme hervor. »Aber das alles ändert nichts daran, dass ich Ihnen die Wahrheit gesagt habe und daher auch keinen Grund weiß, mich irgendwelcher Lügen zu schämen!«

Sein verächtlicher Blick traf mich so tief, wie mich seine Antwort verletzte: »Du bist es nicht wert, deines Vaters Sohn zu sein! Ich hoffe nur in deinem eigenen Interesse, dass du in dich gehst und eines Tages in den Spiegel schauen kannst, ohne dich der Ehrlosigkeit schämen zu müssen!« Er griff zu einer kleinen Bronzeglocke, die auf dem Schreibtisch neben Tintenfass und Federhalter stand, und läutete sie laut und ungeduldig.

Van der Bloom erschien so schnell, als hätte er die ganze Zeit direkt hinter der Tür gestanden, was sehr gut der Fall gewesen sein konnte.

»Kümmern Sie sich darum, dass ihm eine Kammer zugewiesen wird!«, trug Groneveld ihm grimmig auf. »Und sorgen Sie dafür, dass er aus diesen stinkenden Chinesenlumpen kommt und unverzüglich in den Waschkübel steigt. Wenn er mir das nächste Mal unter die Augen tritt, erwarte ich, dass er wenigstens in seiner äußeren Erscheinung einen respektablen Eindruck macht!«

»Ich werde sofort alles Notwendige veranlassen, Mijnheer Groneveld«, versicherte van der Bloom und bedeutete mir mit einer knappen Kopfbewegung ihm zu folgen.

»Noch etwas!«, rief mein Vormund, als wir schon bei der Tür waren. »Ich werde, wie Sie wissen, die nächsten Monate häufig in Macao sein und dort nach dem Rechten schauen müssen, van der Bloom. Suchen Sie deshalb für mein Mündel eine Arbeit, wo er nicht auf dumme Gedanken kommen kann und unter strenger Aufsicht steht. Er muss erst noch lernen verantwortlich zu handeln und Verantwortung zu tragen. Deshalb verbitte ich mir jegliche Vergünstigungen und will ihn vorerst auch nicht in den oberen Räumen der Faktorei sehen. Ich hoffe, ich habe mich klar genug ausgedrückt.«

Oh ja, das hatte Groneveld!

Sein Sekretär sollte mir zur Strafe nicht nur die mieseste

Unterkunft im Haus der niederländischen Handelsmission zuweisen, sondern mir auch die unangenehmste Arbeit zuteilen, die einem weißen Ausländer nur zuzumuten war. Und der beflissene van der Bloom gab sich auch allergrößte Mühe den Auftrag seines Vorgesetzten so gewissenhaft wie nur möglich auszuführen.

Noch im Hinausgehen überfiel mich schwere Bedrückung. Wenn doch nur Pao bei mir gewesen wäre! Ich vermisste ihn schon jetzt so sehr, wie man nur einen Freund vermissen kann, mit dem man sich bis in die geheimsten Tiefen des Herzens verbunden fühlt.

状

Chinesische Diener richteten mir ein Bad und die dreckstarrenden, verschlissenen Sachen, aus denen ich stieg, sah ich nie wieder. Van der Bloom ließ mir frische Kleidung bringen. Dann führte er mich zu meiner Kammer.

»Hier ist es. Ich habe mir alle Mühe gegeben das richtige Quartier für dich zu finden, Felix«, sagte er mit einem schadenfrohen Gesichtsausdruck, als er die Tür aufstieß und eine einladende Geste machte.

Die Kammer, schmal wie ein Handtuch und so dunkel wie ein Kellerraum, erinnerte mich an ein Burgverlies. Ein Fenster gab es nicht, sondern nur eine vergitterte, schießschartenähnliche Öffnung direkt unterhalb der Decke. Die Einrichtung bestand aus einem klobigen Kleiderschrank, einem Holzschemel, einem kleinen Tisch mit Wasserkrug und Waschschüssel sowie aus einem Bettgestell aus Rattanrohr, auf dem eine mit Bambusspänen gefüllte Matratze lag. Diese drei Möbelstücke standen hintereinander an der linken Wand. Der Platz rechts davon reichte gerade so aus, um an ihnen entlangzugehen, ohne sich rechts an der Wand oder links an den Möbeln zu stoßen.

Obwohl ich zu dieser Zeit noch nicht mit den luxuriösen und geräumigen Unterkünften und Gesellschaftsräumen vertraut war, die das dreistöckige Gebäude der niederländischen Faktorei seinen europäischen Angestellten bot, war mir doch schon klar, dass diese Kammer das schäbigste Quartier war, das van der Bloom hatte finden können.

»Na, gefällt es dir?« Die Frage war blanker Hohn. »Ich hoffe, du weißt meine Bemühungen auch richtig zu schätzen.«

»Ganz sicher. So eine anheimelnde, lichte und geräumige Unterkunft habe ich mir schon immer gewünscht«, antwortete ich sarkastisch. »Besten Dank für Ihre Bemühungen, Mijnheer van der Bloom.«

»Keine Ursache, das habe ich doch gern getan.«

Ich hatte eine bissige Bemerkung auf der Zunge, schluckte sie jedoch hinunter. Den Sekretär meines Vormundes zu reizen und gegen mich aufzubringen, brachte mir nur noch mehr Schwierigkeiten. Es war auch so schon schlimm genug.

»Bestimmt kannst du es gar nicht erwarten, dir bei uns

deine ersten Sporen zu verdienen und deinem Vormund mit gottesfürchtiger Arbeit Ehre zu machen«, spottete der Sekretär. »Nun, du wirst deine faire Chance erhalten, ganz wie unser verehrter Kontoreivorsteher es sich für dich ausbedungen hat. Aber genug der Worte. Gehen wir hinunter in die Katakomben, wo sich der von uns allen geschätzte Lagerverwalter Jakobus Roodfontein deiner annehmen wird!«

Ich ahnte nichts Gutes.

Die Faktorei der niederländischen Handelsmission maß gute zweihundert Meter in der Länge und ragte teilweise drei Stockwerke hoch auf. Das Warenlager mit seinen gewölbten Decken aus gelbrotem Backstein erstreckte sich über fast die gesamte Länge des Kontors. Rampen führten hinunter in die kühlen Kellerräume, von den Angestellten spöttisch Katakomben genannt, in denen Tee, Seideballen, Felle, Gewürze, Porzellan, Möbel, Uhren und andere kostbare Handelswaren am besten vor der Hitze und insbesondere der hohen Luftfeuchtigkeit geschützt lagerten.

Dies war das Reich des schwergewichtigen Lagerverwalters Jakobus Roodfontein, der mit der Allmacht und Willkür eines Tyrannen über die mit Schätzen gefüllten Katakomben herrschte. Der feiste Mann, dessen wuchtiger Schädel einem Ochsen alle Ehre gemacht hätte, litt unter ungewöhnlich starkem Haarwuchs. Seine buschigen Augenbrauen ähnelten dicken Streifen struppiger Putzwolle, aus Nase und Ohren wucherten krause Haarbüschel und wer nur seine Handrücken und nackten Unterarme sah, der konnte meinen, es mit einem Affen zu tun zu haben.

Van der Bloom nahm den Lagermeister zur Seite und sprach kurz mit ihm. Ich konnte mir sehr gut denken, was er ihm mitteilte. Dann kam er wieder zu mir herüber, rieb sich mit vergnügter Miene die Hände und sagte zum Abschied: »Ich bin ganz sicher, der gute Roodfontein wird dir eine Menge beibringen und dafür sorgen, dass es dir hier unten nicht für eine Minute langweilig wird. Also dann, frohes Gelingen!« Mit diesen spöttischen Worten kehrte er nach oben zu meinem Vormund in die sonnenhellen Räume des Kontors zurück.

Jakobus Roodfontein hielt sich nicht mit langen Vorreden auf. Er führte mir schon in den ersten Minuten äußerst nachdrücklich vor Augen, was ich zu erwarten hatte, wenn ich nicht auf Kommando spurte. Er rief mich mit herrischer Stimme zu sich, drückte mir eine Liste in die Hand und forderte mich barsch auf: »Zähl die Felle nach, die da drüben in den großen Bastkörben liegen, und vergleiche die Markierungen mit denen auf der Liste! Angeblich haben die Kulis von *hong* Howqua vierhundertachtzehn Felle geliefert. Aber diesen hinterhältigen Schlitzaugen ist nicht zu trauen, nicht mal den eigenen, die bei uns in Brot und Arbeit stehen! Die tun katzenfreundlich und schmieren dir pfundweise Honig um den Bart, während sie dir gleichzeitig alle Taschen ausrauben, wenn du nicht verdammt aufpasst.«

Ich zögerte, weil ich den Eindruck hatte, er wollte noch etwas sagen. Stattdessen versetzte er mir mit seiner behaarten Pranke einen heftigen Schlag in den Nacken, der mich so überraschend traf, dass ich stolperte und zu Boden ging.

»Wirst du dich wohl gefälligst in Bewegung setzen?«, herrschte er mich an. »Hoch mit dir, elender Faulpelz! Dir werde ich das Trödeln schon noch austreiben!«

Das tat er dann auch – und zwar im wahrsten Sinne des Wortes nach besten Kräften. Er machte recht großzügig von dem jungen, biegsamen Bambusrohr Gebrauch, das gewöhnlich griffbereit aus seinem rechten Stiefelschaft herausragte. Und sich darüber beschweren zu wollen, war von vornherein zwecklos. Ein Lehrjunge besitzt ja generell keinerlei Rechte und ist stets der Willkür seines Meisters hilflos ausgeliefert, ganz gleich, ob sich die Werkstatt oder Faktorei nun in Canton, Kapstadt oder Köln befindet. Und davon abgesehen, war ich mir sicher, dass Groneveld die raue Behandlung sehr wohl billigte, die mir da in den Katakomben zuteil wurde. Das war eindeutig die Strafe, die er mir für mein Ausrücken zugedacht hatte.

Ich war jedoch nicht der Einzige, der unter der Tyrannei von Jakobus Roodfontein litt. Und recht betrachtet, ging es mir sogar immer noch ein klein wenig besser als allen anderen, die nach seinem Rohrstock tanzen mussten. Der mausgesichtige Geselle namens Willem sowie die beiden anderen jungen Männer, die alle eine Karriere im Dienst der niederländischen Handelsmission anstrebten und daher von guten Beurteilungen ihres Vorgesetzten abhängig waren, wenn sie weiterkommen wollten, mussten jede Schikane und jede Ungerechtigkeit hinunterschlucken.

Und unter diesen Schikanen befand sich so manch fette Kröte, die wahrlich viel Überwindung und viel Würgen erforderte. Dasselbe galt für die chinesischen Arbeiter, die im Lager beschäftigt waren.

Dass Roodfontein den Spitznamen »Rumfontein« trug, der jedoch nur hinter seinem Rücken benutzt wurde, kam mir schon am ersten Tag zu Ohren. Der Lagermeister versetzte seinen Tee, von dem er im Laufe des Tages bestimmt zwanzig Tassen trank, stark mit Rum.

In den Morgen- und Vormittagsstunden erlegte er sich noch eine gewisse Zurückhaltung auf, indem er nur einen kleinen Spritzer Alkohol in den Tee tat. In dieser Zeit war er besonders ungenießbar. Gegen Mittag dann gab er seine mühsam durchgehaltene Zurückhaltung auf, und je weiter sich die Sonne gen Westen neigte, desto großzügiger wurde er in der Bemessung der jeweiligen Rumration.

Zugleich wurde er auch ein wenig milder im Umgang mit seinen Untergebenen. Statt mit dem Bambusrohr traktierte er uns dann nur noch mit unflätigen Worten und Drohungen.

Die Trinkfestigkeit, die Rumfontein dabei bewies, erstaunte mich jeden Tag aufs Neue. Jeder andere erwachsene Mann wäre nach der Menge Rum, die der Lagermeister mit Unmengen Tee in sich hineinschüttete, spätestens am Nachmittag sturzbetrunken zu Boden gegangen. Doch Rumfontein blieb nicht nur auf den Beinen, sondern vermochte seiner Arbeit sogar ohne jedes Lallen nachzugehen. Wer jedoch glaubte, ihn in diesem Zustand übers Ohr hauen zu können, der erlebte eine unangenehme Überraschung.

Dass ich der Tyrannei des versoffenen Lagermeisters schon am Ende der ersten Woche entkam, verdanke ich dem Opium – und Frederick Osborne.

冰

Eines Vormittags, als ich gerade Porzellanteller durchzählte und auf Beschädigungen prüfte, hörte ich hinter mir eine vertraute Stimme. »Ah, es ist also wahr, was mir zu Ohren gekommen ist, du hast dich für eine seriöse Kontoreilaufbahn entschieden«, sagte Frederick Osborne in einem Plauderton, als wäre seit unserem letzten Zusammensein nichts Außergewöhnliches geschehen. »Nun, ich vermute mal, dass auch ein so langweiliger und phantasieloser Beruf seine gute Seiten hat. Ich denke, man muss nur lange genug nach ihnen suchen und bescheiden genug in seinen Erwartungen an das Leben sein.«

Freudig überrascht fuhr ich herum. »Mister Osborne!«

Mit einem amüsierten Lächeln auf dem Gesicht stand er vor mir. Er trug einen eleganten Anzug aus seidenem, mokkabraunem Tuch. Weste und Krawatte leuchteten in einem warmen Safranton und seine blank polierten Halbstiefel waren aus feinstem rehbraunem Leder gearbeitet. Seinen Spazierstock mit dem silbernen Knauf hielt er wie ein Offizier seine Reitgerte unter den linken Arm geklemmt.

»Wie überaus erfreulich dich gesund und munter wiederzusehen, Felix«, begrüßte er mich. »Auch wenn ich die triste Örtlichkeit eines solchen Warenlagers recht schlecht mit der lebhaften und aufgeweckten Natur eines Burschen wie dir in Einklang zu bringen vermag.«

Ich verzog das Gesicht. »Ausgesucht habe ich mir das bestimmt nicht, Mister Osborne«, antwortete ich mit gedämpfter Stimme, damit Rumfontein nicht auf uns aufmerksam wurde.

»Ich weiß, das hat dir dein sauertöpfischer Vormund eingebrockt«, sagte Osborne mitfühlend. »Wirklich bedauerlich, was geschehen ist. Ich hatte gehofft dich länger in meinen Diensten zu haben.«

Meine Überraschung wich nun drängender Neugier. »Wie ist es Ihnen und Bruder Johann-Baptist nach dem Überfall ergangen? Und warum haben Sie Groneveld bloß diese verrückte Geschichte erzählt, ich hätte Sie bei Whampoa im Stich gelassen und mich an Land verdrückt oder auf irgendeinem Segelschiff angeheuert?« Ich vermochte den Groll, den ich wegen der Lügen empfand, die er Groneveld aufgetischt hatte, nicht ganz aus meiner Stimme herauszuhalten.

»Dafür habe ich meine guten Gründe gehabt, die ich dir auch nicht vorenthalten will, Felix«, antwortete er gelassen. »Aber lass uns nach draußen gehen und einen Spaziergang machen. Dabei unterhält es sich besser als hier zwischen all den staubigen Kisten voller Reisstroh.«

»Das geht nicht, Mister Osborne. Ich darf nicht mal für eine Minute von hier weg. Der Lagermeister reißt mir schon den Kopf ab, wenn er merkt, dass ich nicht arbeite, sondern mich mit Ihnen unterhalte.«

Osborne lachte belustigt auf. »Vergiss den alten Trunkenbold, Felix. Rumfontein wird dir keine Schwierigkeiten bereiten«, versicherte er. »Du kannst so lange mit mir spazieren gehen, wie du lustig bist. Er wird nicht ein Wort darüber verlieren, das verspreche ich dir.«

Ich zögerte. »Das klingt zu schön, um wahr zu sein«, erwiderte ich skeptisch und dachte daran, wie gemein Rumfontein sein konnte.

»Vertrau mir! Und jetzt lass uns gehen.« Osborne legte seinen rechten Arm um meine Schulter und zog mich mit sich.

Mir schlug das Herz im Hals, als wir auf die Rampe zugingen und ich plötzlich die massige Gestalt von Roodfontein aus einem Seitengang treten sah. Er starrte mich mit verkniffener Miene an und ich rechnete jeden Moment damit, dass er einen seiner gefürchteten Wutausbrüche bekam, zu seinem Bambusrohr griff und mich unter Stockschlägen und wüsten Beschimpfungen zurück an meinen Arbeitsplatz trieb.

Doch da sagte Osborne in beiläufigem Tonfall zu ihm: »Es kann eine Weile dauern, Jakobus. Ich habe mit meinem Assistenten eine Menge zu bereden.«

Und statt einen cholerischen Anfall zu bekommen, zauberte Jakobus Roodfontein, der prügelfreudige Leuteschinder

der Katakomben, ein verständnisvolles Lächeln auf sein Gesicht und antwortete lammfromm: »Geht in Ordnung, Mister Osborne.«

Mir fiel vor ungläubiger Überraschung fast der Unterkiefer herunter. »Was haben Sie mit ihm gemacht?«, fragte ich fassungslos, kaum dass wir auf dem Hof standen. »Haben Sie ihm irgendetwas in seinen Tee getan?«

»Nein, wir unterhalten Geschäftsbeziehungen, die für ihn viel zu einträglich sind, als dass er sie wegen eines Lehrjungen in Gefahr bringen würde«, erklärte Osborne vergnügt.

»Opium?«

Osborne nickte. »Der gute Rumfontein hat in der Faktorei einen recht schwungvollen Handel aufgebaut. Er versorgt die Opiumraucher unter den fast siebzig Chinesen, die im Dienst des Handelshauses stehen, sowie die Kleinhändler unter den Chinks, die das Zeug in die Stadt schmuggeln und dort auf eigene Rechnung weiterverkaufen. Er hat aber auch einige Abnehmer unter seinen eigenen Landsleuten.«

»Und Sie beliefern ihn mit Opium.«

Er zuckte die Achseln. »Rumfontein gehört zu meinen kleinen, eher unbedeutenden Abnehmern. Ich bin nicht auf ihn angewiesen, aber er auf mich. Denn für seine Verhältnisse bringt ihm das Geschäft eine Menge Geld ein. Du siehst also, du brauchst ihn von jetzt an nicht mehr zu fürchten, sondern du kannst kommen und gehen, wie es dir beliebt. Denn er weiß jetzt, dass du unter meinem Schutz stehst, und damit bist du tabu für ihn.«

Ich kämpfte mit zwiespältigen Gefühlen. Einerseits erfüllte

es mich mit Erleichterung, zu wissen, dass ich Roodfonteins Tyrannei nicht mehr zu fürchten brauchte. Andererseits erinnerte ich mich nur zu gut daran, wie wenig Osborne mich bisher vor unangenehmen Überraschungen hatte schützen können.

»Nichts für ungut, Mister Osborne, aber die Wirksamkeit Ihres Schutzes hat in der Vergangenheit doch sehr zu wünschen übrig gelassen. Und Groneveld zu erzählen, ich hätte mein Wort gebrochen und Sie heimlich im Stich gelassen, ist auch nicht gerade das, was ich unter Beistand verstehe«, hielt ich ihm vor. »Warum haben Sie das bloß getan?«

»Weil ich dich für tot hielt, ertrunken im Xi Jiang, und keinen Sinn darin sah, Groneveld oder irgendeinen anderen Menschen hier in Canton mit der Wahrheit zu belasten. Und was kümmert es einen Toten, was über ihn geredet wird?«, erklärte er gleichmütig und ohne den geringsten Schimmer von Bedauern oder gar Zerknirschung.

»Mich würde es schon kümmern!«

»Nun ja, ich hätte mir vielleicht eine andere Geschichte einfallen lassen können, in der du eine etwas heldenhaftere Figur abgegeben hättest. Aber im Leben muss man die Dinge nun mal so nehmen, wie die Würfel fallen«, sagte er ungerührt.

»Sie haben den Überfall und das Massaker der Flusspiraten also völlig für sich behalten?«

»Selbstverständlich! Was hätten wir denn gewonnen, wenn wir diese Ereignisse den Behörden gemeldet hätten?«, entgegnete Osborne. »Weder hätten wir einen Penny von dem

Lösegeld zurückbekommen, mit dem ich Bruder Johann-Baptist und mich ausgelöst habe, noch eine Unze von dem Opium und Silber, das den Piraten in die Hände gefallen ist. Wir hätten uns vielmehr eigenhändig die Schlinge um den Hals gelegt, wenn wir auch nur ein Wort darüber verloren hätten, dass wir uns an Bord dieser Dschunke und dann auch noch so weit landeinwärts befunden haben. Das trifft ganz besonders auf Bruder Johann-Baptist zu und ich wollte nicht unbedingt für die Hinrichtung eines Missionars verantwortlich sein, der mich so schmerzhaft viel Lösegeld gekostet hatte. Ich ohrfeige mich ungern selbst, Felix.«

»Mhm«, machte ich. Zwar verstand ich, warum er sich so verhalten hatte. Dennoch passte es mir nicht, dass er mich in ein so ungünstiges Licht gestellt hatte.

Für Osborne war die Angelegenheit damit erledigt. Er fragte noch nicht einmal, wie es mir ergangen und wie ich nach Canton gekommen war.

Ich spürte, dass es nichts brachte, weiter auf dieser Sache herumzureiten. Mir fehlte der Mut. Ich fürchtete ihn möglicherweise zu verstimmen und dadurch die Vergünstigungen zu verscherzen, die er mir bei Roodfontein verschaffen konnte. Und so beließ ich es dabei, wechselte das Thema und fragte ihn nach dem Missionar.

»Oh, der Gute ist mit einer hässlichen Platzwunde am Hinterkopf davongekommen, die ihm einer der Piraten unter Deck verpasst hatte. Er hat geblutet wie ein abgestochenes Schwein und mehr Glück als Verstand gehabt. Denn wegen seiner chinesischen Kleidung hätten ihn die Piraten beinahe für einen von der Besatzung gehalten, die sie ja ausnahmslos hingemetzelt haben«, berichtete er, ohne dass sich sein beschwingter Tonfall dabei veränderte. »Gelernt hat der Mann dadurch jedoch wenig, um nicht zu sagen: nichts. Denn inzwischen ist er schon wieder unterwegs, um das Evangelium ins himmlische Reich der Mitte zu tragen. Nun ja, die Welt braucht wohl auch die Narreteien der Einfältigen, um zu wissen, wo der Vernünftige seine Grenzen zu ziehen hat!«

Damit spazierte er, den Spazierstock munter schwingend, durch das hohe, schmiedeeiserne Gittertor des Hofes hinaus auf eine Gasse, die auf den belebten Vorplatz führte. Und bevor ich noch etwas anmerken oder fragen konnte, wandte er sich mir zu. »Sag, hast du schon Zeit gehabt die Siedlung der Ausländer zu erkunden und dich mit den hiesigen Örtlichkeiten vertraut zu machen?«

Ich lachte grimmig auf. »Ich denke, Sie kennen Rumfontein? Dieser Despot hat mich von Sonnenaufgang bis Sonnenuntergang geschunden, wie es nur ging. Ich bin noch kein einziges Mal aus der Faktorei herausgekommen!«

»Dann will ich dich jetzt erst einmal mit den Gegebenheiten unseres goldenen Käfigs vertraut machen, in dem uns die Chinesen allergnädigst Auslauf und Handel gewähren. Du wirst sehen, diese Ausländerenklave ist eine Welt im Kleinen!«

Und in der Tat, das war die Ausländersiedlung wirklich, die im Südwesten Cantons zweihundert Meter hinter der brüchigen, aber immer noch imposanten Stadtmauer begann und bis an das Ufer des Pearl River reichte.

Die dreizehn Handelsniederlassungen gingen von einer

Straße ab, die den nicht sehr einfallsreichen Namen *13 Factory Street* trug, erstreckten sich jeweils auf einer Länge von gut zweihundert Metern in Richtung Fluss und reihten sich, symmetrisch ausgerichtet, von Osten nach Westen aneinander. An der Ostgrenze der Enklave machte die *Creek Factory* den Anfang. Dort kam ein kleiner Bach aus der Stadt, durchschnitt das Gelände, das die ausländischen Faktoreien von den chinesischen auf der anderen Seite trennte, und floss weiter unterhalb in den Pearl River. Im Westen bildeten die *Danish Factory* sowie ein noch einmal so langer Gebäudetrakt, der bis ans Wasser hinunterreichte und viele Geschäfte beherbergte, den Abschluss der Ausländersiedlung.

Drei Straßen gingen im rechten Winkel von der *13 Factory Street* ab, liefen wie mit dem Lineal gezogen in Nord-Süd-Richtung auf den Fluss zu und teilten damit die dreizehn Faktoreien in vier Blöcke auf. Die schmale *Hog Lane* im Osten verlief zwischen der *New English Factory* auf der linken und der *Chowchow Factory* auf der Rechten. Auf der breiten *Old China Street* lagen sich die *American Factory* und die *Minqua's Factory* mit ihren Längsfronten gegenüber, während die *New China Street* im Westen die letzten beiden Handelshäuser, und zwar die *Spanish Factory* und die *Danish Factory* trennte. Um das Gelände der Enklave von Ost nach West abzuschreiten, brauchte man nur 270 Schritte. Von der *13 Factory Street,* die die nördliche Begrenzung darstellte, bis hinunter an den Fluss, der Grenze im Süden, waren es sogar noch weniger.

Die lang gestreckten Gebäude waren aus Backstein, Granit und anderem örtlichen Gestein errichtet und von überaus solider wie ansehnlicher Konstruktion. Sie verfügten über schmuckvolle Fassaden und Dächer, schattige Arkaden, tiefe Tordurchgänge mit kunstvoll geschmiedeten Gittern und hohe Fenster. Sturmfeste Schlagläden schützten nicht nur vor der blendenden Helle und sengenden Hitze der Tropensonne, sondern hielten auch die heftigen Regenfluten der Sommermonate ab und waren ein unabdingbarer Schutz, wenn sich Taifune über der Südchinesischen See bildeten und mit ungeheurer Gewalt über das Land herfielen

Die Faktoreien ragten nach Norden zur *13 Factory Street* hin drei Stockwerke hoch auf, nach Süden zum Fluss hin sank ihre Höhe jedoch auf nur zwei Stockwerke. Dafür wiesen sie hier geräumige und herrlich schattige Veranden auf. Von dort aus bot sich dem Betrachter ein ausgezeichneter Blick über den großen Vorplatz, die Esplanade, und den Fluss mit seinem nie ruhenden Gewimmel von Booten aller Art.

»Wenn die Warenlager und Kontore der dreizehn Faktoreien der Kopf der Siedlung sind, dann ist dieser Square, den wir so großspurig Esplanade nennen, zweifellos das pulsierende Herz unserer kleinen Welt«, erklärte Osborne und machte mit seinem Spazierstock eine schwungvolle Bewegung, mit der er das Panorama vor uns umschloss.

Auf der Esplanade, wo an der Ecke zur *Old China Street* das Haus der chinesischen Wache stand, herrschte ein buntes und lebhaftes Treiben sowie ein wahrhaft babylonisches Stimmen- und Sprachengewirr. Denn in dieser Enklave lebten nicht nur die Angehörigen der dreizehn Faktoreien, sondern neben vielen Chinesen auch Händler, Handwerker und

Dienstleute, die aus Afrika, Indien, Java, Sumatra, Borneo, den Philippinen und sonst woher kamen.

Die vielen kleinen Garküchen und Bambusstände machten den Platz zu einem ständigen Markt. Im Schatten primitiver Strohdächer boten die Händler lautstark allerlei Waren an: Früchte, Kuchen, Süßigkeiten, Suppen, Reisgerichte, Hunde, Katzen, Geflügel, Pferdehaxen einschließlich Huf, auf Schnüren aufgezogene getrocknete Entenzungen, Büschel zusammengeschnürter Heilkräuter, Gewürze in kleinen Beuteln, farbenprächtige Marionetten, herrlich glasierte Porzellanfiguren, Singvögel in kleinen Käfigen, angriffslustige Kampfgrillen sowie vieles andere mehr. Und zwischen den Verkaufsständen gingen Wahrsager, Schneiderinnen, Kesselflicker, Geldwechsler, Schreiber und Straßenheiler, die ihre Patienten zur Ader ließen und Geschwüre aufschnitten, ihrer Tätigkeit nach.

»Fällt dir etwas auf?«, fragte Osborne, als wir an dem chinesischen Wachhaus vorbeikamen und durch die Mitte auf das Flussufer zu schlenderten. »Schau dich einmal aufmerksam um!«

Das tat ich. Ich sah amerikanische und europäische Geschäftsleute und Faktoreiangestellte in westlicher Kleidung, einen Captain und mehrere Schiffsoffiziere in stolzer Uniform, Matrosen aus aller Herren Länder in derber Seemannskluft, chinesische Bedienstete und Händler in der einfachen Landestracht aus locker sitzenden hellblauen Jacken über ebenso weiten schwarzen Hosen, eine Gruppe buddhistischer Mönche mit kahl geschorenen Köpfen und in safranfarbene

Gewänder gekleidet, Sänftenträger im Laufschritt, blinde einheimische Kinder mit ihren hölzernen Bettelschalen sowie zerlumpte Kulis mit ausgefranstem Strohhut und dem *ta'am*, der Bambusstange auf der Schulter, an der rechts und links je ein schwerer Wassereimer oder ein Lastenkorb aus Weidengeflecht hing.

»Mhm, es ist ein ganz schönes Durcheinander«, sagte ich zögernd, weil ich nicht wusste, worauf Osbornes Frage abzielte und worauf ich deshalb besonders zu achten hatte.

»Aber etwas fehlt«, erklärte er. »Besser gesagt: Eine Gruppe von Menschen fehlt, die gewöhnlich den Unterschied zwischen einer wirklichen Siedlung und einer Kaserne ausmacht.«

Da fiel es mir wie Schuppen von den Augen. »Frauen! Unter all diesen Menschen kann ich nicht eine Frau entdecken, ausgenommen die chinesischen Näherinnen und Händlerinnen.«

Osborne nickte. »Genau das ist es, was dieser Siedlung so bitter fehlt wie das Salz in der Suppe – westliche Frauen.«

»Und warum?«

»Weil es die Chinesen so befohlen haben, um uns zu schikanieren und uns das Leben hier so sauer wie möglich zu machen. Sie wollen unser Geld und unser Opium, aber westliche Frauen und Mädchen dürfen chinesische Erde nicht betreten!«, schimpfte er. »Die Einreise ist für sie so strikt verboten wie für Missionare. Wer von den knapp fünfhundert Ausländern, die hier leben, verheiratet ist, muss seine Frau entweder in der Heimat zurücklassen oder sie in Macao unterbringen, wenn er sie wenigstens gelegentlich einmal sehen und mit seiner Familie zusammen sein will.«

Ich musste unwillkürlich an Groneveld und seine Bemerkung denken, dass er demnächst öfter nach Macao reisen musste. Ob es dabei wohl nur um geschäftliche Belange ging oder gab es da vielleicht eine Frau, die auf ihn wartete?

»Vor nicht ganz zehn Jahren haben sich einige Ausländer über das Gesetz hinweggesetzt und heimlich ihre Frauen, weibliche Verwandte und Bedienstete in die Enklave gebracht«, berichtete Osborne, als wir nun auf das Uferstück zwischen dem Zollhaus zu unserer Linken und den Ladedocks sowie der Anlegestelle der Fährboote, *Jackass Point* genannt, zu unserer Rechten zugingen. »Aber obwohl sie sich gut verkleideten und tagsüber in den Faktoreien blieben, flog die Sache auf. Eines Nachts, als die Frauen aus den Häusern kamen, um sich ein wenig Bewegung zu verschaffen und sich umzusehen, schlug einer der Schlitzaugen Alarm. Der Ruf, dass sich ›weiße Frauenteufel‹ in Canton befänden, machte in Windeseile die Runde. Die Chinks stürmten mit Laternen aus ihren Häusern, blockierten unter großem Geschrei die Straßen und zwangen die *fangui* wieder zurück in die Faktoreien. Die Behörden verlangten tags darauf die unverzügliche Abreise von allen weißen weiblichen Personen nach Macao. Ihnen war es damit so ernst, dass sie sogar mit der Einstellung des ausländischen Handels drohten, sollte ihre Forderung nicht sofort und vollkommen erfüllt werden. Und das war das Ende der Geschichte – und der Anwesenheit ausländischer Frauen in Canton.«

»Fair ist das wirklich nicht«, sagte ich und wagte zum ersten Mal, gegen die verächtliche Art, wie er über alle Chinesen sprach, Widerspruch einzulegen. »Aber deshalb müssen Sie doch nicht gleich alle Chinesen über einen Kamm scheren und sie abfällig ›Schlitzaugen‹ und ›Chinks‹ schimpfen.«

Er sah mich verwundert an. »Na, so was, du scheinst ja ein weiches Herz für die Chinesen zu entwickeln. Das rührt mich doch zutiefst.« Sein breites Grinsen ließ von Rührung nichts erkennen. »Vielleicht wärst du bei Bruder Johann-Baptist doch besser aufgehoben als unter meinen Fittichen.«

»Darum geht es doch gar nicht!«

»Aber wie soll ich sie denn sonst nennen, Felix? Etwa so ähnlich, wie sie uns nennen? ›Gelbe Teufel‹? Ja, damit könnte ich mich schon anfreunden.«

»Sie können sie Cantonesen nennen, Punti, Hakka, Tanka oder wie sie eben heißen«, antwortete ich verdrossen. Sein spöttischer Blick machte mich nämlich verlegen und unsicher. Er gab mir das Gefühl ein Weichling zu sein und mich einer kindlichen Gefühlsduselei schuldig gemacht zu haben.

Osborne lachte auf. »Na ja, du bist jung und kannst dir deshalb die romantische Sicht noch erlauben«, sagte er wohl wollend, doch zugleich auch herablassend. »Aber auch du wirst dir schon noch die nüchterne Sicht der Dinge zu Eigen machen.«

»Und worin, bitte, besteht diese nüchterne Sicht?«

»Nun, in der Erkenntnis, dass man in diesen Breiten am besten fährt, wenn man diesen rückständigen und abergläubischen Chinesen nicht über den Weg traut, weil sie keinen

Respekt vor uns haben und alle nur ein Ziel kennen: Nämlich wie sie uns am besten übers Ohr hauen können.«

»Das glaube ich nicht!«, widersprach ich. »In jedem Land gibt es Gauner und Gesindel. Aber die ehrlichen und anständigen Menschen sind doch überall in der Überzahl. Und ich kann mir nicht vorstellen, dass es ausgerechnet in China anders sein soll.«

Er wischte meinen Einwand wie ein störendes, aber nicht gefährliches Insekt mit einer lässigen Handbewegung hinweg. »Ach was, die Chinesen bilden sich weiß Gott was auf ihr Reich der Mitte ein und haben noch nicht begriffen, dass die Uhr für sie abgelaufen ist. Es sind doch längst die europäischen Mächte, die das Sagen haben.«

»Ja, das sieht man auch daran, wie brav all die ausländischen Händler das Frauenverbot und all die anderen schikanösen Beschränkungen einhalten«, hielt ich ihm entgegen.

Er lachte. »Alles Taktik, Felix. Das britische Empire und die anderen Großmächte warten doch bloß auf eine Gelegenheit, um mit ihrer geballten Militärmacht diesem langsam vor sich hin faulenden China zu demonstrieren, wer hier der Hammer und wer der Amboss ist! Aber lassen wir das und zurück zu dem Frauenverbot, das reine Schikane ist! Siehst du die schweren, kastenförmigen Hausboote mit den überladenen, bunten Schnitzereien, Ornamenten und Vorhängen?«

»Wo?« Meinen Augen bot sich ein scheinbar unüberschaubares Durcheinander von Booten jeder Größe und Form. So dicht und in mehreren Reihen hintereinander lagen sie am Ufer, dass man kaum noch das Wasser zwischen ihnen sehen konnte. Auf dem Fluss drängten sich Lastkähne aus dem Hinterland, Fährboote, Hausboote, Dschunken, Lorchas, Wachboote und unzählige Sampans. Viele Boote dienten als schwimmende Läden, Garküchen, Werkstätten, kleine Theater, Opiumstuben, Wäschereien und was man sich sonst noch alles denken konnte. Wie ich später erfuhr, hatten die Faktoreien auf mehreren eigenen Kähnen nicht nur kleine Gemüsegärten angelegt, sondern hielten dort auch Ziegen und Kühe, um stets frische Milch zur Verfügung zu haben. Denn Milch lieferten die chinesischen Händler nicht.

»Welche Hausboote meinen Sie?«

»Die sogenannten *Flower Boats* auf der anderen Flussseite, drüben am Ufer der Honam-Insel!« Osborne hob den Spazierstock und deutete in die entsprechende Richtung.

Jetzt sah ich sie. »Ja, und was ist mit diesen Blumenbooten?«, wollte ich wissen.

»Auf diesen Hausbooten kannst du gegen ein paar Silbermünzen ganz besondere chinesische Blumen pflücken und dich an ihren sinnlichen Reizen berauschen«, erklärte er und warf mir einen anzüglichen Seitenblick zu. »Das sind nämlich schwimmende Freudenhäuser.«

»Oh!«, sagte ich und konnte nicht umhin, dass mir das Blut vor Verlegenheit heiß ins Gesicht schoss.

»Diese *Flower Boats* findest du hier überall auf dem Fluss, und zwar für jeden Geldbeutel und jeden noch so ausgefallenen Kundenwunsch«, fuhr Osborne fort. »Aber dieses käufliche Vergnügen findest du nicht allein auf den Booten. In den Vierteln gleich hinter der *13 Factory Street* triffst du bei einem einzigen Spaziergang auf mehr Etablissements dieser Art als auf Teestuben. Das, mein lieber Felix, stört das korrupte Pack der Mandarine jedoch nicht im Geringsten. Warum auch, können sie doch von den Besitzern dieser Boote und Häuser, die ein gutes Geschäft mit all den frauenlosen *fangui* machen, prächtige Schmiergelder erpressen.«

Ich beschränkte mich auf ein Räuspern und verständnisloses Kopfschütteln. Was wusste ich zu diesem Thema in meinem jugendlichen Alter auch schon zu sagen!

»Komm, lass uns auf eine Erfrischung und einige kleine Leckereien in den Tee- und Kaffeeladen in der New China Street gehen. Ich lade dich ein«, sagte Osborne plötzlich aufgeräumt, legte mir kurz seinen Arm um die Schulter und lenkte meine Schritte wieder zu den Faktoreien zurück. »Da wir gerade von chinesischen Schikanen sprechen: Ist dir bekannt, dass alle Ausländer diese Enklave spätestens im Mai zu verlassen und sich in ihre Heimat oder nach Macao zu begeben haben, bis die Faktoreien Ende Oktober, Anfang November wieder geöffnet werden dürfen?«

»Ja, das haben Sie schon mal auf der *Hindostan* erwähnt«, erinnerte ich mich. »Warum ist das so?«

»Angeblich wegen der Taifune, der ungünstigen Winde für den Schiffsverkehr und weil ein halbes Jahr für den Handel völlig ausreicht. Aber das ist natürlich blanker Unsinn und nichts als Schikane!«, erregte er sich. »Die Häfen von New York, Liverpool, Hamburg, Marseille, Kapstadt oder Calcutta machen doch auch nicht das halbe Jahr dicht! Und als ob ein

Riesenreich wie China nicht mindestens ein halbes Dutzend Hafenstädte braucht, die für den Überseehandel geöffnet sind. Aber nein, nur lächerliche sechs Monate darf der Rest der Welt mit China Handel treiben und dann auch nur auf diesem elenden, winzigen Flecken Land vor den Toren Cantons und ausschließlich über das Monopol der dreizehn chinesischen *hongs*, die sich gemeinsam mit den Mandarinen auf unsere Kosten die Taschen füllen.«

»Aber ist das nicht das gute Recht der Chinesen?«, wandte ich ein, jedoch sehr zaghaft, weil ich wusste, wie unbedarft ich auf dem Gebiet der Politik und des Handels war. Etwas, was ich unbedingt ändern musste, wenn ich in Zukunft eine eigene Meinung sicher vertreten wollte!

Er warf mir einen regelrecht empörten Blick zu. »Natürlich nicht! Kein Land der Welt hat das Recht seine Grenzen einfach zu schließen und seinen Kaufleuten vorzuschreiben, mit wem sie wann und wo Handel treiben dürfen!«, erklärte er kategorisch. »Die Herrschaften am Kaiserhof wollen uns, die Verfechter des freien Welthandels, an der kurzen Leine halten. Aber das wird ihnen nicht gelingen, schon gar nicht, wenn sie uns dermaßen schikanieren.«

Wir hatten indessen die Geschäftsarkaden unterhalb der *Danish Factory* erreicht und ich bewunderte die Auslagen. Noch nie zuvor hatte ich derart wunderschöne, kunstvolle Elfenbeinschnitzereien und Lackarbeiten gesehen. Auch die unglaublich detaillierten Zeichnungen von tropischen Früchten und Insekten fanden meine Begeisterung,

»Das ist auch so eine Sache«, brummte Osborne. »Was

immer du hier kaufst – ohne ein offizielles *chop*, ein Zertifikat vom Händler, kannst du es gleich in den Fluss schmeißen.«

»Weil es nichts taugt?«

»Nein, weil die Schweinehunde vom Zoll bei der Ausreise jedes Stück konfiszieren, für das du kein *chop* vorlegen kannst!«, erklärte er grimmig.

Kurz darauf betraten wir das Tee- und Kaffeehaus in der *New China Street* Nummer 19, das gut besucht war. Wir hatten jedoch Glück und fanden noch einen freien Tisch neben einem dreiteiligen chinesischen Wandschirm, der mit farbenprächtigen Ornamenten bemalt war.

»Dieses gediegene Haus hier haben christliche Philanthropen, Menschenfreunde, finanziert und eingerichtet – als Alternative für rechtschaffene und tugendsame Christen zu den teilweise wirklich recht üblen Seemannsschänken in der *Hog Lane«,* erklärte Osborne spöttisch, zog ein Lederetui aus der Jackentasche und entnahm ihm eine Zigarre. »Dort wird nämlich ein böser einheimischer Branntwein namens ›Feuerwasser‹ ausgeschenkt, der aus einer Mischung aus reinem Alkohol, Tabaksaft, Zucker und Arsen besteht. Die Wirkung ist entsprechend. Wenn man zu viel von diesem höllischen Gebräu trinkt, kann man blind davon werden und schneller ins Delirium geraten als durch irgendein anderes alkoholisches Getränk.«

»Wie abscheulich!«, sagte ich angewidert.

»Was aber auch für zu viel tugendsame Wohlanständigkeit und pedantische Sittenstrenge gilt«, erwiderte Osborne trocken und riss ein Streichholz an der Tischplatte an. »Alkohol ist in diesem Haus ebenso verboten wie die gar unchristlichen Laster Fluchen, Spucken und Prügeln. Na, wenigstens den Tabak erlauben sie einem noch. Aber wer weiß, wann auch den der Bannfluch der selbstgerechten Abstinenzler und Sittenapostel trifft!«

Ein Kellner trat zu uns an den Tisch und erkundigte sich nach unseren Wünschen. Osborne bestellte zwei Kannen feinsten Darjeeling-Tee sowie eine Etagere, deren drei übereinander angeordnete Teller mit allerlei köstlichem Backwerk und kleinen Weißbrotsandwiches belegt waren.

Und während ich meinen Tee schlürfte und mich an den Leckerbissen labte, setzte Osborne seine Tirade über die Schikanen der Chinesen fort. »Dreimal darfst du raten, wer wohl für die kostspielige Errichtung all der Gebäude und der Dockanlagen in der Ausländerenklave aufgekommen ist?«, sagte er und blies Zigarrenrauch zur Decke hoch.

»Natürlich die einzelnen Handelshäuser«, antwortete ich mit vollem Mund.

Osborne nickte. »Nur recht und fair, nicht wahr?«

Ich pflichtete ihm bei.

»Aber nun rate doch mal, wem die stattlichen Faktoreien gehören, deren Bau eine Unmenge Geld verschlungen hat?«

»Wenn Sie mich so fragen, tippe ich mal darauf, dass sie dennoch nicht den Handelsunternehmen, sondern irgendwie den Chinesen gehören«, mutmaßte ich.

»Du bist ein kluger Kopf, Felix! Denn genau so verhält es sich. Wir Ausländer haben teuer bezahlt, aber gehören tut uns dennoch nicht ein Krümel Mörtel. Und jetzt sag mir, wer für diese Gebäude, die wir Ausländer bezahlt haben, ohne sie jedoch zu besitzen, Jahr für Jahr eine unverschämt hohe Miete bezahlt!«

Ich runzelte die Stirn und tat so, als hätte er mir eine sehr schwierige Frage gestellt. Dann sagte ich: »Mhm, wahrscheinlich nicht die Chinesen . . .«

Osborne schlug sich mit gespielter Überraschung auf den Schenkel. »Donnerwetter, damit liegst du voll im Schwarzen! Wie bist du bloß so schnell darauf gekommen? Aber ich habe ja schon immer gewusst, dass du ein cleverer, aufgeweckter Bursche bist. Du siehst also, mit welch empörender Frechheit wir von den Chinesen ausgenommen werden!«

»Das mit der Miete ist wirklich ein starkes Stück«, gab ich zu und ließ einen Butterkeks im Mund zergehen.

»In der Tat!«, pflichtete er mir zornig bei. »Aber das Allerbeste kommt noch.«

Er machte eine dramatische Pause und ich hielt kurz im Kauen inne und sah ihn neugierig an, weil ich spürte, dass er diese Aufmerksamkeit von mir erwartete.

»Wir haben vorhin schon kurz darüber gesprochen, dass alle Ausländer die Enklave spätestens im Mai verlassen müssen«, sagte er, und als ich nickte, fuhr er fort: »Das bedeutet aber, dass jeder seinen gesamten Hausrat verpacken und verschiffen muss. Und wenn ich sage: den gesamten Haushalt, dann ist damit auch wirklich alles gemeint. In den Räumen bleibt nicht ein einziges Stück Möbel zurück, nicht ein Schreibpult und nicht eine Lampe.«

»Das ist zweifellos umständlich und lästig. Aber ist das nun eine Schikane oder eine Vorsichtsmaßnahme, um Einbrüchen vorzubeugen?«, fragte ich.

»Es ist Schikane und zugleich empörender Straßenraub unter dem Schutz kaiserlicher Erlässe«, antwortete Osborne. »Denn für jeden Stuhl, jeden Teppich, jede Lampe – für jedes Teil, das aus Canton ausgeführt wird, muss Zoll bezahlt werden.«

»Das ist ja unglaublich!«

»Unglaublich?« Osborne lachte grimmig auf. »Das ist doch erst der Anfang, Felix. Denn wenn der ganze Kram ein halbes Jahr später aus Macao nach Canton zurückkommt, wird wieder Zoll fällig, auch wenn man anhand der Dokumente nachweisen kann, dass die Sachen schon einmal verzollt worden sind. Bei der Ausfuhr ein halbes Jahr später passiert dasselbe, und so geht es weiter, alle sechs Monate saftige Zollgebühren. Im Laufe der Jahre bezahlen wir zehn- oder gar zwanzigmal mehr an Zoll auf jeden lausigen Nachttopf, jeden Stuhl und jedes Essbesteck, als die Sachen jemals gekostet haben.«

Das klang so grotesk, dass ich es nicht geglaubt hätte, wenn es mir aus einer weniger zuverlässigen Quelle zugetragen worden wäre. Und ich verstand nun ein wenig den tiefen Groll, den Osborne den Chinesen gegenüber hegte. »Das ist wirklich eine unverschämte Lumperei!«

»Unerträgliche Zustände sind das!«, knurrte Osborne. »Das muss und das wird sich bald ändern, darauf kannst du Gift nehmen! Denn mit unserer Geduld und Gutmütigkeit machen wir uns ja nur zum Narren. Es ist allerhöchste Zeit mit der Faust auf den Tisch zu hauen und diese Bande korrupter

Schlitzaugen in ihre Schranken zu weisen. Und im Vertrauen gesagt: Die hohen Herren in Whitehall warten nur auf den einen kleinen Tropfen, der das Fass zum Überlaufen bringt. Dann werden wir den Chinks Vernunft beibringen – und zwar mit Eisen, blankem Stahl und unter dem Donner von Kanonen!«

Die schwere Standuhr hinter dem Tresen schlug dreimal mit dunklem, vollem Glockenton. Es war fünfzehn Uhr, die Stunde des Affen hatte begonnen. Obwohl die Bezeichnung »Stunde«, wie wir sie im Abendland und in der Neuen Welt verstehen, eigentlich nicht korrekt ist. Denn der chinesische Tag ist nicht in vierundzwanzig Stunden, sondern nur in zwölf Zeitperioden von jeweils zwei Stunden unterteilt.

Osborne zog seine Taschenuhr aus der Westentasche, ließ den Deckel aufklappen und verglich die Zeit. »Es wird Zeit für mich, dich von meiner Gesellschaft für heute zu befreien, Felix. Eine wichtige Verabredung ruft mich zurück ins Hotel«, teilte er mir mit, winkte den Kellner heran und beglich die Rechnung.

Ich bedankte mich für seine Einladung und dafür, dass er mich wenigstens für kurze Zeit von der Tyrannei des Lagermeisters befreit hatte.

»Was heißt hier für kurze Zeit? Du brauchst Rumfontein nicht länger zu fürchten. Er wird dich von nun an in Ruhe lassen und du kannst jetzt kommen und gehen, wie es dir beliebt.«

Ich machte ein skeptisches Gesicht.

»Es ist so, wie ich es sage, Felix. Du brauchst ihm bloß zu

sagen, dass du in meinen Diensten stehst und wichtige Botengänge für mich zu erledigen hast«, versicherte er. »Und dein sauertöpfischer Vormund wird nichts davon erfahren. Dafür wird der gute Rumfontein schon sorgen, das kannst du mir glauben!«

Ich grinste. »Das wäre fantastisch!«

»Warum probierst du es morgen Vormittag nicht gleich aus?«, schlug er vor. »Du könntest mir übrigens wirklich gelegentlich einige Botengänge abnehmen. Würdest du das tun?«

»Selbstverständlich!«, sagte ich sofort. Ich war froh über die Aussicht, nicht länger der Willkür und Prügellust des Lagermeisters ausgesetzt zu sein. Wenn ich dafür ein paar Botengänge übernehmen sollte, war das wirklich ein lächerlich geringer Preis – so dachte ich damals.

Osborne lächelte. »Gut, dann suche mich doch morgen Nachmittag um halb drei auf. Ich wohne im Hotel, das in der *New English Factory* untergebracht ist.«

»In Ordnung, Mister Osborne«, sagte ich und versprach pünktlich zur Stelle zu sein.

Der Opiumhändler nickte mir wohl wollend zu, griff zu seinem kostbaren Spazierstock und schlenderte aus dem Tee- und Kaffeehaus. Und ich grinste selbstzufrieden vor mich hin, als hätte ich unvermutet das große Los gezogen . . .

祭

Osborne hatte nicht zu viel versprochen. Jakobus Roodfontein stellte mich weder zur Rede, als ich in die Katakomben zurückkehrte, noch trieb er mich jemals wieder zur Arbeit an. Von Stund an lag es ganz in meinem Ermessen, wie schnell ich eine Arbeit erledigte, ja ob ich sie überhaupt in Angriff nahm! Ich hörte aus seinem Mund auch kein barsches Wort mehr, das mir galt, geschweige denn war ich noch einmal Ziel seiner Stockschläge. Ich blieb sogar von neugierigen Fragen und missgünstigen Reaktionen der anderen verschont, die Roodfontein unterstanden, wenn auch nicht von heimlichen neidischen Blicken. Es war, als hätte sich urplötzlich eine unsichtbare Schutzhaut um meine Person gelegt. Mir kam es wie ein Wunder vor – und ich genoss meine privilegierte Stellung als Protegé von Osborne und Roodfontein.

Als es am nächsten Nachmittag Zeit wurde, die Katakomben zu verlassen, um Osborne wie versprochen im Hotel aufzusuchen, da klopfte mir doch ganz gewaltig das Herz, als ich zu Roodfontein ging, um mich bei ihm abzumelden.

»Mister Osborne erwartet mich im Hotel, Mijnheer.«

»Dann sieh bloß zu, dass du ihn nicht warten lässt, mein Junge«, sagte er geradezu freundlich und legte mir sogar seine fleischige Pranke auf die Schulter. »Du kannst übrigens etwas für ihn mitnehmen. Warte!«

Er begab sich in sein Büro, das gleich neben der Hauptrampe lag, öffnete den Deckel seines Schreibpultes, kam mit einem dicken, ledergebundenen Buch zurück und drückte es mir in die Hand. »Bring es Mister Osborne zurück und richte ihm aus, dass ich ihm für ein neues, nicht weniger umfangreiches Werk dankbar wäre«, trug er mir auf. »Und sag ihm, dass mir sehr daran gelegen ist, es so bald als möglich zu erhalten.«

Bei dem dicken Buch handelte es sich um *Shakespeares gesammelte Werke,* wie ich zu meiner großen Verwunderung auf dem Buchrücken lesen konnte. Nicht mal im Traum wäre es mir in den Sinn gekommen, dass ein Mann wie Jakobus Roodfontein an Literatur interessiert sein könnte.

»Ich werde es ihm ausrichten, Mijnheer«, sagte ich, klemmte mir das dicke Buch unter den Arm und lief beschwingt die Rampe hoch. Innerlich jubilierte ich. Es war wirklich so einfach gewesen, wie Osborne gesagt hatte. Ich hatte meine Freiheit zurück, war befreit vom despotischen Joch des Lagermeisters. Und Groneveld, den ich ja sowieso bloß noch zu den Mahlzeiten sah, würde nichts davon erfahren!

Kaum war ich aus dem Tor der *Dutch Factory* geschlüpft, als ich einen regelrechten Luftsprung machte. Ich glaube, an diesem Vormittag schwebte und tänzelte ich mehr über die Straße und die Esplanade, als dass ich ging. Wenige Minuten vor der verabredeten Zeit klopfte ich schon an Osbornes Zimmertür.

»Nur hereinspaziert!«

Ich trat ein. Das Hotelzimmer, das einen mexikanischen Silberdollar die Nacht kostete, was damals gut zehn Shilling entsprach, machte einen sehr ansprechenden, wohnlichen Eindruck. Zu seiner gediegenen Einrichtung gehörten zwei chinesische Teppiche auf dem Dielenboden, drei Polstersessel, mehrere gerahmte Bilder mit englischen Jagdszenen an den Wänden, ein Kamin sowie ein Sekretär mit bleiverglastem Aufsatz. Das Fehlen eines Bettes verriet mir, dass Osborne sich offenbar den Luxus leistete, zwei Zimmer zu bewohnen. Die Tür links vom Kamin deutete darauf hin, dass sich dahinter sein Schlafzimmer befand.

Der Opiumhändler saß am Sekretär und machte Eintragungen in ein kleines Buch, das einen moosgrünen Einband aus Schweinsleder besaß. Mir war, als sah ich ihn Zahlen niederschreiben und addieren.

»Setz dich! Mach es dir nur bequem!«, rief er mir zu, ohne sich umzudrehen. »Ich bin gleich fertig. Hast du Schwierigkeiten mit Rumfontein gehabt?«

»Nein, ganz im Gegenteil. Er ist wie verwandelt, zahm wie ein Lamm«, sagte ich, nahm in einem der schweren Polstersessel Platz und legte das Buch, das mir der Lagermeister mitgegeben hatte, auf den niedrigen Klapptisch vor mir. Im Kamin prasselte munter ein Feuer, denn für südchinesische Verhältnisse war es ein recht frischer Januartag.

Osborne lachte. »Dass du mein Protegé bist, zählt eben mehr als alles andere. Und solange du unter meinem Schutz stehst, wird Rumfontein dich mit Samthandschuhen anfassen – und nicht nur er.« Nun klappte er das kleine Rechnungsbuch zu und wandte sich zu mir um.

»Der Lagermeister hat mir das für Sie mitgegeben«, sagte ich und wies auf den dicken Band mit Shakespeares gesammelten Werken. »Ich soll Ihnen ausrichten, dass er für ein neues, nicht weniger umfangreiches Werk dankbar wäre. Und es eilt ihm damit.«

Osborne erhob sich lächelnd. »Was für einen unstillbaren

Wissensdurst dieser Mann doch hat! Das muss an der trockenen Kellerluft liegen«, spottete er. »Gut, dann wollen wir doch so freundlich sein dem Wunsch unseres feisten Lagermeisters umgehend zu entsprechen. Ich bin gleich wieder zurück«, sagte er, nahm das Buch an sich und begab sich durch die Verbindungstür ins angrenzende Schlafzimmer.

Ich konnte nicht umhin auf die Laute zu horchen, die aus dem Nebenzimmer zu mir drangen. Ich hörte metallische Geräusche, die ich mit einem schweren Schloss in Verbindung brachte, das aufgeschlossen wurde. Dann quietschte ein schlecht geöltes Scharnier. Nach einigen Augenblicken, in denen nichts zu hören war außer dem Knacken der Scheite im Kamin, vernahm ich wieder das quietschende Scharnier, das jedoch von einem dumpfen Laut übertönt wurde, der nach dem zufallenden Deckel einer schweren Seekiste klang.

Als Osborne zu mir ins Zimmer zurückkehrte, hielt er dasselbe Buch in der Hand sowie ein helles, dünnes Tuch aus einfachem Calicostoff. Er trug beides zum Sekretär. Dort wickelte er das Buch sorgfältig in das Tuch. Dann zündete er eine Kerze an, griff zu einer Stange rotbraunem Siegellack und drehte sie routiniert in der Flamme. Als der Lack weich wurde, ließ er dicke Tropfen auf jene Stelle fallen, wo sich die Enden des gefalteten Tuches auf der Rückseite überlappten. Der Siegellack klebte die Enden zusammen. Zum Abschluss ballte er seine rechte Hand zur Faust und presste seinen Siegelring in den noch warmen, weichen Lack.

»Auf dass Rumfontein seine Studien nicht unterbrechen muss«, sagte er, blies die Kerze aus – und warf mir das Buch zu. »Sag ihm, dass ich diesmal aber genauso umgehend meine . . . äh, Leihgebühr zu sehen wünsche!«

Geistesgegenwärtig fing ich das schwere Buch auf. Ich ahnte – nein, ich wusste, was sich in diesem Buch befand. Doch ich wollte darüber weder sprechen noch nachdenken. Ich zog es vor, mir einzureden, dass ich nichts weiter als ein Bote war, der ein Buch überbrachte. Von anderen Dingen wusste ich nichts – und wollte ich auch nichts wissen. Und mit der nächstbesten Frage, die mir einfiel, lenkte ich mich ab. »Haben Sie durch die Flusspiraten eine Menge Geld verloren?«

»Mehr als ich im ganzen letzten Jahr bei Pferderennen und Hahnenkämpfen verloren habe – und das war nicht wenig«, antwortete er verdrossen. »Den Verlust des Silbers und des Opiums, das an Bord der Flussdschunke war, hätte ich ja noch leicht verkraften können. Aber das Lösegeld, das sie mir noch zusätzlich abgepresst haben, hat leider ein schmerzliches Loch in mein Kapital gerissen.«

»Haben Sie auch für Bruder Johann-Baptist Lösegeld zahlen müssen?«

Er verzog das Gesicht und nickte. »Jawohl, und für einen namenlosen Gottesmann, der sowieso schon mit einem Bein auf dem Schafott steht, ist er nicht eben billig gewesen, das kannst du mir glauben!«, klagte er. »Ich habe Ling Wei Yuk und seine Dreckskerle von Komplizen nämlich nicht davon überzeugen können, dass ein derart einfältiger Missionar sein Gewicht nicht einmal in Reis wert ist, geschweige denn in Silber. Also habe ich diesen Narren im Heiligen Geist mit meinem Geld ausgelöst. Ich konnte ihn ja schlechterdings seinem Schicksal überlassen, oder?«

»Das war wirklich sehr nobel von Ihnen!«, lobte ich und sagte mir, dass Osborne sicherlich seine Fehler hatte, aber dennoch ein Mann von Ehre und Großmut war. Erst viel später ging mir auf, dass ich diesen Glauben an das Gute in Osborne bitter nötig hatte, um mein eigenes Handeln vor meinem Gewissen wenigstens einigermaßen rechtfertigen zu können.

Ich brachte die versiegelte Buchsendung zu Roodfontein. Als ich zu Osborne ins Hotel zurückkehrte, warteten dort zwei weitere, ähnlich versiegelte »Büchersendungen« darauf, dass ich sie austrug. Eine war für den chinesischen Inhaber eines Geschäftes auf der *New China Street* bestimmt, die andere hatte ich einem dandyhaft gekleideten Mann in der *French Factory* auszuhändigen.

Nachdem ich diese Botengänge ausgeführt hatte, fühlte ich mich nicht nur berechtigt, sondern auch mutig genug ihn um etwas zu bitten, was mir schon seit Tagen am Herzen lag: »Können Sie mir sagen, wie ich an chinesische Lehr- und Wörterbücher kommen kann, oder mir vielleicht sogar dabei helfen, Mister Osborne? Groneveld ist nämlich der Letzte, den ich um einen Gefallen bitten möchte. Und ich weiß nicht, wo man solche Lehrbücher ausleihen kann.«

Meine Frage überraschte ihn sichtlich. »Was willst du denn in deinem Alter mit solch einem schwer verdaulichen Zeug?«

»Ich habe schon vor Wochen begonnen Cantonesisch zu lernen. Pao hat mich darin unterrichtet und ich besitze eine rasche Auffassungsgabe, wenn es um Sprachen geht.«

»Wer ist Pao?«, wollte er wissen.

Erst in diesem Moment kam mir zu Bewusstsein, dass Osborne bisher wenig Interesse für das gezeigt hatte, was mir nach dem Überfall auf dem Fluss widerfahren war. Aber in meinem unbewussten Drang, aus Selbstschutz bloß nicht an der Fassade dieses Mannes zu kratzen und mir Rechenschaft über seinen wahren Charakter abzugeben, fand ich auch dafür Verständnis. Ich entschuldigte sein Desinteresse damit, dass er selbst genug durchgemacht hatte und jetzt vielleicht mit zu großen finanziellen Problemen kämpfen musste, um auch noch Zeit für meine Erlebnisse zu haben. Deshalb hielt ich meinen Bericht über unsere Gefangenschaft und unseren gegenseitigen Sprachunterricht auch so kurz wie möglich.

»So, du willst also dem primitiven Pidginenglisch entfliehen, damit du verstehen kannst, was die Chinesen wirklich von uns halten und über uns sagen. Das kann ich nur begrüßen, Felix. Und dir kann geholfen werden. Ich habe ein recht ordentliches Wörterbuch sowie eine Grammatik, die ich dir gern überlassen kann«, sagte er, öffnete eine der unteren Schubladen des Sekretärs und holte zwei schon recht abgegriffene Bücher hervor. Er reichte sie mir mit der Warnung »Aber ich rate dir diese chinesischen Lehrbücher in deinem Zimmer nicht offen herumliegen zu lassen.«

»Und warum nicht?«

»Weil es uns *fangui* eigentlich nicht erlaubt ist, die Sprache der Chinesen zu lernen. Es ist noch nicht lange her, dass man als Chinese damit rechnen musste, öffentlich erdrosselt oder enthauptet zu werden, wenn man dabei erwischt wurde, dass man chinesische Bücher, Zeitungen oder sonstiges Schriftmaterial an Ausländer weitergab oder uns gar Sprachunterricht gab. Chinesische Tutoren mussten sich bei ihren Schülern regelrecht verstecken. Ja, Unterricht zu erteilen war ein höchst gefährliches Unterfangen«, erklärte er. »In den ersten Jahrzehnten dieses Jahrhunderts gelang es den Vertretern der *East India Company* endlich, bei den Behörden eine Lockerung dieser irrsinnigen Verbote durchzusetzen. Eine Lockerung, wohlgemerkt! Doch obwohl keine offizielle Erlaubnis vorlag, haben damals einige couragierte Männer wie der protestantische Missionar Robert Morrison das Wagnis auf sich genommen, einheimische Holzschnitzer anzustellen und sie damit zu beauftragen, Druckvorlagen für chinesische Schriftzeichen anzufertigen. Morrison, der erst vor fünf Jahren gestorben ist, war ein echter Pionier auf diesem Gebiet. Ihm verdanken wir unter anderem ein sechsbändiges chinesisches Wörterbuch und eine Übersetzung der Bibel.«

»Und diese Verbote gelten heute noch?«

»Oh ja! Wie du vielleicht schon festgestellt hast, findet man in der Ausländerenklave keine chinesischen Buchläden, die in Canton selbst doch so zahlreich anzutreffen sind. Ein Gesetz verbietet nämlich ausdrücklich den Verkauf chinesischer Bücher, auch wenn es sich dabei nur um klassische Gedichte oder schwülstige Romane handelt. Die örtlichen Mandarine und Gouverneure wie auch der Kaiser und seine weltfremden Höflinge in Peking sind so verbohrt und rückständig, dass es schon als ein Verbrechen gilt, einem Ausländer eine Regionalzeitung auch nur zu zeigen!«, sagte er verächtlich, um dann mit einem sarkastischen Auflachen fortzufahren: »Aber wie das bei so vielen schwachsinnigen Gesetzen dieser kleinkarierten Langzöpfe der Fall ist, so werden natürlich auch diese Verbote von ihren eigenen Landsleuten unablässig und fröhlich übertreten. Im Westen der Stadt, dort wo die Gassen nachts durch Gitter von der Enklave abgeriegelt und bewacht werden, gibt es zwei kleine Buchläden, wo man sich als Ausländer diskret einheimische Lektüre beschaffen, ja sogar besondere Bücher aus den großen Läden in Canton bestellen kann. Dennoch ist es ratsam, solche Bücher nicht offen herumliegen zu lassen. In den Faktoreien kommen auf jeden Ausländer zwei chinesische Bedienstete. Das sind fast tausend Chinamänner, die hier für uns arbeiten und ständig mit ihrem falschen Grinsen um uns herumwieseln. Und viele davon sind Spitzel, die nur darauf warten, uns bei ihren Mandarinen und *hongs* anzuschwärzen.«

»Ich werde darauf achten, dass niemand diese Bücher zu sehen bekommt«, versprach ich und steckte sie in den feinen königsblauen Filzbeutel, den Osborne mir mitgab.

Osborne hatte an diesem Tag nichts mehr für mich zu tun und entließ mich, da er noch Korrespondenz erledigen wollte, bevor er sich hinunter in den Billardraum begab, über den jede große Faktorei verfügte, wo er von zwei anderen Hotelgästen erwartet wurde.

Da ich weder in die Katakomben zurückwollte noch Lust verspürte mich jetzt schon in meine ungemütliche Armenkammer zu begeben, ging ich zum Fluss hinunter, um mir dort einen stillen Platz zum Studieren und Träumen zu suchen.

Ich fand ihn westlich von den Dockanlagen. Dort lagen die Kähne der *fangui* vertäut, auf denen einige magere Ziegen und Kühe ihr tristes Leben fristeten. Die Chinesen auf dem Wasser bewahrten zu diesen schwimmenden Ställen Abstand – ob aus Respekt oder Abscheu, weiß ich nicht zu sagen. Auf jeden Fall war ich hier für mich allein und konnte ungestört in den Büchern lesen, die Osborne mir überlassen hatte.

An diesem Ort verbrachte ich während der nächsten Wochen viel Zeit. Mit Begeisterung stürzte ich mich in das Studium der chinesischen Sprache, das ich auch abends im Licht einer Öllampe oft bis in die Nacht fortsetzte. Es füllte viele Stunden meiner Einsamkeit aus, jedoch längst nicht alle.

Jeden Tag hoffte ich Pao wieder zu sehen. Er hatte mir versprochen mich so bald wie möglich in der Enklave aufzusuchen. Wo blieb er nur? Hatte er mich und das, was wir gemeinsam durchgestanden hatten, vielleicht vergessen? Nein, unmöglich! Aber warum kam er dann nicht? Wurde er vielleicht noch immer im Zollhaus festgehalten? Nein, das konnte unmöglich sein. Es lag ja nichts gegen ihn vor, wie er mir selbst versichert hatte. Vermutlich hatte Pao sich in seinem Onkel und dessen Ansichten über den Umgang mit *fangui* getäuscht. Ja, so musste es sein: Dieser *qing bebe* Chang Liang Sen, der Sohn einer verstoßenen Konkubine, hatte ihm verboten wieder Kontakt mit mir aufzunehmen. Und ich konnte nicht zu ihm, ganz davon abgesehen, dass ich nicht wusste, wo ich in dieser großen Stadt nach Pao hätte suchen sollen.

Vielleicht werde ich ihn nie wieder sehen, ging es mir oft durch den Kopf, und dieser Gedanke machte mich so traurig wie nichts sonst seit dem Tod meiner Eltern.

Canton ist von einer gut zehn Meter hohen Mauer umgeben, die breit genug ist, dass zwei berittene Wachen bequem nebeneinander auf ihr entlangreiten können. In regelmäßigen Abständen erheben sich Bastionen mit geschwungenen Pagodendächern. Die Stadttore, die sich nach den vier Himmelsrichtungen hin in die Vororte öffnen und wie die Bastionen von leuchtend roten, mehrstufigen Ziegeldächern gekrönt werden, gleichen tiefen, dunklen Tunneln. Ein jedes Tor beherbergt einen kostbaren Schrein mit einer Götterstatue, die zu bestimmten Jahreszeiten in einer feierlichen Prozession durch die Stadtviertel geführt wird.

Zehn Kilometer misst der Umfang der Stadtmauer von Canton. Innerhalb dieser mächtigen Mauern liegt im Norden die Altstadt, wo die einfachen Unterkünfte, Läden und Werkstätten der ärmeren Bevölkerung dicht an dicht liegen und ein unüberschaubares Labyrinth bilden. Die Behörden und Häuser der Reichen liegen im Süden und Westen der Stadt, inmitten von baumreichen Gärten, die von hohen Mauern umgeben sind. Aber längst ist Canton über seine maroden, bröckelnden Stadtmauern hinausgewachsen und wird von einem breiten Ring stetig wachsender Vororte umschlossen.

Wie oft stand ich in diesen Januarwochen morgens und abends auf dem Dach der Faktorei und blickte voller Sorge und Sehnsucht auf das Dächermeer der Stadt, die uns Ausländern verwehrt war! Und wie oft lag ich nachts im Bett noch lange wach und dachte an die Wochen, die wir zusammen in Gefangenschaft und auf der Flucht verbracht hatten. Ich fühlte mich so einsam wie noch nie zuvor. Pao fehlte mir schrecklich. Noch nie hatte ich einen Freund gehabt, mit dem ich mich auch nur halb so innig verbunden gefühlt hatte wie mit ihm.

Das Leben in der Enklave bot mir zudem wenig Abwechslung und Ablenkung, nachdem ich alles erkundet und mich eingelebt hatte. Groneveld wähnte mich bei Roodfontein unter strengster Aufsicht und begnügte sich damit, mich zweimal in der Woche zum Rapport zu bestellen – mittwochs gleich nach dem Frühstück und sonntags nach dem Gottesdienst. Diese Zusammentreffen und vor allem ihr gleich bleibender Verlauf trugen nicht dazu bei, mich ihm auch nur irgendwie dankbar oder gar verbunden zu fühlen. Denn kein einziges Mal fragte er mich, wie es mir ging, wie ich mich fühlte oder was ich gern tun und lernen wollte. Er nutzte diese Gelegenheit ausschließlich dazu, um mir immer wieder dieselben Moralpredigten zu halten und von Gehorsam, Disziplin, Aufrichtigkeit und Verantwortungsbewusstsein zu reden.

Das Traurige an seinen Ermahnungen war, dass sie auf reiche Erfahrung gründeten und alle Hand und Fuß hatten, wie ich heute weiß. Da ihnen jedoch das Herz fehlte, das Verständnis für die jugendliche Natur und die Bereitschaft sich in die Situation und die Gefühle des anderen hineinzuversetzen, trugen seine Worte ebenso wenig Früchte wie die Samen, die im biblischen Gleichnis auf Felsen und zwischen die Dornen fallen und keine Wurzeln schlagen können.

Es reicht eben nicht, das Gute nur zu wollen. Man muss auch die rechten Anstrengungen unternehmen, um das Vertrauen und vor allem das Herz des anderen zu erreichen, will man den Samen des Guten in fruchtbarer Erde pflanzen und das junge Grün vor den groben Tritten der Gleichgültigen schützen.

Dagegen verstand sich Osborne vorzüglich auf das Handwerk des Menschenfischers, besser gesagt: Er verstand sich auf das raffinierte Geschäft des Rattenfängers, der sich stets mit Beredsamkeit, Charisma und scheinbarer Großzügigkeit seine Handlanger rekrutiert. Und ich ging ihm nur allzu willig auf den Leim. Die Verführung ist leicht, wenn man es mit Unwissenden und Unzufriedenen zu tun hat – und ich war beides. Denn die menschliche Natur ist leider sehr anfällig dafür, den Weg des geringsten Widerstands zu gehen und sich an denjenigen zu orientieren, die sich auf der Bühne des Lebens am lautstärksten und weder von Skrupeln noch von Zweifeln geplagt zu präsentieren wissen.

Ich führte also weiterhin Botengänge für Osborne aus und machte mir seine verlogenen Grundsätze zu Eigen: *Es ist ja niemand gezwungen, Opium zu rauchen. Außerdem: Wenn ich es nicht tue, tut es ein anderer! Und wenn unsere eigene Regierung den Handel mit allen Mitteln unterstützt, ist das ja wohl Beweis genug, dass es sich um ein redliches Geschäft handelt!* Damit meinte ich, moralisch aus dem Schneider zu sein.

Ja, ich glaubte tatsächlich, damit meine Hände in Unschuld waschen zu können. Zudem redete ich mir ein, dass ich ja nicht mit Sicherheit wusste, ob es sich bei den Büchern wirklich um Behälter für den Opiumschmuggel handelte. Dabei hatte ich reichlich Gelegenheit mich davon zu überzeugen. Denn die Bücher, die man mir übergab, damit ich sie Osborne zurückbrachte, waren niemals eingewickelt oder gar versiegelt. Man drückte sie mir einfach so in die Hand. Ich hätte sie nur aufzuschlagen brauchen. Dann hätte ich gesehen, ob ein Teil der Seiten herausgeschnitten war, damit die Vertiefung ein Pfund Opium aufnehmen konnte.

Aber ich tat es nicht. Ich wollte die Wahrheit schlichtweg nicht wissen, weil sie unbequem gewesen wäre und mich in die unangenehme Lage gebracht hätte darüber nachzudenken, was ich da tat und ob ich das wirklich mit meinem Gewissen vereinbaren konnte. Es ist erschreckend, wie schnell man aus Feigheit oder Opportunismus zum Mittäter werden kann und sich in einem solch verlogenen Leben bequem einrichtet – insbesondere dann, wenn man nicht direkt Zeuge der abscheulichen Auswirkungen wird, die die eigenen Handlungen auf andere haben! Nicht von ungefähr sagt man, dass eine einzige faule Frucht einen ganzen Korb Äpfel verderben kann, wenn man ihm nur Zeit genug gibt die anderen mit seiner zersetzenden Fäule anzustecken.

Wer weiß, welch abschüssigen Weg mein Leben noch genommen hätte, wenn ich in Canton weiterhin allein auf mich gestellt und damit unter dem Einfluss des schleichenden moralischen Giftes geblieben wäre, das den Namen Frederick Osborne trug.

Doch dann, am Ende der letzten Januarwoche, als ich wieder einmal unten am Fluss saß und meine chinesischen Lehrbücher studierte, hörte ich hinter mir plötzlich die Stimme, die ich mir seit Wochen wie nichts sonst zu hören gewünscht, ja herbeigesehnt hatte.

»Was sitzt du hier so faul herum, *fangui?* Hoch mit dir, aber *chop-chop!*«

Ich ließ die Bücher fallen, sprang wie von der Tarantel gestochen auf und fuhr herum. »Pao!«

祝

Canton
oder
Wie ich zu einem Zopf kam, zum verbotenen Grenzgänger wurde, in die Drachenstraße gelangte und eine erste Ahnung vom heraufziehenden Unheil erhielt

Ich war dermaßen außer mir vor Freude ihn entgegen all meinen Erwartungen nun doch wieder zu sehen, dass ich meine anerzogene Zurückhaltung vergaß und ihn überschwänglich in die Arme schloss. Meine herzliche Umarmung fiel so stürmisch aus, dass Pao dabei seinen Strohhut verlor.

»So eine Begrüßung lasse ich mir gefallen. Und stell dir vor, ich war mir nicht sicher, ob dieser *fangui* sich auch wirklich noch freuen würde mich wieder zu sehen, nachdem er jetzt außer Gefahr und wieder bei seinen Landsleuten ist«, sagte er und bückte sich nach seinem Strohhut.

Verlegen ob meines doch recht ungestümen und so unmännlichen Gefühlsausbruchs, verzog ich das Gesicht zu einer Grimasse und flüchtete mich in Spott. »Bilde dir nur ja nichts darauf ein! Ich war einfach überrascht, das ist alles. Und wenn einem vor Langweile die Füße einschlafen, dann ist man eben schon für die kleinste Ablenkung dankbar!«

Er lachte und boxte mich freundschaftlich in die Rippen. »Klar doch! Dasselbe habe ich mir auch gesagt und deshalb viele Stunden damit verbracht, dich in diesem Tollhaus zu suchen.«

Ich musterte ihn. Er sah trotz seiner getönten Haut blass aus und wirkte noch schmächtiger, als ich ihn in Erinnerung gehabt hatte. »Ich warte schon seit Wochen darauf, dass du mich besuchst. Was hat dich bloß so lange abgehalten? Dein lieber Onkel?«

Pao machte ein grimmiges Gesicht. »Nein, daran ist dieser stinkende Rattenfurz von Gefängniswärter schuld, der schon drauf und dran war, den Schlüssel für meine Zelle wegzuschmeißen. Ich bin erst gestern freigelassen worden.«

»Sie haben dich all die Wochen in dieser abscheulichen Zelle festgehalten? Aber wieso denn das?«, fragte ich bestürzt. »Man konnte dir doch nichts Verbotenes vorwerfen. Und sie wollten doch bloß noch deine Angaben prüfen, ob du auch wirklich Decksjunge auf der Dschunke von Hsi See Kai warst.«

»Ja, wollten sie. Doch dann ist der Aufseher krank geworden und von diesem Sohn einer aussätzigen *louh geui* abgelöst worden und . . .«

»Was ist eine *louh geui?«*

»Eine, die es für Geld macht.«

»Oh!«

». . . und dieser Pestbeutel von Aufseher hat von nichts

gewusst«, fuhr Pao schnell fort. »Er hat mich für einen gemeinen Dieb gehalten und wollte mich schon in einen *kang* stecken und mich mit diesem schrecklichen Holzkragen wie einen Verbrecher durch die Straßen treiben lassen. Glücklicherweise ist der andere Aufseher, der unser Protokoll aufgenommen hat, gerade noch rechtzeitig wieder gesund geworden.«

»Dem Himmel sei Dank!«

»Allmählich habe ich von Gruben und Gefängniszellen die Nase voll.« Pao setzte sich zu mir ins Gras, warf einen anerkennenden Blick auf meine chinesischen Lehrbücher und wollte dann wissen, wie es mir seit meiner Rückkehr ergangen war.

»Mein ehrwürdiger Vormund hat mir als Strafe für mein Davonlaufen so etwas Ähnliches wie einen *kang* auferlegt«, sagte ich spöttisch, erzählte ihm von Roodfontein und wie ich der Tyrannei des Lagermeisters dank Osbornes Hilfe entkommen war. Dabei ließ ich jedoch unerwähnt, welcher Natur diese Botengänge waren, die ich gelegentlich für ihn ausführte.

Pao fragte auch nicht nach, denn ihn beschäftigte etwas ganz anderes. Er platzte damit heraus, kaum dass ich meinen Bericht beendet hatte. »Sag mal, hast du noch immer Lust meinen Onkel kennen zu lernen?«

»Sicher!«, beteuerte ich. »Aber hast du vergessen, dass die Torwächter einen *fangui* nicht passieren lassen? Canton ist für uns weiße Teufel doch tabu.«

»Und hast du vergessen, was ich dir über *guanxi* und *ganqing* sowie das Einhalten von Verboten erzählt habe?«, fragte er mit einem fröhlichen Grinsen zurück.

Ich erwiderte sein Grinsen. »An das *guanxi* erinnere ich mich. Es bedeutet ›Beziehungen haben‹. Aber das andere, das *ganqing*, hast du mir unterschlagen. Was ist das für ein Zauberwort?«

»Mit *ganqing* bezeichnet man die Qualität und Stärke von *guanxi*«, erklärte er. »Denn jemanden zu kennen genügt allein ja nicht. Du kennst deinen ehrwürdigen Vormund schon recht gut, nicht wahr? Aber er wird dir deshalb doch kaum den Gefallen tun dir die Freiheit zu lassen, die du haben möchtest.«

»Natürlich nicht!«

»Es kommt eben immer darauf an, wie man zu einer Person steht und was diese für einen zu tun gewillt ist – und das nennen wir *ganqing*.«

»Und wie ist es um dein *ganqing* mit den Torhütern bestellt?«, wollte ich wissen.

»Wang Foo, der drüben am Westtor Dienst tut, verdankt meinem Onkel, dass seine Frau nach der Niederkunft ihres ersten Sohnes nicht am Wochenbettfieber gestorben ist. Ich habe ihm Grüße von meinem Onkel ausgerichtet und mit ihm geredet. Er ist froh über diese Gelegenheit, sich erkenntlich zu zeigen und er wird dafür sorgen, dass der andere Wachposten keine Schwierigkeiten macht.«

»Mensch, einmal durch die verbotene Stadt zu spazieren und dabei auch noch deinen Onkel kennen zu lernen wäre wirklich eine tolle Sache!« Ich strahlte ihn an. Dass Pao mich nach Canton schmuggeln wollte, war ein aufregendes Abenteuer ganz nach meinem Geschmack.

»Was aber natürlich nicht in diesem Aufzug geht«, sagte Pao und deutete auf meine westliche Kleidung. »Damit kämst du nicht mal bis ans Tor, geschweige denn hindurch, auch wenn sich die Torwächter völlig blind stellen würden. Deshalb werde ich aus dir einen Kuli machen, der so angezogen ist wie ich.«

»Wie und wo soll das geschehen?«

»Komm, ich habe schon alles vorbereitet!«

Ich steckte die beiden Lehrbücher in den Leinenbeutel und folgte meinem chinesischen Freund mit wachsender Freude und Erregung. Pao führte mich in die schmale, verrufene *Hog Lane,* in der sich mehr als ein halbes Dutzend zwielichtige Seemannsspelunken gegenseitig Konkurrenz machten. Einige dieser verräucherten Tavernen wurden von Chinesen betrieben.

Pao bog in einen dunklen Torgang ein, der zu einer dieser chinesischen Spelunken gehörte und in einen kleinen Hof mündete. Zielstrebig steuerte er einen Bretterverschlag an, öffnete die Tür und schob mich hinein.

»Kleiderwechsel, *chop-chop*! Hier sind deine neue Sachen, *fangui!*« Mit einem leisen Lachen drückte er mir ein Kleiderbündel sowie ein Paar Bastsandalen in die Hand. »Und dann bringe ich dir *bai hoi* bei.«

»*Bai hoi*, das heißt doch unsichtbar werden, nicht wahr?«

»Du machst wirklich schnell Fortschritte. Ja, aber *bai hoi* ist mehr als nur sich unsichtbar machen. Es bedeutet auch, dass man jeden Konflikt vermeidet und keine Angriffsfläche bietet. *Bai hoi* ist eine chinesische Lebenskunst.«

Durch schmale Ritzen im Dach drang ein wenig Tageslicht in den Verschlag, der offenbar als Abstellschuppen für leere Fässer und Kisten diente. Auch machte ich ein gutes Dutzend verschieden hoher Weidenkörbe aus.

»Woher kennst du bloß diese versteckten Ecken und Hinterhöfe?«, fragte ich verwundert.

»Immerhin habe ich in der Ausländersiedlung einige Jahre als Diener und Laufbursche zugebracht«, antwortete er grinsend. »Da bekommt man mehr zu sehen, als manchem Master eigentlich lieb ist. Und nun zieh dich um. Die Stadttore werden bei Sonnenuntergang geschlossen, und wenn wir noch etwas von unserem Ausflug haben wollen, solltest du mich nicht länger mit Fragen löchern, sondern dich lieber ein bisschen beeilen.«

Schnell entledigte ich mich meiner westlichen Kleidung bis auf die Leibwäsche und schlüpfte in eine weite, ausgewaschene und arg verschlissene Hose, die wie viele Chinesenhosen eine gute Handbreite über der Ferse endeten. Dann zog ich die nicht weniger weite Jacke an, die noch mehr Flicken aufwies als die Hose, und fuhr in die Bastsandalen.

»Was ist das?«, fragte ich, als Pao etwas aus dem geflochtenen Basthut nahm, der für mich bestimmt war. »Das sieht ja aus wie eine schwarze Schlange.«

»Das ist ein künstlicher Zopf«, sagte Pao. »Was der Missionar kann, können wir doch schon lange, oder? Leider habe ich auf die Schnelle nur einen aus gefärbtem Pferdehaar auftreiben können. Aber der erfüllt auch seinen Zweck. Los, dreh dich um, damit ich ihn dir in dein Haar einflechten und feststecken kann.«

So kam ich also zu meinem Chinesenzopf.

Pao machte sich an meinem Haar zu schaffen und schlug mir wenige Minuten später auf die Schulter. »So, das wär's! Sitzt ausgezeichnet, Kuli Felix!«

»Und du meinst, damit komme ich durch?«

»Aber sicher! Du bist braun gebrannt, trägst einen Zopf, steckst in Sandalen und Lumpen, wie Kulis sie eben tragen, hast einen zerfledderten Bambushut auf und sprichst schon genug Chinesisch, um notfalls mit ein paar Brocken sowie den Verwünschungen zu antworten, die ich dir beigebracht habe.«

»Ich habe in den letzten Wochen meine Kenntnisse sogar noch vertieft!«

»Umso besser. Auf jeden Fall kommst du so garantiert durch, wenn nicht etwas ganz Schlimmes passiert. Ich wette, dass man dich für einen Chinesen aus dem Norden oder für einen Mischling hält, für den Sohn einer Cantonesin, die sich mit einem weißen Teufel eingelassen hat. Von denen laufen nämlich genug in Canton herum. Außerdem kümmert sich sowieso keiner um einen jungen Burschen, der so armselig angezogen ist«, versicherte er. »Aber wenn du Bedenken hast und lieber doch nicht in die Stadt willst . . .«

»Doch, ich will!«, fiel ich ihm ins Wort.

Wir versteckten meine guten Sachen sowie die Bücher in einer Ecke hinter alten Weidenkörben, die schon seit langem nicht mehr benutzt worden waren, wie die dicke Staubschicht auf dem Geflecht verriet.

»Bist du bereit für Canton?«, fragte Pao noch einmal.

Ich nahm meinen Hut, der schon reichlich lädiert war und eine stark ausgefranste Krempe hatte, nickte und spürte dabei das Gewicht meines künstlichen Zopfes, der mir bis auf den Rücken baumelte.

»Gut, dann lass uns gehen!«

Als wir Augenblicke später aus dem dunklen Torbogen kamen und wieder auf die *Hog Lane* traten, gerieten wir auf der gerade mal zehn Fuß breiten Gasse einer Gruppe von Seeleuten in die Quere, die im selben Moment aus der Taverne *Old Jemmy Apoo* wankten und schon reichlich betrunken waren.

»Nun mach schon Platz! Na los, aus dem Weg, stinkender Chink!«, fuhr mich einer der Männer mit schwerer Zunge an und stieß mich grob zur Seite, sodass ich gegen die Hauswand taumelte und beinahe meinen Hut verloren hätte.

Als die Seeleute lachend und grölend weitergezogen waren, sagte Pao leise: »Habe ich dir nicht gesagt, dass man dich für einen chinesischen Kuli halten wird, den man ungestraft herumstoßen und bespucken kann?«

»Ja, meine Verkleidung muss wirklich sehr überzeugend sein«, erwiderte ich, erleichtert und betroffen zugleich, hatte ich doch noch immer das verächtliche »Stinkender Chink!« in den Ohren.

歳

Wir überquerten die *13 Factory Street*, passierten die Faktoreien der chinesischen *hongs*, deren Fassaden mit schlangenförmigen Drachen, Löwen und bärtigen Gottheiten verziert waren, und folgten den Gassen zum Westtor von Canton.

Ich bekam einen trockenen Mund und ein flaues Gefühl im Magen, als wir auf das hoch aufragende Tor mit den weithin leuchtenden Pagodendächern und seinem tiefen Durchgang zugingen. Ein nicht sehr dichter, aber doch beständiger Strom von Menschen, unter ihnen mehrere Lastenträger mit dem *ta'am* auf der Schulter, flutete in beiden Richtungen durch das mächtige Tor. Bewacht wurde es von zwei Torhütern, deren Uniformen aus rot-gelben Jacken über schwarzen, rockähnlichen Gewändern bestanden. Auf der Brust und auf dem Rücken prangte übergroß das Schriftzeichen für »Mut« und »Courage«, als sollte bloß niemand auf die Idee kommen, ihre Tapferkeit und Loyalität in Zweifel zu ziehen. Sie trugen einen kegelförmigen, helmartigen Hut, Stiefel mit hoch gebogenen Spitzen und ihr Schwert, wie es auch bei den regulären Bannersoldaten des Kaisers üblich ist, quer über dem Rücken, sodass der schwere Griff der Waffe hinter der rechten Schulter hervorragt.

Sie sahen wahrlich sehr furchteinflößend aus und ihr Anblick trieb meinen Puls jäh in die Höhe – auch wenn ich von Pao wusste, dass Torhüter schlecht bezahlt waren und gewöhnlich als bestechlich und faul galten.

Pao suchte den Blick des linken Torhüters und nickte ihm

unmerklich zu. Daraufhin trat dieser Wächter zu seinem Kameraden und lenkte ihn ab. Mit gesenktem Kopf ging ich an ihnen vorbei, hinein in das Dämmerlicht des langen Tunnels, und glaubte, jeden Moment müsste jemand rufen, auf mich zeigen, mich packen und mir Hut und falschen Zopf herunterreißen.

Doch nichts dergleichen geschah. Niemand schlug Alarm und niemand verwehrte mir den Durchgang. Wir kamen am Schrein einer Gottheit vorbei, auf die ich nur einen flüchtigen Seitenblick zu werfen wagte. Ich sah eine goldene Figur im Licht von vielen Kerzen und bemerkte den starken Duft von Räucherwerk, der aus der Kammer zu uns in den Tortunnel drang. Augenblicke später traten wir auch schon auf der anderen Seite wieder in den Sonnenschein hinaus.

Ich hatte es geschafft: Ich befand mich nun in Canton, innerhalb der ummauerten und für Ausländer verbotenen Stadt! Mich überlief eine Gänsehaut.

Pao führte mich an diesem Tag auf dem kürzesten Weg zum Haus seines Onkels, der weiter im Norden wohnte, am Rand der Altstadt. Wir kamen dabei durch Viertel, die von einem Wirrwarr von Gassen sowie von kleinen Kanälen durchzogen waren.

Das Leben der Cantonesen, zumindest das der einfachen und mittelständischen Leute, schien sich ausschließlich auf den Straßen abzuspielen. Ich hatte geglaubt durch das bunte Treiben bei uns auf der Esplanade vorbereitet zu sein. Doch die Vielfalt und Fremdartigkeit der Eindrücke, die nun von allen Seiten auf mich eindrangen, hielten dem Vergleich mit der Betriebsamkeit auf dem Platz und den Straßen der Enklave nicht stand und machten mich bei diesem meinem ersten Erkundungsgang regelrecht benommen.

Händler aller Art säumten die Straßen, die jedoch nur zu einem geringen Teil mit Quadersteinen gepflastert waren. Der Apotheker saß neben dem Stand des Buchverkäufers. Eine alte Frau, die mit einem flachen Korb im Schoß auf einem niedrigen Schemel saß und Kinderkleider ausbesserte, teilte sich den Schatten eines Baumes mit einem Mann, der Brillengestelle reparierte. Auf der gegenüberliegenden Seite pries ein Verkäufer Lehmpuppen an. Kulis bahnten sich im Laufschritt einen Weg durch die Menge, mit ausgestreckten Armen die Bambusstange balancierend und sie je nach Hindernis mit höchster Geschicklichkeit blitzschnell von einer Schulter auf die andere wechselnd. Karren mit schweren Salzlasten rumpelten an uns vorbei, bedeckt mit Tüchern, die in der gelben Farbe des Kaisers leuchteten. Halb nackte Kinder kauerten mit Bettelschalen am Boden. Bannerträger eilten einer Abteilung Soldaten voraus. Die Sänfte eines vornehmen Herrn oder hohen Beamten, reich mit Troddeln und Bändern sowie Vergoldungen verziert, trieb in der Menge wie ein Schiff auf wogender See. Musik und Gesang, in Klang und Melodie für westliche Ohren von überaus großer Fremdartigkeit, drangen aus einem Teehaus.

Die Häuser mit ihren an den Winkeln aufwärts gebogenen Ziegeldächern aus grauem, gelbem oder rostrotem gebackenen Lehm besitzen in der Regel keine oberen Stockwerke, dafür jedoch Galerien und Altane. Ihre Fassaden weisen häufig Aufschriften und Verzierungen in goldener Farbe auf. Starke Vergoldungen finden sich auch auf kleinen Türmen und Geländern. Dazu kommen andere, recht intensive Farben und eine Vielzahl bunter Papierlaternen, die von allen Häusern hängen – sogar vor den öffentlichen Aborten. Diese oftmals grell voneinander abstechenden Farben sind dem Auge des *fangui* anfangs äußerst fremd und bedürfen einiger Gewöhnung. Fenster zur Straße hin sucht man an diesen Häusern vergeblich. Einzig eine Tür führt hinter einer hohen Schwelle ins Haus.

Das Leben und Treiben, das sich mir in den Straßen von Canton darbot, glich dem faszinierenden Bild eines schillernden Kaleidoskops, dessen zahllose einzelne Facetten der fremde Betrachter beim ersten Anschauen nicht einmal annähernd zu fassen vermag. Erst in der Wiederholung und Gewöhnung entdeckt das Auge die einzelnen Details in voller Klarheit und verbindet sie mit den anderen Teilen zu einem Ganzen. So fielen mir die stattlich ausstaffierten Stundenausrufer, die Tag und Nacht durch die Viertel gehen und die jeweilige Stunde ausrufen, erst viele Tage später auf.

Vor lauter Schauen und Staunen wäre ich beinahe über einen Säugling gestolpert. Wir waren einer breiten, betriebsamen Straße gefolgt und bogen nun in eine schmale Gasse ein. Direkt hinter der Ecke stand ein ramponierter, schmutziger Bastkorb an der Hauswand, in dem ein nacktes Kind lag.

Gerade noch rechtzeitig konnte ich meinen Fuß heben und über den Korb hinwegsteigen. Dabei sah ich auf den Säugling hinunter – und wünschte schon im nächsten Moment, ich hätte es nicht getan. Denn nun sah ich, dass das Baby, ein Mädchen, tot war. Erloschen war jegliches Leben in den großen Augen, die starr gen Himmel gerichtet waren und mich noch lange bis in meine Träume verfolgen sollten.

»Pao!«, stieß ich erschrocken hervor und blieb neben dem Korb stehen.

»Was ist?«

Stumm deutete ich auf das tote Kind.

»Ja, und?«, fragte er. »Es ist doch bloß ein Mädchen.«

»Was heißt, es ist nur ein Mädchen? Es ist tot!«, raunte ich und begriff nicht, dass keiner von den umstehenden Händlern oder von den anderen Passanten dem nackten, toten Säugling in diesem elenden dreckigen Korb auch nur einen Blick gönnte.

Pao sah nicht weniger irritiert aus, aber nicht wegen des toten Kindes, sondern wegen meiner Verstörung. »Jemand hat das Kind hier ausgesetzt. Aber da es ja bloß ein Mädchen ist, hat es niemanden gefunden, der es haben will. Und dann stirbt es eben«, sagte er leichthin und zog mich von der Ecke und den Händlern weg. »Also was regst du dich so darüber auf?«

»Mein Gott, Pao! Ständig gehen hier Menschen vorbei und keiner hat sich des Kindes erbarmt? Die Händler, die nur zwei, drei Schritte weiter ihre Waren verkaufen, haben das Baby einfach schreien und krepieren lassen?«

»Vermutlich war es schon viel zu schwach zum Schreien. Und wie gesagt, es war ja bloß ein Mädchen«, meinte Pao ungerührt. »Und Mädchen sind nun mal nichts wert.«

»Pao, das kann doch unmöglich dein Ernst sein!«, stieß ich erschüttert hervor. »Wie kannst du bloß so gefühllos sein und . . .«

»Warte! Nicht hier!«, fiel er mir warnend ins Wort. »Jemand könnte uns hören. Ein paar Straßen weiter liegt ein kleiner öffentlicher Garten. Dort finden wir bestimmt eine Ecke, wo wir ungestört darüber reden können.«

Innerlich stark aufgewühlt, jedoch stumm folgte ich Pao in diesen öffentlichen Garten, von denen es in Canton viele gibt. Sie bilden mit ihren alten Bäumen, künstlichen Felsen, stillen Teichen und kleinen Pagoden gepflegte Oasen friedlicher Stille in dieser lärmenden und von quirligem Leben erfüllten Stadt.

Wir setzten uns auf eine Steinbank, die etwas abseits der Wege in einer Art Laube aus Hibiskussträuchern stand. Hier konnten wir sicher sein, dass niemand uns hören und sich misstrauisch fragen konnte, wieso zwei abgerissene Gestalten, die auf den ersten Blick den Eindruck von einfachen Kulis machten, so fließend in der Sprache der weißen Teufel miteinander redeten.

Das Schweigen auf dem Weg zum Stadtgarten war mir schwer gefallen. Deshalb platzte ich auch sofort heraus, kaum dass wir außer Hörweite im Schutz der Sträucher waren: »Ich begreife einfach nicht, wie man einen Säugling splitternackt in einem Korb aussetzen kann. Und noch weniger verstehe ich, wie Händler und Passanten dort solch ein hilfloses Kind ungerührt sterben lassen können. Und du sagst dann auch noch, dass Mädchen nichts wert sind!«

»Ja, aber so ist es doch«, erwiderte er, sichtlich überrascht und verwirrt von der Heftigkeit meiner Anklage. »Bei uns sagt man, wenn ein Mädchen geboren wird: ›Eine vergeudete Schale Reis!‹ Weil ein Mädchen nun mal nicht zählt, besonders nicht bei den einfachen Leuten und wenn es dann auch noch das zweite oder gar dritte Mädchen ist. Da bekommen die Töchter oft nicht mal einen eigenen Namen, sondern man nennt sie bloß *er ya tou . . .*«

». . . was so viel heißt wie ›Tochter Nummer zwei‹, nicht wahr?«, übersetzte ich.

»Ja, oder Tochter Nummer drei. Und das sind noch die Glücklichen, denn viele unerwünschte Mädchen werden gleich nach der Geburt erstickt oder ausgesetzt, was eben auch meist den Tod bedeutet. Denn welche arme Familie will schon ihren wenigen Reis an ein Mädchen vergeuden?«

Fassungslos schüttelte ich den Kopf. »Das ist grausam, Pao! Ausgesprochen barbarisch ist das! Hast du denn nicht an deinen Schwestern gehangen?«

Er stutzte, runzelte die Stirn und sah mich mit einem überraschten Gesichtsausdruck an, als hätte er in diesem Zusammenhang noch nie an seine Schwestern gedacht. »Doch, ich habe sehr an ihnen gehangen«, antwortete er leise. »Besonders an Chia-Mei. Sie war drei Jahre älter und hat mich immer verwöhnt, obwohl ich doch gar nicht der älteste Bruder war.«

»Und dieser Säugling dort an der Straßenecke ist vielleicht auch die Schwester irgendeines Jungen gewesen!«

Pao zuckte ein wenig hilflos die Achseln und sagte verlegen: »Ich habe nie richtig darüber nachgedacht, Felix. Ich bin einfach damit aufgewachsen, dass ein Mädchen nichts wert ist, auch später nicht als Frau. In der Familie muss sie zuerst dem Vater gehorchen, in der Ehe ihrem Mann und als Witwe ihrem Sohn – so heißt es bei uns. Und wenn eine Ehefrau, nach der eigenen Familie gefragt, stolz antwortet: ›Ich habe vier Kinder!‹, dann meint sie damit, dass sie vier Söhne hat. Dabei kann sie in Wahrheit viel mehr Kinder haben, doch die Mädchen erwähnt sie nicht, denn sie gehören nicht wirklich dazu.«

Ich schüttelte nur wortlos den Kopf.

»Es zählen nun mal ausschließlich Söhne. Denn sie allein garantieren, dass der Familienname weitergeführt wird. Keine Söhne zu haben und somit den Familiennamen aussterben zu lassen gilt bei uns als große Schande und als das schlimmste Verbrechen an den ehrwürdigen Vorfahren. Deshalb ist es auch die wichtigste Aufgabe einer Frau, ihrem Mann zumindest einen Stammhalter zu schenken.«

»Das mit dem Stammhalter ist auch bei uns nicht viel anders«, räumte ich ein. »Der erstgeborene Sohn ist in jeder Familie unangefochtener Prinz.«

Pao schien erleichtert, dass unsere gegensätzlichen Welten wenigstens darin übereinstimmten. »Wenn bei uns ein Junge zur Welt kommt, dann bewahrt man die Nabelschnur in einem besonderen Gefäß unter dem Bett der Mutter auf.

Doch die Nabelschnur eines Mädchens vergräbt man irgendwo hinter dem Haus. Denn ein Mädchen verlässt die Familie, sowie sie das heiratsfähige Alter erreicht hat. Und die Nabelschnur eines Gastes, denn als solche gelten Mädchen gewöhnlich in ihren Familien, hat keinen Wert und deshalb bewahrt sie auch niemand auf.«

»Und wann erreichen Mädchen bei euch das heiratsfähige Alter?«, wollte ich wissen.

»Das kommt ganz darauf an, aus welcher Schicht sie kommen. Heiratsfähig sind sie schon mit dreizehn, vierzehn. Wenn sie aus wohlhabenden Familien kommen oder in eine solche einheiraten, dann kann es aber auch vorkommen, dass die Frau erst mit zwanzig heiratet – und zwar einen Mann, der selbst erst vierzehn, fünfzehn Jahre alt ist.«

»Was? Eine erwachsene Frau heiratet bei euch einen Jungen, der so alt ist wie wir?«, fragte ich ungläubig. »Willst du mich auf den Arm nehmen oder stimmt das wirklich?«

Er grinste und nickte. »Ja, das ist so Sitte. Es gehört in feineren Familien nun mal zu den besonderen Pflichten einer Frau, ihren eigenen Ehemann mit großzuziehen.«

»Na, ich weiß nicht, ob mir das gefallen würde!« Ich verbesserte mich sofort. »Dummes Zeug, natürlich weiß ich es. So etwas ist absolut nicht nach meinem Geschmack.«

»Auf dem Land, da ist es wieder anders. Da werden Mädchen meist schon früh versprochen und verkauft«, fuhr Pao fort. »Manchmal schon vor der Geburt.«

Ich hob die Augenbrauen. »Verkauft?«

»Ja, in die Ehe – oder als *louh geui,* du weißt schon . . .«

»Als Prostituierte?«

Pao nickte. »Aber deshalb behandeln die Nachbarn und Bekannten weder das Mädchen noch die Eltern, die ihre Tochter verkauft haben, weil sie sich in wirtschaftlicher Not befanden, mit Verachtung«, beeilte er sich zu beteuern. »Ein Mädchen, das sich dem elterlichen Willen beugt und als *louh geui* seine Pflicht erfüllt, begleicht seine Schuld bei ihren Eltern mehr noch als andere Töchter, die das Glück haben gut in die Ehe vermittelt zu werden.«

»Welche *Schuld* soll denn ein Kind zu begleichen haben?«, fragte ich verständnislos.

Wieder einmal sah er mich irritiert an und machte dann eine vage Handbewegung, als bedurfte dieser Sachverhalt keiner ausdrücklichen Erklärung, weil das doch auf der Hand lag, eine Binsenwahrheit, über die man nicht zu reden brauchte. »Ja, also . . . weil das nun mal so ist. Ich meine, Leben und Körper sind doch Geschenk der Eltern und gehören nicht so ohne weiteres dem Kind. Deshalb darf sich beispielsweise auch kein Sohn zu Lebzeiten der Eltern das Leben nehmen, weil er einfach nicht frei darüber verfügen kann.«

Mit einer Mischung aus Faszination und befremdlichem Staunen hörte ich zu, als Pao mir nun einige der vierundzwanzig klassischen Gebote und Verbote aufzählte, die chinesische Kinder im Verhältnis zu ihren Eltern strikt zu beachten haben. An oberster Stelle stand die Pflicht die Ahnen zu verehren und der Ehre der Familie alles andere unterzuordnen. Kinder hatten im Winter das elterliche

Bett anzuwärmen und sich im Sommer in der Schlafkammer der Eltern den Moskitos auszusetzen, damit diese sich an ihnen sättigen konnten, bevor sich Mutter und Vater zu Bett begaben. Es war verboten, ungefragt zu sprechen. Wurde man gerügt, hatte man den Kopf zu senken und sich für die Zurechtweisungen, ja sogar für körperliche Züchtigungen zu bedanken. Für alles hatte man die Erlaubnis einzuholen, auch wenn man schon älter war. Und sogar als erwachsener Sohn musste man vor jeder wichtigen Entscheidung die Zustimmung der Eltern einholen. Und was für Söhne galt, galt für Mädchen in einem noch viel stärkeren Maß.

»Heilige Mutter Gottes, das ist aber reichlich starker Tobak!«, entfuhr es mir. »Und ich dachte, Groneveld wäre als Zuchtmeister kaum zu übertreffen!«

»Meine Eltern waren auch recht streng und achteten sehr darauf, dass wir ihnen und allen Älteren große Ehrerbietung zeigten«, räumte Pao ein. »Aber ich habe die Strenge jedoch nie so erdrückend empfunden wie du die Vorschriften deines Vormundes. Meine Eltern haben mich auch nie ungerecht behandelt. Vater war kein Tyrann und eine sanftere Person als meine Mutter kann ich mir kaum vorstellen.«

»Und wie ist *qing bebe*, dein liebster Onkel? Kommst du mit ihm gut zurecht?«

»Liang Sen? Oh, er ist streng auf seine ganz eigene Art, aber zugleich auch von unglaublicher Sanftmut. Meinen Onkel kann ich eigentlich mit keinem anderen vergleichen, den ich kenne. Manchmal gibt er mir richtig Rätsel auf.«

»Du hast vorhin gesagt, dass Kinder einander oft schon in ganz jungen Jahren versprochen werden und dass die Ehen zwischen den beteiligten Familien ausgehandelt werden . . .«

»Ja, Braut und Bräutigam sehen sich am Hochzeitstag zum ersten Mal. Es ist nämlich Aufgabe der betreffenden Familie, eine Ehe zu arrangieren.«

»Und was ist mit . . . äh, mit der Liebe?« Ich grinste ein wenig verlegen. »Heiratet denn bei euch keiner aus Liebe?«

Er machte ein fast erschrockenes Gesicht. »Oh nein, sich zu verlieben, sich auch vorher schon zu kennen gilt als großes Unglück! Das darf nicht geschehen, sonst kommt Schande über die betreffenden Familien. Eine Ehe ist nämlich in erster Linie Pflicht, eine Vereinbarung zwischen zwei Parteien, die ein wichtiges Geschäft ausgehandelt haben. Mit Liebe hat das erst einmal nichts zu tun. Wenn sich Liebe aber nach der Hochzeit irgendwann einstellen sollte, dann ist dagegen natürlich nichts einzuwenden.«

»Sei mir nicht böse, aber wenn ich mir vorstelle, dass ich ungefragt mit irgendeinem fremden Mädchen verkuppelt würde und nichts dagegen tun könnte – also dann bin ich wirklich heilfroh ein *fangui* zu sein!«

Er verzog das Gesicht. »Ich schätze, ich habe Glück im Unglück. Denn mein Onkel, der ja wie gesagt in vielem sehr eigen ist, hält so wenig von arrangierten Ehen wie du, zumindest wenn es um die männlichen Nachkommen geht. Ich glaube, er hat da wohl selbst bittere Erfahrungen gemacht. Jedenfalls hat er mir versprochen mich nach meinen Wünschen zu fragen, wenn der Zeitpunkt gekommen ist. Dann kann er nach außen immer noch so tun, als würde er wie üblich ganz nach seinem eigenen Gutdünken eine Ehe für mich aushandeln.«

»Da kannst du aber froh sein.«

»Ob aber auch Chia Fen, die sozusagen meine Cousine ist, dieses Glück haben wird, wage ich zu bezweifeln. Sie wird sich in ihr Schicksal fügen müssen, wenn sie ins heiratsfähige Alter kommt.«

»Und wann ist das?«

Pao winkte lachend ab. »Ach, bis dahin vergeht noch eine halbe Ewigkeit! Chia Fen ist gerade erst dreieinhalb Jahre alt und liegt noch an der Brust ihrer *amah*, ihrer Amme Shi Yang.«

Ich war ein wenig enttäuscht, hatte ich doch insgeheim gehofft endlich auch mal ein chinesisches Mädchen kennen zu lernen. Und nun hörte ich, dass seine Cousine fast noch in der Wiege lag.

Er stand von der Steinbank auf. »So, genug geredet! Lass uns jetzt weitergehen. Bis zum Haus meines Onkels ist es nämlich noch ein gutes Stück. Und es wäre doch schade, wenn wir die Teestunde verpassen, die Liang Sen so heilig ist.«

»Dann lass uns die Beine in die Hand nehmen.«

»Was?«

Ich lachte. »Das war eine Aufforderung den Rest der Strecke im Laufschritt hinter uns zu bringen.«

»Einverstanden, aber sieh bloß zu, dass die Bänder deines

Hutes fest unter dem Kinn gebunden sind, damit er dir nicht davonfliegt!«

Wir liefen los.

Zehn Minuten später passierten wir eines jener frei stehenden Tore, die *bailou* genannt werden, Triumphbögen gleichen, zumeist zu Ehren bedeutender Persönlichkeiten errichtet wurden und überall in Canton auf freien Plätzen und über wichtigen Straßenzügen anzutreffen sind. Diese selbstständigen Bauten sind teils aus Stein, teils aus Holz gebaut, mit reichhaltigen Schnitzereien geschmückt, bunt-golden angestrichen und mit leuchtenden Ziegeldächern versehen.

Wenige Straßen hinter diesem *bailou* begann die verwinkelte Altstadt von Canton. Wir kamen an einer Teestube vorbei, die sich übersetzt *Haus der Harmonie und Gaumenfreuden* nannte, sowie an einer Apotheke mit dem Vertrauen erweckenden Namen *Haus der Wohltat und Langlebigkeit.*

Kurz hinter diesen kleinen Läden und Werkstätten bog Pao links in eine recht schmale Gasse ein, die nicht geradeaus verlief, sondern Haken nach links und rechts schlug, als hätten sich die Bauherrn nicht einigen können, in welche Richtung die Straße nun führen sollte.

»Das ist die *Longcang Jie*, was so viel heißt wie ›Die Straße, wo sich der Drache versteckt hält‹«, sagte Pao, als wir um die zweite rechtwinklige Biegung kamen, und wies über die Straße. »Und da drüben in dem Haus wohnt Onkel Liang Sen!«

壽

Eine mehr als mannshohe Mauer aus graubraunem Backstein umgab das Anwesen. Zahllose Risse durchzogen das Mauerwerk, das schon lange nicht mehr gekalkt worden war und an vielen Stellen dringend der Ausbesserung bedurfte. Die glockenförmigen Ziegeldächer, die dahinter aufragten und wie die grob geschuppten Rücken von altersschwachen Drachen aussahen, machten einen nicht weniger vernachlässigten Eindruck.

Pao ahnte wohl, was mir durch den Kopf ging, denn während wir auf das Tor zugingen, sagte er fast entschuldigend: »Ein Geschäftsmann, der seine Talente in klingende Münze umzusetzen weiß, ist mein Onkel mit Sicherheit nicht. Geld hat für ihn nichts Verlockendes. Er gibt sich viel zu oft mit einem Almosen zufrieden und nicht selten verzichtet er sogar ganz auf Bezahlung. Ihm genügt es, wenn er mit seinen Heilkräutern, Tinkturen und Salben helfen kann und Zeit für seine Studien und die Kalligrafie hat. Deshalb hat er aber auch nie genug Geld, um etwa die Dächer neu eindecken oder die Mauer ausbessern zu lassen. Ich glaube, es kümmert ihn noch nicht einmal. Und der Mann, dem das Haus gehört, hat noch weniger Interesse Geld in dieses heruntergekommene Gebäude zu stecken.«

»Das ist mir immer noch zehnmal lieber als ein so unausstehlich penibler Mann wie Groneveld, dem Ordnung über alles geht und der nie auf den Gedanken kommen würde, jemandem auch nur einen Penny weniger in Rechnung zu stellen, als er berechtigt ist«, meinte ich.

Das Tor mit dem schweren Bronzeklopfer war unverschlossen und Pao drückte den rechten Flügel der Tür auf. »Denk gleich daran, was ich dir über unsere Sitte erzählt habe«, erinnerte er mich mit gesenkter Stimme.

»Ich habe nichts davon vergessen, Pao. Und ich verspreche, dass ich mir alle Mühe geben werde dir keine Schande zu machen«, versicherte ich.

»So war das aber nicht gemeint . . .«, begann er entschuldigend.

Ich legte ihm freundschaftlich die Hand auf die Schulter. »Ich weiß.«

Bei dem Anwesen von Paos Onkel handelte es sich um ein *siheyuan*, ein traditionelles chinesisches Hofhaus, bei dem die Wohn- und Wirtschaftsräume, umschlossen von einer hohen Mauer, um einen rechteckigen Innenhof errichtet sind. Alle Fenster und Türen gehen auf diesen Hof hinaus.

Pao wies mich leise darauf hin, dass dieses Haus ein exzellentes *fengshui* besaß.

»Und was ist das?«

»*Fengshui* bedeutet eigentlich ›Wind und Wasser‹, beschreibt aber in Wirklichkeit die Lage eines Hauses. Wenn man sein Haus auf einer perfekten Nord-Süd-Achse errichten kann, mit der starken Rückwand des Wohntraktes gen Norden und mit den inneren Hof-Fenstern gen Süden, dann erfreut man sich eines besonders starken *fengshui*. Denn aus dem Norden kommt alles Schlechte, nämlich der Wind und die Feinde, während aus dem Süden alles Gute kommt: die Sonne und das Glück. Das Haus von Liang Sen ist voll guter Omen, weil es eben genau auf der Nord-Süd-Achse liegt.«

Hinter der Eingangstür in der überdachten Vorhalle befand sich eine sogenannte Schattenwand, die *yinbi*. Diese schützt nicht nur vor neugierigen Blicken, wie Pao erklärte, sondern hat die viel wichtigere Aufgabe das Haus und seine Bewohner vor dem Eindringen böser Einflüsse zu bewahren. »Sie verhindert, dass die bösen Geister durch das offene Tor eindringen können. Denn da diese nicht um die Ecken fliegen können, prallen sie gegen die *yinbi* und kehren wieder um.«

Ich konnte mir ein belustigtes Grinsen nicht verkneifen. »Ach was, sag bloß, chinesische Geister können nicht um Ecken fliegen?«

»Nein.«

»Wirklich? Aber dann können sie ja in ihrer Geisterwelt immer nur auf einer einzigen Bahn bleiben und erst gar nicht in diese Haken schlagende Straße eindringen.«

Er warf mir einen leicht verdrossenen Seitenblick zu und zuckte die Achseln. »Kein Ahnung, ich habe noch nie darüber nachgedacht. Ich weiß nur, dass jedes *siheyuan* eine *yinbi* hat, weil sie böse Einflüsse abhält.«

Wir gingen um die Schattenwand herum und vor uns lag der geräumige Innenhof. Wir standen mit dem Rücken nach Süden und dem Gesicht nach Norden. Linker Hand lagen die Wirtschafts- und Küchenräume, während sich entlang der Nordfront der Wohntrakt erstreckte, der mit den Wirtschaftsräumen und der Eingangshalle durch Korridore verbunden war. Zu unserer Rechten erhoben sich an der Ostmauer drei Zypressen und zwei Bäume mit roten Blättern, die wie Kirschbäume aussahen. Es waren jedoch Talkbäume, wie sie überall auf dem Land und sogar in den Städten dort, wo Platz ist, bei fast jedem Haus anzutreffen sind. Aus den kleinen Blütenfrüchten gewinnen die Chinesen nämlich ihren Kerzentalk, indem sie das seifenartige Mehl der Körner kochen und das oben schwimmende Fett abschöpfen. Mit ein wenig beigemischtem Öl und mit Binsen umwickelten Holzdochten geben diese Kerzen, die erheblich kürzer und dicker sind als die in Europa gebräuchlichen, ein sehr helles Licht ab.

»Da ist Onkel Liang Sen!«

Ich folgte Paos Blick und bemerkte nun den Mann im Schatten der Zypressen. Er trug knöchellange, weite Hosen aus schwarzer Baumwolle und die traditionelle lange Chinesenjacke aus demselben einfachen Stoff, jedoch in einem graublauen Farbton. Sein geflochtener Zopf hing ihm nicht auf den Rücken, sondern war zu einem kunstvollen Knoten hoch gesteckt. Ein üppiger, schwarzer Bart bedeckte seine Oberlippe und reichte ihm an den Seiten bis zum Kinn hinunter, wo sich die wie Flechten herabhängenden Enden des Schnurrbartes mit einem kurzen, aber nicht minder dichten Kinnbart verbanden.

Barfuß stand Liang Sen zwischen den Zypressen auf dem kiesbestreuten Gelände an der Mauer und machte seltsame, aber faszinierend elegante Bewegungen, die fließend ineinander übergingen. Es sah so aus, als vollführte er einen höchst komplizierten Tanz mit unsichtbaren Partnern oder als würde er gegen Feinde kämpfen, die nur er zu sehen vermochte – und die sich in demselben herabgesetzten Zeitmaß bewegten wie er. Denn der Ablauf der einzelnen Drehungen, Gesten und Fußschritte war von einer großen Langsamkeit und Ruhe gekennzeichnet.

»Was macht er da?«

»Seine *qigong*-Übungen, auch *tai chi* genannt«, antwortete Pao. »Ich glaube, ihr sagt dazu Schattenboxen. Es ist eine Bewegungsmeditation, die große Körperbeherrschung und Konzentration verlangt. Mein Onkel macht täglich *qigong*, wenn er mit seiner Sprechstunde fertig ist. Damit reinigt er Körper und Seele, befreit sich von allem Ballast und erlangt inneren Frieden, wie er sagt.«

Ich hätte seinem Onkel noch länger beim *qigong* zuschauen können, doch Pao zog mich zur Seite. Wir gingen durch den Korridor, der an den Küchenräumen und den Zimmern der Bediensteten vorbeiführte. Chang Liang Sen hatte aus chronischem Geldmangel jedoch nur einen alten mongolischen Diener mit spärlichem, grauem Zottelbart am Kinn namens Cao Feng, der auch als Koch fungierte, sowie die Kinderfrau Shi Yang in seinen Diensten stehen.

Ein kleines schwarzhaariges Mädchen in einem indigoblauen, bunt bestickten Gewand kam aus einer offen stehenden Tür gelaufen. Es war Paos dreijährige Cousine Chia Fen. Als sie uns erblickte, trat ein strahlendes Lächeln auf ihr ovales, fein geschnittenes Gesicht. Sie rief Pao etwas zu und wollte zu ihm.

Doch da trat ihre *amah*, die Amme Shi Yang auf den Korridor, eine breithüftige Frau in mittleren Jahren mit einem sehr grobflächigen Gesicht. Tiefe Linien der Bitterkeit hatten sich um ihre Mundwinkel und Augen eingegraben. Sie fasste das Mädchen am Ohr und hielt es mit einer scharfen Zurechtweisung zurück.

»Shi Yang, das ist mein Freund Felix Faber, der mir das Leben gerettet hat«, stellte Pao mich vor.

Ich lächelte, doch Shi Yang dachte nicht daran, mir auch nur einen halbwegs freundlichen Blick zu gönnen, geschweige denn einen Willkommensgruß. Mit schmalen Augen und zusammengepressten Lippen starrte sie mich an – voller Verachtung und Feindseligkeit. Dann zischte sie etwas, was ich nicht verstand, und wandte sich abrupt um. Mit Chia Fen an der Hand kehrte sie ins Haus zurück – und schlug die Tür mit viel sagender Nachdrücklichkeit hinter sich zu.

»Ich fürchte, die Amme deiner Cousine hat mich nicht gerade in ihr Herz geschlossen«, sagte ich mit einem gequälten Lächeln. »Was war das, was sie zu dir gesagt hat?«

Pao winkte verlegen ab. »Ach, dass ich mich schämen soll, einen Barbaren ins Haus zu bringen. Aber das ist einfältiges Ammengerede, das dich nicht kümmern soll.«

»Du bist gut! Was ist, wenn sie den Nachbarn von mir erzählt? Dann sind wir alle in Gefahr!«

»Die Nachbarn schätzen meinen Onkel viel zu sehr, als dass sie jemanden, den er als Gast in sein Haus eingeladen hat, belästigen würden – auch wenn es ein *fangui* ist«, versicherte Pao. »Außerdem ist Shi Yang nicht so dumm meinen Onkel gegen sich aufzubringen, indem sie anderen von dir erzählt und vielleicht doch Ärger für dich und ihn heraufbeschwört. Dazu ist sie viel zu ehrgeizig. Sie weiß, dass sie nur dann eine gute Zukunft hat, wenn sie weiterhin die Amme von Fen bleibt und ihren Einfluss auf meinen Onkel *und* das Mädchen bewahren kann.«

»Wieso denn das?«

»Shi Yang kommt aus sehr einfachen Verhältnissen und hat ihren Mann schon in jungen Jahren verloren, was ein schlechtes Omen ist, zumal sie auch kein Kind zur Welt gebracht hat. Eine Witwe wird nämlich gemeinhin für den Tod ihres Mannes verantwortlich gemacht und gilt als Unglücksbringerin. Shi Yang hat deshalb großes Glück gehabt die Anstellung als *amah* von Chia Fen bekommen zu haben. Und wenn mein Onkel eines Tages für meine Cousine eine gute Ehepartie aushandelt und Fen sie dann als Zofe mitnimmt, dann ist auch sie gut versorgt. Du siehst, wichtig ist allein, was mein Onkel für richtig hält. Shi Yang muss dich nicht mögen, um ihren Mund zu halten.«

Als ich mich unwillkürlich umdrehte und zu den Zypressen jenseits des Brunnens hinüberschaute, suchte mein Blick vergebens die sehnige Gestalt von Chang Liang Sen. Ich war mehr denn je gespannt ihn kennen zu lernen.

»Hat dein Onkel außer dieser Tochter noch andere Kinder?«, fragte ich.

Pao schüttelte den Kopf. »Er hat überhaupt keine eigenen Kinder. Seine Frau war so unfruchtbar wie Shi Yang.«

»Ja, aber er hat doch Chia Fen«, wandte ich ein.

»Sie ist nur ein Findelkind, das er angenommen hat, weil er ein zu weiches Herz hat. Jemand hat den Säugling, der vermutlich auch nur eine unwillkommene *er ya tou,* eine zweite Tochter und vergeudete Schale Reis war, kurz nach der Geburt draußen vor dem Tor abgestellt. Er war in einen groben Lappen gewickelt. Wer immer den Säugling damals vor das Tor gelegt hat, er hätte sich keinen günstigeren Tag aussuchen können, denn es war zufällig der Todestag seiner Frau. Und deshalb hat er sie wohl auch behalten und ihm meinen Generationsnamen sowie den Namen seiner verstorbenen Frau gegeben – woraus dann Chia Fen geworden ist. Ein schöner Name für ein Findelkind, denn *chia* bedeutet ›fein‹ und *fen* ›Jade‹.«

Ich nickte und erinnerte mich daran, wie er mir in der Grube die Bedeutung chinesischer Namen erklärt hatte. Bei dem ersten Namen, in Paos Fall *Chang*, handelt es sich nicht wie bei uns um den Vornamen, sondern um den Familien- beziehungsweise den Clannamen. Der zweite Teil, bei meinem Freund und bei dem Mädchen beispielsweise *Chia*, ist der »Generationsname«. Jedes Kind einer Generation innerhalb einer Sippe erhält diesen Mittelnamen. So trugen alle Brüder, Schwestern, Cousinen und Cousins von Pao diesen Mittelnamen *Chia*. Erst der letzte Name ist der eigentliche Eigenname einer Person – bei meinem Freund ist das Pao, was auch »Beschützer« bedeutet.

Auf dem Weg in den Wohnraum begegneten wir dem alten mongolischen Diener Cao Feng. Zwar sah er mich im ersten Moment mit großen, neugierigen Augen unter struppig grauen Brauen an, doch dann öffnete sich sein fast zahnloser Mund und er schenkte mir ein herzliches Lächeln. Weil er wohl nicht wusste, ob eine respektvolle Verbeugung vor einem *fangui* angebracht war, wieselte er schließlich lächelnd und mit wippendem Oberkörper an uns vorbei.

Augenblicke später betraten wir den Wohnraum. Durch die weit offen stehenden Fenster, die nach Süden zum Hof hinausgingen und deren Rahmen nicht verglast, sondern mit dünnem Coreapapier bespannt waren, strömte weiches Nachmittagslicht in das Zimmer. Mein Blick erfasste zwei gelbliche Bilderrollen, die an der ansonsten kahlen Nordwand hingen. Die schwarzen Tuschezeichnungen kamen mit ungewöhnlich wenigen Strichen aus, um den Betrachter in Berglandschaften mit Seen und terrassenförmigen Feldern zu versetzen. Eine tiefe Wandnische beherbergte mehrere Dutzend Bücher. In einer Ecke stand die hüfthohe Skulptur einer lächelnden, kahlköpfigen Gottheit mit sehr menschlichen, chinesischen Zügen, die einen Pfirsich, das Symbol für langes Leben, in den Händen hielt. Die Figur aus warm glänzendem chinesischen Nussholz bestand nur aus weichen, runden Linien. Nirgends gab es eine scharfe Kante oder Ecke, die den Eindruck des vollendet Geschwungenen und Fließenden stören konnte. Eine bauchige Bodenvase aus dunkelbraunem Ton auf der anderen Seite des Raumes enthielt drei einzelne kahle Zweige. Eine Art Wandteppich, *mandala* genannt, wie ich später erfuhr, mit seinem geometrischen Kästchenmuster ein buddhistisches Symbol der Meditation, schmückte die kurze Westwand. Einfache Dielenbretter bedeckten den Boden.

Vor der Wand mit den Bildrollen standen drei Stühle vor einem flachen, schwarz-roten Lacktisch. Zwei weitere Stühle fanden sich rechts und links von der Tür. Ich bemerkte aus den Augenwinkeln noch einen bemalten Wandschirm sowie eine niedrige Kommode an der Ostwand, auf der nichts weiter als eine tellerrunde, hellgrüne Jadescheibe stand, die in zwei exakt gleich große, tropfenförmige Felder unterteilt war. Diese Tropfen umschlossen einander – und bildeten das uralte Bildzeichen für die harmonische Vereinigung von *Yin* und *Yang*, den beiden Prinzipien, die nach der chinesischen Philosophie alle Vorgänge des Lebens bestimmen. *Yin* ist das passive, weiche Prinzip, *Yang* das aktive, harte.

Selbstverständlich wirkte der Raum fremd auf mich. Trotz der äußerst sparsamen Einrichtung vermittelte er jedoch keinen Eindruck von kühler Strenge.

Liang Sen erwartete uns schon.

風

Paos schwarzbärtiger Onkel saß aufrecht wie ein junges Bambusrohr und zugleich doch sichtlich entspannt an der Nordwand des Raumes, sodass sein Blick nach Süden auf die

Bäume im Hof ging. Sein Gesicht war völlig unbewegt. Ich vermochte aus seinen Zügen keinerlei Hinweise darauf abzulesen, welche Empfindungen mein Besuch in seinem Haus bei ihm hervorrief.

»*Qing bebe,* das ist mein Freund Felix Faber, der mir beigestanden und mir das Leben gerettet hat«, sagte Pao nun in seiner Muttersprache.

»Es war nichts weiter als ein Zufall, *See-bok*«, antwortete ich in meinem besten Cantonesisch und verwendete als Anrede die respektvolle Ehrenbezeichnung für einen älteren, weisen Mann. Ich verbeugte mich, dankte ihm für seine außergewöhnliche Gastfreundschaft und setzte mich auf den Stuhl, der gleich rechts von der Tür stand. Damit zeigte ich Bescheidenheit, denn diese Sitzplätze an der Südwand unmittelbar neben der Tür waren für Personen von niederster gesellschaftlicher Position gedacht, wie mir Pao erklärt hatte.

»Ein ausgefallenes Haar aufzuheben ist kein Zeichen von großer Stärke. Sonne und Mond zu sehen beweist noch keine Klarsichtigkeit und das Donnern eines Gewitters zu hören spricht noch längst nicht für ein feines Gehör«, antwortete Liang Sen zu meinem maßlosen Erstaunen in einem ausgezeichneten Englisch. »Aber edelmütig und tapfer zu sein, ohne daraus ein Banner zu machen, spricht für einen Menschen, der Bambus in der Brust hat – und in diesem Haus willkommen ist.«

Ich hörte, wie Pao neben mir erleichtert aufatmete.

»Und nun komm von der Tür weg und setz dich zu mir, Felix

Faber.« Mit einer sparsamen Geste deutete er auf den Stuhl neben sich.

Mir stieg leichte Schamesröte ins Gesicht. Denn mit meiner Tapferkeit und meinem Edelmut war es nicht weit her. Und wenn Pao mir das mit der Bedeutung der Sitzplätze vorher nicht erklärt und mir nicht zu großer Zurückhaltung und Bescheidenheit bei meinem ersten Zusammentreffen mit seinem Onkel geraten hätte, wer weiß, wie ich mich dann verhalten hätte. So holte mich Liang Sen nun an seine Seite und unwillkürlich musste ich an das biblische Gleichnis von der Hochzeitsgesellschaft denken, in dem es heißt: »Wer sich selbst erhöht, wird erniedrigt werden. Und wer sich erniedrigt, wird erhöht werden.«

Der alte Diener brachte nun ein Tablett, auf dem eine bauchige Teekanne aus einfachem, braunem Steingut und drei Teeschalen standen sowie mehrere dünnwandige Holzschalen, die mit Erdnüssen, Wassermelonenkernen, gesalzenen Pflaumen und eingelegten Oliven gefüllt waren.

Cao Feng stellte es auf den niedrigen Lacktisch vor uns und zog sich wieder diskret zurück. Liang Sen wartete einen Augenblick, füllte dann die irdenen Schalen mit dampfendem grünem Tee und reichte mit ruhigen Bewegungen jedem von uns eine Teeschale, ohne dass auch nur ein Wort fiel.

Wir nippten am Tee. Und noch immer sagte niemand ein Wort. Ich schielte Hilfe suchend zu Pao hinüber, begegnete seinem Blick und hob fragend die Augenbrauen. Er antwortete mir, indem er kurz die Augen schloss und seine flache Hand ganz langsam und sanft auf seinen Oberschenkel sinken ließ. Das sollte wohl heißen: »Ganz ruhig bleiben und warten!« Mir als Gast, der zudem noch so jung an Jahren war, stand es nicht zu, das Gespräch zu eröffnen.

Ich hatte allergrößte Mühe meine innere Unruhe zu beherrschen und das Schweigen nicht durch eine vorlaute Frage oder Bemerkung zu brechen. Es fiel mir sehr schwer, einfach nur still zu sitzen, den Geschmack des Tees zu kosten und darauf zu warten, dass Liang Sen den rechten Augenblick für ein Gespräch gekommen sah.

Obwohl vermutlich nicht mehr als zwei, drei Minuten des Schweigens vergingen, kamen sie mir doch wie eine Ewigkeit vor. Dann griff Liang Sen wieder zur Teekanne, füllte unsere Tassen auf und sagte: *»Die Stille ist der Herr der Unrast* – so hat es der Philosoph Laotse schon vor fast zweieinhalbtausend Jahren im *Tao te king* niedergeschrieben und so wird es auch in noch einmal so vielen Jahren Gültigkeit haben.« Dabei sah er mich mit einem feinen Lächeln an, als hätte ich meine innere Unrast trotz größter Mühe nicht vor ihm verbergen können.

Ich zuckte mit einem verlegenen Lächeln die Achseln. »Dieser Herr hat über mich noch nicht sehr viel Macht, wie ich befürchte, *See-bok*«, gestand ich.

Sein Lächeln wurde nun um eine Spur breiter und wärmer. »Laotse schrieb auch: *Der Wert einer Behausung zeigt sich an der Wahl ihres Platzes. Der Wert eines Gemüts zeigt sich an der Tiefe. Der Wert menschlichen Umgangs zeigt sich an der Wohlgesinnt-*

heit. Der Wert von Worten zeigt sich an der Aufrichtigkeit.« Er machte eine kurze Pause, bevor er fortfuhr: »Dir mangelt es offensichtlich weder an Wohlgesinntheit noch an Aufrichtigkeit. Das freut mich und es erfüllt mich mit Stolz, dass Pao in dir einen so mutigen Lebensretter und Gefährten gefunden hat.«

»Dass ich ihn aus dem Fluss gezogen habe, hat ihm nicht wirklich das Leben gerettet«, sagte ich aus ehrlicher Überzeugung. »Das verdankt er vielmehr diesem wundersamen Heilkraut *san qi*, und es zu kennen und zu finden hat er allein von Ihnen gelernt. Ohne dieses Heilmittel hätte er in der Grube bestimmt Wundbrand bekommen und das wäre sein sicherer Tod gewesen.«

Liang Sen nickte bedächtig. »*San qi* ist ein unscheinbares Kraut und doch ein Wunder der Natur. Die Entdeckung seiner großen Heilkraft verdanken wir der Legende nach einem Bauern und einer Schlange.«

»Und was ist das für eine Legende?«, fragte ich interessiert.

Liang Sen nahm einen Schluck Tee und strich über seinen Bart, und als mein Blick seiner Hand folgte, stellte ich fest, dass sich schon erste graue Haare in seinem dichten Bart zeigten. »Man erzählt sich, dass vor vielen Jahrhunderten ein Bauer in der Provinz Yunnan von einer Schlange heimgesucht wurde, die einfach nicht totzukriegen war. Der Bauer hatte Angst um seine Kinder und sein Vieh und schlug deshalb mit einem Bambusrohr so lange auf die Schlange ein, bis sie sich nicht mehr rührte. Dann nahm er sie und warf sie in ein Dickicht voller Unkraut. Wie sehr erschrak er jedoch am nächsten Morgen, als er aus seiner Hütte kam und das Tier wieder vor dem Brunnen auf einem Stein in der Sonne liegen sah. Erneut griff er zu seinem Prügel, schlug auf sie ein, bis sie nicht mehr zuckte, und warf sie wie tags zuvor zwischen die Büsche. Am nächsten Morgen lag sie jedoch wieder dort auf dem warmen Stein vor dem Brunnen. Und so ging es Tag um Tag. Die Schlange schien tausend Leben zu haben. Eines Abends nun beschloss der verzweifelte Bauer aufzubleiben und die Schlange zu beobachten, um ihrem Geheimnis auf die Spur zu kommen. Er hegte die feste Überzeugung, dass böse Geister im Spiel seien und der Schlange im Schutz der Nacht jedes Mal wieder neues Leben einhauchen mussten. Wie groß war deshalb seine Überraschung, als er im Licht des aufgehenden Mondes beobachtete, wie die Schlange die Blätter des Unkrautes fraß – und dabei immer mehr gesundete und zu Kräften kam. Und auf diese Weise kamen unsere Ahnen dem Kraut *san qi* und seiner großen Heilkraft auf die Spur.«

»Und was ist aus der Schlange geworden?«, fragte ich.

»Ihres Geheimnisses beraubt, ist sie klug genug gewesen sich einen anderen Stein zu suchen, wo sie sich ungestört sonnen konnte«, antwortete Paos Onkel, trank aus seiner Teeschale und fügte im gleichen ruhigen Erzählton hinzu: »Die Klugheit der Schlange ist jetzt auch den Männern in der Enklave und insbesondere ihren Regierungen zu wünschen.«

Überrascht von diesem Themawechsel sah ich ihn an. »Wie meinen Sie das, *See-bok*?«

»Der Enklave und wohl auch unserem Land stehen überaus unruhige, vermutlich sogar sehr kritische Zeiten bevor«, antwortete er ernst. »Der Kaiser in Peking ist entschlossen den abscheulichen Opiumhandel, der schon so vielen Chinesen unsägliches Unglück gebracht hat, ein für alle Mal zu unterbinden. Deshalb hat er einen seiner erfahrensten Gouverneure zum Kaiserlichen Hochkommissar ernannt, was eine besondere Auszeichnung darstellt, ihn mit unbegrenzter Machtfülle ausgestattet und nach Canton entsandt.«

»Wer ist dieser Hochkommissar?«, wollte Pao wissen, während ich seinem Onkel nicht ins Gesicht zu schauen wagte. Immerhin führte ich für einen dieser Opiumhändler, die er zweifellos verdammte, Botengänge aus. Ich schämte mich plötzlich regelrecht meines Tuns.

»Sein Name ist Lin Tse Hsü und er genießt einen ausgezeichneten Ruf als ein gelehrter, aber auch entschlossener und tatkräftiger Gouverneur«, erklärte Liang Sen. »Es heißt, er habe dem Kaiser einen detaillierten Plan vorgelegt, wie der Opiumhandel endgültig zu beenden sei. Wie ich in der Zeitung gelesen habe, befindet sich der Kaiserliche Hochkommissar mit seinem Gefolge schon auf dem Weg nach Canton. Mit seinem Eintreffen ist in den ersten Wochen nach Neujahr zu rechnen.«

Da die Chinesen das Jahr in zwölf Mondzyklen von jeweils neunundzwanzig oder dreißig Tagen unterteilen, ist ihr Jahr jeweils zehn oder elf Tage kürzer, als die Erde für ihre Umlaufbahn um die Sonne benötigt. Um diese Differenz auszugleichen, schieben sie alle drei Jahre einen »Schaltmonat« ein. Dadurch fällt das chinesische Neujahr meist in die Zeit zwischen Ende Januar und Mitte Februar nach christlicher Zeitrechnung. In diesem Jahr 1839 fiel das chinesische Neujahr auf den 14. Februar. Der Kaiserliche Hochkommissar würde also in etwa vier, fünf Wochen eintreffen.

»Und was wird Ihrer Meinung nach dann geschehen?«, fragte ich und folgte Paos Beispiel, der sich munter über die Erdnüsse und eingelegten Oliven hermachte.

»Das ist schwer zu sagen. Der Ausgang der Mission, mit der Lin betraut ist, hängt vermutlich davon ab, wie korrupt die in diese Sache verwickelten Personen sind«, antwortete Liang Sen nachdenklich, beide Hände um die warme Teetasse gelegt. »Werden es die Direktoren der Handelshäuser und ihre Regierungen akzeptieren, dass wir einem Missstand ein Ende machen, der ihnen nach ihren eigenen moralischen Maßstäben im eigenen Land auch zuwider wäre?«

Ich fühlte mich sehr unwohl, fast so, als säße auch ich auf der Anklagebank, und sagte lahm: »Ich weiß es nicht, denn von diesen Dingen verstehe ich nichts. Ich hoffe nur, es kommt zu einer friedlichen Übereinkunft.«

Einen Augenblick sah er mich schweigend an. »Vor mehr als zweitausend Jahren lebte ein Mann namens Sun Tsu«, antwortete Liang Sen schließlich und scheinbar ohne jeden Zusammenhang. »Er war ein großer Philosoph, bevor er General wurde und jede Schlacht, in die er seine Armeen führte, gewann. Sun Tsu schrieb ein großartiges Werk, das sogar Napoleon studiert hat und das sich *Die Kunst des Krieges* nennt, wobei mit ›Krieg‹ nicht allein die mit Waffen ausgetragene Auseinandersetzung zwischen zwei Parteien gemeint ist ...«

Schweigend wartete ich darauf zu erfahren, worauf dieser chinesische Kräuterheiler, der wundersamerweise ein so ausgezeichnetes Englisch sprach, hinauswollte.

»Sun Tsu schrieb: *Wenn du den Feind kennst und dich selbst, brauchst du dich auch vor hundert Schlachten nicht zu fürchten. Die wahre Kriegskunst besteht darin, den Widerstand des Feindes ohne Kampf auf dem Schlachtfeld zu brechen – denn das wahre Ziel des Krieges ist Frieden!*«, fuhr Paos Onkel fort. »Nach Sun Tsu hängt der Ausgang einer kriegerischen Auseinandersetzung von sieben wichtigen Faktoren ab. Und zwar legt er jedem Militärführer nahe sich folgende sieben Fragen zu stellen, bevor er sich zu einem Waffengang entscheidet: *1. Welche von den beiden Parteien hat das moralische Recht auf ihrer Seite? 2. Welcher der Generäle verfügt über die größeren Fähigkeiten? 3. Bei wem liegen die Vorteile von Himmel und Erde?* Wobei mit Himmel und Erde die Logistik, das Terrain und die jahreszeitlichen Umstände gemeint sind. *4. Auf welcher Seite wird die Disziplin am rigorosesten durchgesetzt? 5. Welche Armee ist die stärkste? 6. Auf welcher Seite sind die Offiziere und Mannschaften am besten trainiert?*, und: *7. In welcher Armee werden Leistungen am meisten belohnt und Vergehen am härtesten bestraft?* Mit Hilfe der ehrlichen Antworten auf diese sieben Fragen kann man den Ausgang eines jeden Konfliktes voraussagen.«

»Und wenn sich der Kaiser und sein Hochkommissar dieselben Fragen gestellt haben, wie sehen die Antworten Ihrer

Meinung nach aus chinesischer Sicht aus, *See-bok?«*, wollte ich wissen, denn diese Dinge würden mich sehr direkt berühren.

»So, dass Lin nicht davor zurückschrecken wird, mit aller Härte durchzugreifen. Es heißt, er sei entschlossen die Macht der Faktoreien zu brechen, alles Opium zu beschlagnahmen und es zu vernichten.«

»Auch wenn es dadurch zu einem Krieg kommt?«, fragte Pao verblüfft und mit vollem Mund.

Liang Sen nickte. »Der Kaiser und seine Berater wähnen sich unbesiegbar. Aber ich fürchte, dass sie einen schweren Fehler begangen und einen wichtigen Ratschlag des großen Meisters Sun Tsu nicht befolgt haben – nämlich sich vor jeder Auseinandersetzung erst einmal durch Spione genau über die wirkliche Stärke des Gegners zu unterrichten. Wenn es zum Krieg kommt, wird China ihn verlieren. Denn das moralische Recht auf seiner Seite zu haben reicht gegen eine mächtige und schlagkräftige Kriegsmarine, wie die Engländer sie besitzen, allein nicht aus.«

»Aber China ist doch ein riesiges Land mit unglaublich vielen Millionen Bewohnern und einer sicherlich großen Armee«, wandte ich ein.

Liang Sen seufzte kaum merklich. »Das Opium hat seinen Weg in alle Schichten unserer Gesellschaft gefunden, so auch zu den Soldaten. Mehr als ein Drittel von ihnen sollen mittlerweile schon der Sucht verfallen und untauglich für den Einsatz sein«, antwortete er. »Das gilt sogar für die Elitetruppen. Aber auch wenn unsere Streitkräfte voll einsatzfähig wären, würde das am Ausgang nichts ändern. Denn ganz davon abgesehen, dass chinesische Soldaten sich immer noch vorrangig auf Schwert und Lanze sowie Pfeil und Bogen verlassen, wird der Krieg nun mal zur See entschieden. Und die wenigen Kriegsdschunken, über die wir verfügen und die unsere Hafenstädte schützen sollen, sind für die kanonengespickten Fregatten der britischen Marine keine ernst zu nehmenden Gegner.«

»Und dabei haben wir Chinesen das Schießpulver erfunden!«, warf Pao kopfschüttelnd ein.

Liang Sen nickte. »Die Tragik liegt in der Verschiedenheit der sozialen Ordnungen und der gegenseitigen Geringschätzung, die sich daraus ergibt. In China suchen nämlich begabte und strebsame Menschen ihre Tätigkeit in der Verwaltung, in der Wissenschaft, in der Kunst und Dichtung. Händler gehören bei uns zur untersten sozialen Schicht und werden daher von den Mächtigen mit Verachtung oder Missgunst gestraft. Ganz anders dagegen in England und anderen westlichen Ländern. Da drängen die begabten und ehrgeizigen jungen Männer ins Militär oder in die großen Handelshäuser. Diese zählen nämlich zu den tragenden Säulen des Imperiums – und nehmen auch entsprechenden Einfluss auf die Politik. Und zu diesen Mächtigen der westlichen Welt hält China Kontakt durch ungebildete und verachtete Kleinhändler und Schmuggler! Wen kann es da wundern, dass eine Katastrophe wohl kaum mehr abzuwenden ist?«

Pao brachte das Gespräch auf ein anderes Thema, als er seinem Onkel voller Stolz berichtete, dass ich mir eine Grammatik und ein Wörterbuch besorgt hatte, um mein Studium der chinesischen Sprache fortsetzen zu können. Ich warf schnell ein, dass ich jedoch große Schwierigkeiten mit dem Malen der Schriftzeichen hatte. Wie sehr freute ich mich, als Liang Sen anbot mir darin Unterricht zu erteilen, wann immer ich Zeit und Mut fände ihn in seinem Haus aufzusuchen, wo ich ihm jederzeit willkommen sei, wie er betonte.

Wenig später merkten wir dann, dass es höchste Zeit war, uns auf den Rückweg zu machen, wenn ich nicht vor verschlossenem Stadttor stehen wollte.

Ohne Zwischenfälle kehrten wir eine halbe Stunde vor Sonnenuntergang in die Ausländerenklave und dort in den Hinterhofverschlag in der *Hog Lane* zurück.

»Wann treffen wir uns wieder?«, fragte Pao, während ich mich hastig umzog.

»Wie wäre es mit morgen? Ich kann es nicht erwarten, deinen Onkel wiederzusehen und bei ihm meine erste Unterrichtsstunde zu nehmen.«

Er lachte mich an, als hätte er keine andere Antwort erwartet, und wir verabredeten, uns zur Stunde der Ziege, was nach westlicher Zeit ein Uhr mittag war, an der Ecke *Hog Lane* und *13 Factory Street* zu treffen. Die Verkleidung nahm ich mit in die *Dutch Factory*. Dort gab es genügend Möglichkeiten, die Sachen sicher zu verstecken und mich umzuziehen, ohne Gefahr zu laufen dabei erwischt zu werden.

Pao wollte schon loslaufen, denn es wurde für ihn Zeit, zurück nach Canton zu kommen. Die Sonne stand nur noch eine Handbreite über dem Horizont, und sowie sie versank, wurden die Gitter um die Faktorei wie auch die mächtigen Stadttore geschlossen.

Wir standen schon wieder auf der *Hog Lane*, als Pao noch zögerte. »Da ist etwas, was ich dir schon die ganze Zeit sagen wollte, Felix.«

»Ja, was denn?«

»Rate mal, woran die Frau meines Onkels gestorben ist?«

Ich zuckte die Achseln. »Keine Ahnung. Woran?«

»An einer Überdosis Opium!«

氷

Das Ende der Faktoreien
oder
Wie ich aus allen Wolken fiel, Groneveld ein zweites Mal hinterging und mich bei Liang Sen mit einem toten Philosophen aus der Schlinge zog

Die Wahrheit ist ein unbequemer Geselle, der einem erbarmungslos zusetzt, wenn man erst einmal die Mauern der faulen Ausflüchte und verlogenen Beschönigungen niedergerissen hat, hinter denen man sich bisher verschanzt hatte.

Mir setzt es noch heute schmerzlich zu, wenn ich an Osborne und die Opiumlieferungen denke, die ich in der Enklave für ihn ausgetragen habe. Denn die traurige Wahrheit ist, dass ich diese schändlichen Botengänge für Osborne damals nicht von mir aus eingestellt habe, sondern dass mir diese Entscheidung, die ich eigentlich aus freien Stücken und viel früher hätte treffen müssen, durch das kompromisslose Durchgreifen des Kaiserlichen Hochkommissars abgenommen wurde.

Lin Tse Hsü traf mit seinem Gefolge am 10. März in Canton ein und machte die berühmte Yüeh-Hua-Akademie, die unweit der chinesischen Faktoreien lag, für die Dauer seines Aufenthaltes zu seinem Hauptquartier. An diesem heißen Morgen fiel ein wütender Nordostwind wie ein böses Omen über Canton her und zur Stunde der Schlange gesellte sich noch ein heftiger Regen dazu. Die Zeit der schweren, wolkenbruchartigen Monsunregen war nun nicht mehr weit.

Lin Tse Hsü nahm sofort in Angriff, was zu tun er sich vorgenommen hatte. Schon am nächsten Morgen begann er mit seinen Ermittlungen vor Ort und erließ die ersten Edikte. Er verfügte die Schließung aller Opiumhöhlen, forderte die Bevölkerung zur Ablieferung aller Opiumpfeifen auf und richtete eine letzte Warnung an die Besatzungen der Küstenwache konfisziertes Opium nicht auf eigene Rechnung auf den Markt zu bringen.

Schon die Erlasse der ersten Tage trugen eine deutliche, harsche Handschrift, wiesen sie doch nachdrücklich darauf hin, dass Zuwiderhandlungen mit der Todesstrafe geahndet würden. Und um allen vor Augen zu führen, dass seine Anordnungen nichts mit den bisher üblichen leeren Drohungen einer korrupten Beamtenschaft gemein hatten, ließ er mehrere Piraten und Schmuggler öffentlich hinrichten.

Nicht dass öffentliche Enthauptungen und Erdrosselungen in Canton eine Seltenheit gewesen wären. Sie gehörten im Gegenteil zu den fast schon regelmäßig zu nennenden Ereignissen auf dem großen Marktplatz, die jedes Mal große

Menschenmengen anzogen und gelegentlich volksfestähnlichen Charakter besaßen. In den Wochen vor dem Eintreffen von Lin Tse Hsü war ich selbst schon dreimal Zeuge solch grausamer öffentlicher Hinrichtungen geworden, die zu beschreiben ich mir und dem Leser ersparen möchte.

»Endlich ein Mann an der rechten Stelle, der den Augiasstall ausmistet!«, kommentierte Groneveld das Vorgehen von Lin Tse Hsü mit grimmiger Genugtuung bei einem unserer seltenen und kurzen Zusammentreffen. »Jetzt wird für so manchen Opiumhändler ein gar unfreundliches Erwachen kommen! Recht so!«

»Ach was, das sind doch nichts weiter als die lächerlichen Droh- und Protzgebärden eines kaiserlichen Wichtigtuers!«, tat dagegen Osborne die ersten Amtshandlungen des Hochkommissars ab. »Dieser Lin Tse Hsü macht doch nur lautes Getöse und spielt den harten Mann, um eine Menge Staub aufzuwirbeln und sich vor seinem fernen Kaiser ins rechte Licht zu setzen. Soll er doch ruhig chinesische Piraten und Schmuggler hinrichten. An uns wagt er sich aber ganz sicher nicht heran, darauf kannst du Gift nehmen!«

»Chang Liang Sen ist da ganz anderer Meinung«, hielt ich ihm vor.

Osborne bedachte mich mit einem spöttischen Lächeln. »Nichts für ungut, Felix, aber was versteht dein Chinesischlehrer und Pillendreher schon von hoher Politik und lukrativen Geschäften?«, fragte er herablassend. »Dieser Lin Tse Hü bringt vorübergehend ein wenig Unruhe, das mag sein. Aber glaube mir, letztlich wird sich dieser Bursche in nichts von den anderen schlitzäugigen Schaumschlägern unterscheiden, die sich bisher ohne jede Ausnahme als bestechlich erwiesen haben.«

Lin Tse Hsü unterschied sich jedoch sehr wohl von allen anderen chinesischen Offiziellen, mit denen die Opiumhändler und Vertreter der ausländischen Faktoreien bisher zu tun gehabt hatten. Nur eine Woche nach seiner Ankunft schlug er mit aller Härte zu. Er beorderte die chinesischen *hongs* zu sich und verlas ihnen seinen Erlass, den sie auf den Knien entgegenzunehmen und ihren ausländischen Handelspartnern zu überbringen hatten – und der danach auch noch öffentlich auf der Esplanade angeschlagen wurde. Darin verlangte er die sofortige Auslieferung allen Opiums, das sich in der Enklave, in Macao und an Bord der Schiffe befand, die vor der Küste kreuzten, sowie die Verpflichtung kein weiteres Opium mehr einzuführen.

Der Erlass traf die Mehrzahl der Ausländer ins Mark. Ein Aufschrei der Empörung ging durch die Faktoreien. »Der Mann muss von Sinnen sein!«, erregte sich Osborne, jedoch mit einem hämisch triumphierenden Unterton. »Hier geht es um Tausende Kisten Opium, die einen Wert von mehreren Millionen Pfund Sterling haben! Glaubt er denn wirklich unsere Regierungen nehmen es tatenlos hin, wenn ein Verrückter wie dieser Lin ihnen ihr einträglichstes Geschäft mit China zerschlägt und den unverzichtbaren Tee unbezahlbar macht?«

Lin Tse Hsü mochte naiv gewesen sein und er mochte über die militärische Macht und die moralische Gleichgültigkeit der europäischen Regierungen gegenüber den verheerenden Auswirkungen des Opiums auf die chinesische Bevölkerung nur sehr unzulängliche Informationen besessen haben, wie Liang Sen schon bei meinem ersten Besuch bei ihm angedeutet hatte. Von Sinnen war er jedoch keinesfalls, sondern er machte mit eiserner Entschlossenheit mit seinem radikalen Vorhaben Ernst. Das unterstrich er schon dadurch, dass er gleichzeitig die Ausreise aller Ausländer, die zu den Faktoreien gehörten, ohne jede Ausnahme verbot. Die Händler mochten aber immer noch nicht so recht daran glauben, dass der Hochkommissar und amtierende Stadtkommandant bei seinen extremen Forderungen bleiben würde, und verlegten sich auf eine Hinhaltetaktik.

Darauf antwortete Lin Tse Hsü umgehend mit einer weiteren Verschärfung der Situation, indem er mit einem Schlag das gesamte chinesische Personal, fast tausend Personen an der Zahl, aus den westlichen Handelsniederlassungen zurückbeorderte. Jeder chinesische Diener, Koch, Wasserträger, Schreiber und Bote musste seine Arbeit aufgeben und die Enklave verlassen, wenn er nicht seinen Kopf unter dem Richtschwert des Henkers verlieren wollte.

Die *fangui*, die sich bisher von vorn bis hinten von billigem chinesischem Personal hatten bedienen lassen, mussten nun selbst sehen, wie sie zurechtkamen. Sie mussten selbst ihre Betten machen, Nachttöpfe leeren, ihre Wäsche waschen, kochen und alle anderen unangenehmen Arbeiten verrichten, die ihnen bisher von Chinesen abgenommen worden waren.

»Dieser aufgeblasene Hochkommissar bringt sich damit

selbst auf das Schafott!«, prophezeite Osborne und wetterte über das lausige Essen aus angebrannten Süßkartoffeln und glibberigem Rührei, mit dem er nun tagein, tagaus vorlieb nehmen musste. »Der Bursche zündelt mit lodernder Flamme am offenen Pulverfass!«

酒

Eine große, schwer lastende Stille kehrte auf dem ansonsten so lärmenden, geschäftigen Gelände der dreizehn Faktoreien ein, die Lin Tse Hsü praktisch einem Belagerungszustand unterworfen hatte. Der Fluss wurde nämlich von Kriegsdschunken blockiert, sodass die Siedlung wirklich von jeglichem Kontakt zur Außenwelt abgeschnitten war.

Auch ich saß fest und bekam es allmählich mit der Angst zu tun. Nicht um mein Leben fürchtete ich oder um die Zukunft der Handelshäuser. Deren Schicksal ließ mich völlig kalt. Ich fürchtete vielmehr, aufgrund dieser Blockade und dem, was sich daraus noch entwickeln mochte, keine Gelegenheit mehr zu haben zu Pao und seinem Onkel zurückzukehren. In den vergangenen Wochen hatte ich bestimmt zweimal so viel Zeit im Hofhaus von Liang Sen verbracht wie in der Siedlung. Paos Freundschaft war mir kostbarer als alles andere und auch das Lehrer-Schüler-Verhältnis zwischen Liang Sen und mir hatte inzwischen eine herzliche Vertiefung erfahren. Manchmal hatte ich das Gefühl mehr das Mündel dieses weisen chinesischen Mannes zu sein, der mich mit großer Geduld in der schwer durchschaubaren Wissenschaft der chinesischen Schriftzeichen unterrichtete, als das von Groneveld.

Am 27. März kapitulierten die Kaufleute. Der britische Superintendent Captain Charles Elliott, der mit allen großen Opiumhändlern befreundet war und als inoffizieller Konsul der Enklave die größte Macht unter den Ausländern besaß, erwies sich dabei als die treibende Kraft. Er erkannte, dass Lin Tse Hsü es bitter ernst meinte und im Augenblick am längeren Hebel saß. Deshalb forderte er alle Kaufleute auf, sich dem Befehl des Hochkommissars zu beugen und das Opium auszuliefern.

Seine Anordnung lautete wie folgt: *Gedrängt von höchsten Motiven, die die Sicherheit für Leben und Freiheit aller Ausländer hier in Canton betreffen, und aus anderen sehr gewichtigen Gründen erteile ich, Charles Elliott, Oberster Inspektor für den Handel britischer Staatsangehöriger in China, hiermit im Namen und Auftrag der Regierung Ihrer Britischen Majestät allen Untertanen Ihrer Majestät, die sich zur Zeit in Canton aufhalten, den Befehl und bitte sie mir im Dienst der Regierung Ihrer oben genannten Majestät unverzüglich ihnen gehörendes Opium oder britisches Opium unter ihrer jeweiligen Kontrolle zu übergeben, damit es der Regierung von China ausgehändigt werden kann, und britische Schiffe und sonstige Wasserfahrzeuge aufzuhalten, die in den Opiumhandel einbezogen sind und meinem direkten Befehl unterstehen.*

Schon am nächsten Tag ließ Elliott dem Hochkommissar

eine genaue Aufstellung der gesamten Opiumbestände überbringen, die den chinesischen Behörden ausgeliefert werden sollten. Die Liste umfasste die enorme Zahl von 20.283 Kisten.

Ein Großteil der Ware befand sich noch auf Schiffen, die zwischen den vorgelagerten Inseln kreuzten, sowie in gut getarnten Lagerhäusern der portugiesischen Kolonie Macao. Diese 20.283 Kisten nach Canton zu transportieren und den Behörden zu übergeben nahm einige Wochen in Anspruch. Von einer wie üblich pünktlichen Abreise aller Ausländer zum Ende der Handelssaison war natürlich längst keine Rede mehr.

Lin Tse Hsü machte mit dem Opium kurzen Prozess: Er befahl seine unverzügliche öffentliche Vernichtung. Eine kleine Armee von Kulis hob daraufhin am Ufer lange Gräben aus und leerte die Opiumkisten darin. Dann wurde der klebrige, braune Extrakt der indischen Mohnpflanze reichlich mit Kalk und Salz vermischt, um das Opium unbrauchbar zu machen. Die Kulis wateten mit Schaufeln durch diese dickflüssige Suppe, die einen fürchterlichen Gestank verbreitete.

Bevor die Gräben jedoch geflutet wurden und die ekelhafte Opiumpampe in den Fluss strömte und von dort ins Meer hinausgetragen wurde, hielt Lin Tse Hsü einen feierlichen Gottesdienst unter freiem Himmel ab. Darin bat er den Meeresgott um Verzeihung für den Schaden, den er den Kreaturen von Fluss und Meer zuzufügen gezwungen war.

»Weißt du, was allein das Opium der britischen Händler wert gewesen ist, das dieser Verrückte vernichtet und ins Meer gespült hat?«, fragte mich Osborne hinterher. »Mindestens zwei Millionen Dollar! Und glaubst du, die Kaufleute und die Herrschaften in Whitehall, von denen viele ihr Geld in den Chinahandel investiert haben, werden solch einen enormen Verlust einfach hinnehmen und in ihren Büchern abschreiben? Den Teufel werden sie tun! Zudem steht die indische Regierung jetzt so gut wie vor dem Bankrott, weil die nächste Opiumernte, mit deren Einnahmen man natürlich fest gerechnet hat, unverkäuflich ist. Weißt du, was das bedeutet?«

»Dass dies der Tropfen ist, der das Fass zum Überlaufen bringt?«, antwortete ich.

Er lachte kurz und trocken auf. Es war ein sehr hämisches Lachen. »Du hast es erraten. Mit dieser Vernichtung von über 20.000 Kisten Opium haben der Kaiser und sein dümmlicher Hochkommissar meiner Regierung endlich einen Grund geliefert, um China eine längst fällige Lektion erteilen und die Grenzen für den Außenhandel endlich weit aufreißen zu können. Und dies wird nicht durch Diplomaten geschehen, sondern durch die Breitseiten unserer Kriegsschiffe!«

Ich machte wohl ein betroffenes Gesicht. Denn lachend schlug er mir auf die Schulter und sagte ausgesprochen fröhlich: »Kein Grund zur Bedrückung, Felix. Nichts wird unserem Opiumhandel und allen anderen Geschäften mehr helfen als ein netter kleiner Krieg mit China. Und diesen Krieg werden wir nun bekommen!« Daraufhin zog er seinen silbernen Flakon hervor und gönnte sich einen kräftigen Schluck Brandy – zur Feier des Tages, wie er sagte.

状

Die Überzeugung, dass es nun zwangsläufig zum Krieg kommen musste, teilte die überwältigende Mehrzahl der Ausländer. Auch Groneveld. Damit wurde Canton zu einem Ort, dem man besser so schnell wie möglich den Rücken kehrte, bevor die Situation noch brenzliger wurde – von der zunehmenden Schwüle aufgrund der steigenden Temperaturen und täglichen Wolkenbrüche ganz abgesehen. Die Furcht, von den Chinesen als Geisel festgehalten zu werden, ging um. Plötzlich traute man Lin Tse Hsü alles zu. Deshalb hatten es plötzlich alle sehr eilig, die Siedlung am Pearl River zu verlassen und aus dem Machtbereich der Chinesen zu kommen. Kaum hatte Lin Tse Hsü die Blockade über die Enklave aufgehoben, als augenblicklich hektische Betriebsamkeit einsetzte und sich die dreizehn Faktoreien auch schon zu leeren begannen.

»Wir schließen unsere Faktorei natürlich auch«, teilte Groneveld mir mit, während der nachmittägliche Monsunregen wie eine Sturzflut auf Canton niederging und über die Schlagläden rauschte. »In wenigen Tagen wird die Siedlung ausgestorben sein! Und wer weiß, wann wir wieder hierhin zurückkehren können. Nun, ich dränge mich nicht danach. Allmählich habe ich genug vom Kolonialdienst.«

»Und wohin werden wir von hier aus gehen, Mijnheer?«, fragte ich und gab mir die allergrößte Mühe mir meine Bestürzung nicht anmerken zu lassen.

»Zuerst nach Macao, aber dieser Ort wird für Ausländer wohl nicht weniger gefährlich sein als Canton. Vielleicht warten wir den Ausgang des Krieges auf Sumatra ab. Möglicherweise kehren wir auch nach Europa zurück. Das wäre mir und Mareike am liebsten«, sagte er und tupfte sich mit einem Taschentuch den Schweiß vom Gesicht. Denn die stummen Diener, die gewöhnlich die großen, unter der Decke aufgehängten Luftfächer aus geflochtenem Bambus in Gang hielten, waren nicht wieder zur Arbeit erschienen.

Ich horchte auf. »Mareike? Wer ist Mareike?«, fragte ich höchst alarmiert und dachte an die vielen Fahrten, die Groneveld in den letzten Monaten nach Macao unternommen hatte – angeblich stets in geschäftlichen Belangen.

»Jemand, der mir sehr nahe steht und der in nicht allzu ferner Zukunft meinen Namen tragen und mein Leben mit mir teilen wird. Das ist alles, was du im Augenblick wissen musst, und ich verbitte mir jede weitere Frage zu diesem Thema!«, beschied er mich auf seine barsche, gestrenge Art.

Ich fiel aus allen Wolken. Hermanus Groneveld, der scheinbar ewige Junggeselle, gedachte zu heiraten! Diese Neuigkeit stellte einen regelrechten Schock für mich dar. Und ich fragte mich, von welchem Wesen diese Mareike wohl sein mochte, dass sie gewillt war, einen so unnahbaren, gefühlsarmen Mann wie ihn zu heiraten. Es war mir unmöglich, mir diese Frau als eine freundliche, warmherzige Person vorzustellen. Mir drängte sich vielmehr die erschreckende Vermutung auf, dass sie ihm wohl in vielem äußerst ähnlich sein musste, wenn ihr seine Art gut genug gefiel, um seine Frau zu werden.

»Wohin wir letztlich gehen, wird sich noch früh genug herausstellen, wenn ich Antwort auf meine dienstlichen

Depeschen und meinen Brief an deine Tante Hildegard erhalten habe«, fuhr Groneveld fort. »Das alles ist im Augenblick jedoch noch ohne Bedeutung. Wichtig ist allein, dass wir Canton so schnell wie möglich hinter uns lassen. Deshalb werden wir heute schon mit dem Verladen des Inventars beginnen. Dafür brauchen wir jede Hand, denn wie du weißt, haben viele unserer chinesischen Bediensteten es vorgezogen, erst gar nicht wieder an ihre Arbeit zurückzukehren. In Whampoa wartet jedoch eine niederländische Brigantine auf uns, die schon in drei Tagen ausläuft und die wir nicht verpassen dürfen. Denn alle anderen Schiffe sind schon mehr als überbelegt. Es dürfte dich übrigens interessieren, dass auch ein dir bekannter Missionar mit an Bord sein wird . . .«

»Pater Wetzlaff!«, unterbrach ich ihn. »Also ist er wohlauf?«

Das Letzte, was ich gerüchteweise über Bruder Johann-Baptist gehört hatte, war, dass er in einem Dorf etwa fünfzig Meilen flussaufwärts freundliche Aufnahme gefunden hatte.

»Nun ja«, antwortete Groneveld, »er kann froh sein, dass er noch am Leben ist. Soweit ich informiert bin, hat man ihn und seinen Bekehrungsversuchen die Schuld gegeben, als eine Überschwemmung das halbe Dorf verwüstete, in dem er untergekommen war. Die Leute dort haben ihn verprügelt und dann übel zugerichtet einem Flusshändler mitgegeben, der nach Whampoa fuhr. Es geht ihm schon wieder besser, aber es sieht so aus, als hätte er fürs Erste genug vom Reich der Mitte. Du wirst ihn ja selbst nach seinen Erlebnissen befragen können. In zwei Tagen geht unser Schiff. Es bleibt uns also nicht viel Zeit. Deshalb erwarte ich von dir, dass du kräftig mit anpackst und dein Bestes gibst!«

»Ich verstehe, Mijnheer, und ich werde alles tun, was ich kann«, versprach ich mit scheinheiliger Folgsamkeit, und das war noch nicht einmal gelogen. Denn ich verstand ihn nur zu gut und es gab Dinge, die ich tun konnte, und andere, die ich beim besten Willen nicht untätig hinzunehmen gedachte.

Groneveld wollte mich nach Europa zurückbringen und nun, wo ich ihm und sicherlich auch seiner zukünftigen Ehefrau Mareike lästig wurde, in die Obhut von Tante Hildegard abschieben! Diese Aussicht erschreckte mich zutiefst und weckte meinen Widerstandsgeist. Ich wollte bei Pao in Canton bleiben, um jeden Preis!

Nun quälte mich die Frage, wie wohl Liang Sen zu meinem Vorhaben stand. Würde er mich bei sich aufnehmen? Oder würde er mein Ansinnen ablehnen und mich dazu bewegen, zu Groneveld zurückzukehren und mich mit ihm auf der Brigantine einzuschiffen, solange die Möglichkeit dazu noch gegeben war?

Nach langer Grübelei entschied ich mich für das Wagnis, mein Glück auf die Probe und Liang Sen vor vollendete Tatsachen zu stellen. Ich baute auf seine Zuneigung und Gastfreundschaft. Denn hatte er nicht schon einmal ein Findelkind großherzig in sein Haus aufgenommen?

Da ich mich in diesen drei heißen Augusttagen nicht aus der Enklave wegstehlen konnte, weil nun wirklich von Sonnenaufgang bis Sonnenuntergang jede Hand zum Verpacken und Verladen gebraucht wurde, suchte Pao mich in der Faktorei auf. Er hatte sich während der Blockade große Sorgen um mich gemacht.

»Was wirst du tun, Felix? Wirst du Canton mit Groneveld und den anderen Ausländern verlassen?«, fragte er mit trauriger Miene.

»Ich habe eigene Pläne. Aber es ist vielleicht besser, du fragst mich nicht danach. Dann kannst du wenigstens ohne zu lügen sagen, du hättest von nichts gewusst, wenn es Ärger geben sollte«, riet ich ihm. »Sorge jedoch dafür, dass du morgen am späten Nachmittag im Haus von Liang Sen anzutreffen bist.«

Umgehend hellte sich sein Gesicht auf, denn nun wusste er, was ich vorhatte. »Ich werde von nichts etwas gewusst haben, wenn du morgen Nachmittag völlig überraschend vor unserer Tür stehst!«, versicherte er mit fröhlich blitzenden Augen und half mir, eine schwere Truhe auf eine Sackkarre zu setzen.

Das Inventar der Faktoreien wurde auf eine kleine Flotte von Dschunken, Lorchas und Sampans geladen, zwanzig Kilometer flussabwärts nach Whampoa gebracht und dort auf die Segelschiffe umgeladen.

Ich schonte mich in diesen Tagen nicht, sondern arbeitete so unermüdlich wie ein Kuli. Wo immer Hilfe nötig war, packte ich mit an, so wie ich es Groneveld versprochen hatte. Keine Kiste war mir zu schwer und keine Arbeit zu dreckig. Niemand sollte mir nachsagen können, ich hätte mich vor ehrlicher Arbeit gedrückt.

祭

Und dann kam der Spätnachmittag der Abreise. Die meisten Angehörigen der *Dutch Factory* hatten sich schon auf der dafür reservierten Flussdschunke eingefunden. Groneveld verschwand mit seinem Stellvertreter sowie seinem Sekretär van der Bloom noch einmal in der Faktorei, um einen letzten Rundgang durch das verlassene Gebäude zu machen. Und ich sollte nun mit Roodfontein und dem Gesellen Willem zu den Docks hinuntergehen, wo unsere Dschunke vertäut lag.

»Würden Sie mir einen großen Gefallen tun, Mijnheer?«, fragte ich den Lagermeister, als wir die Rampe aus den Katakomben hochgingen.

»Kommt ganz drauf an, was du von mir willst, Junge.«

Ich bemühte mich um eine gleichmütige Miene, als hätte ich ihm nichts wirklich Wichtiges mitzuteilen. »Richten Sie meinem Vormund doch bitte aus, dass ich es mir anders überlegt habe.«

Der Lagermeister sah mich mit gerunzelter Stirn an. »Anders überlegt? Wie soll ich das verstehen? Was hast du dir anders überlegt? Und wieso sagst du ihm das denn nicht selbst?«

»Ich werde nicht mit Ihnen und den anderen reisen, Mijnheer. Er soll also nicht auf mich warten und mich schon gar nicht suchen lassen, weil er mich nicht finden wird«, erklärte ich und lockte ihn bewusst auf die falsche Fährte, indem ich leise, sodass Willem mich nicht hören konnte, noch hinzufügte: »Sie werden bestimmt Ihre Vermutung haben, wem ich mich angeschlossen habe, und gut beraten sein, diese für sich zu behalten. Wenn der Krieg wirklich so kurz ist, wie alle prophezeien, dann werden wir uns hier bestimmt bald wieder sehen.«

Mit sprachloser Verblüffung sah er mich an.

»Eine gute Reise, Mijnheer«, sagte ich und entfernte mich ohne Eile, fest darauf vertrauend, dass Roodfontein annahm, ich hätte mich Osborne angeschlossen. Und mit dem Opiumhändler wollte er es sich bestimmt nicht verderben.

Tatsächlich ließ mich der Lagermeister gehen, ohne auch nur den Ansatz eines Versuches zu machen mich zurückzuhalten! Weder forderte er mich auf gefälligst zurückzukommen, noch schickte er mir den Gesellen nach.

Kaum war ich hinter dem Tor um die Ecke gebogen, als ich auch schon die Beine in die Hand nahm und hinüber in die *Hog Lane* rannte, wo ich meine Verkleidung in dem Bretterverschlag der Seemannsspelunke versteckt hatte. In den Schänken herrschte noch immer reges Leben, denn wenn auch alle Faktoreien ihre Abreise vorbereiteten, so geschah diese doch nicht an einem einzigen Tag. Die Schließung aller Handelsniederlassungen erstreckte sich vielmehr über den Zeitraum von einer guten Woche. Die *New English Factory* und die *Dutch Factory* aber hatten es besonders eilig gehabt, aus Canton zu kommen.

In meiner Verkleidung als chinesischer Kuli tauchte ich wenig später wieder in der *Hog Lane* auf. Ich zögerte, ob ich es mir erlauben sollte, mich unter die Schaulustigen auf der Esplanade zu mischen und die Abreise meines Vormundes zu beobachten, entschied mich jedoch dagegen. Es drängte mich mehr, in die Straße des versteckten Drachen zu kommen und Gewissheit zu erhalten, ob ich bei Liang Sen tatsächlich Aufnahme fand.

Noch bevor ich das Westtor erreichte, öffnete sich die dunkle Wolkendecke über Canton. Der Monsunregen fiel wie eine Wasserwand vom Himmel und durchnässte mich innerhalb von wenigen Sekunden bis auf die Haut.

Keine der Wachen schenkte mir auch nur einen Blick, als ich mit vielen anderen dahinhastenden Chinesen über die Straße gelaufen kam und scheinbar im langen Tunnel des Tores Schutz vor den herabstürzenden Fluten suchte. Ich wartete jedoch nicht ab, bis der Regen nachgelassen hatte, sondern lief weiter – durch die Straßen und Gassen der Neustadt, über den großen Marktplatz und in die verwinkelte Gasse, wo Liang Sen lebte. Und während ich durch knöcheltiefe Pfützen rannte und mit einer Hand meinen Hut festhielt, von dem der Regen wie in Sturzbächen herabfloss, hätte ich bei jedem Schritt vor Freude lauthals singen mögen.

So plötzlich, wie der Monsunregen gekommen war, so plötzlich hörte er auch wieder auf. Noch bevor ich die Altstadt erreicht hatte, brach die Wolkendecke auf und sofort verwandelte sich das regengetränkte Canton in eine riesige, dampfende Waschküche. Dennoch lief ich beschwingt weiter, getragen von der unerschütterlichen Zuversicht, dass Liang Sen mich nicht abweisen würde.

Als ich endlich in der Gasse vor dem Tor stand, brauchte ich noch nicht einmal den schweren Türklopfer zu betätigen.

Pao hatte schon voller Ungeduld auf mich gewartet und ließ mich ein. »Du hier? Ich dachte, alle Angehörigen der *New English Factory* und der *Dutch Factory* reisen heute aus Canton ab?«, sagte er und tat erstaunt. Dabei zwinkerte er mir jedoch verschwörerisch zu und stieß mich freundschaftlich in die Rippen. »Wenn das nicht eine Überraschung ist!«

Wenig später stand ich vor seinem Onkel, klatschnass und nun doch mit vor Aufregung wild schlagendem Herzen. In den nächsten Minuten würde sich mein weiteres Schicksal entscheiden.

»Bist du gekommen, um dich zu verabschieden?«, fragte Liang Sen freundlich.

Ich schüttelte den Kopf. »Ich möchte bei Ihnen und Pao bleiben, wenn ich darf, *See-bok*«, antwortete ich ohne große Umschweife.

Jeder andere hätte wohl auf die eine oder andere Weise mit Erstaunen reagiert, nicht jedoch Liang Sen. Sein ruhiger, aufmerksamer Ausdruck blieb unverändert, wie auch seine Stimme, als er fragte: »Und warum?«

Natürlich hatte ich mit dieser Frage gerechnet und mir meine Antwort in den letzten Tagen reiflich überlegt. Aber meine so gründlich vorbereitete Rede, die ich einstudiert hatte, kam mir in diesem Augenblick, wo ich Liang Sen gegenüberstand, der Situation doch nicht ganz angemessen, ja einfach nicht ehrlich genug vor.

»Ich bin meinem Vormund, Hermanus Groneveld, lästig geworden – woran ich vielleicht selbst nicht ganz unschuldig bin«, räumte ich ein. »Aber wir sind nie sehr gut miteinander ausgekommen. Er will mich um jeden Preis zu einem Krämer, einem Kaufmann machen, der sein Leben in einem Kontor über Rechnungsbücher und Frachtbriefe gebeugt verbringt. Ich kann so nicht leben. Und jetzt will Groneveld sich verheiraten und mich zu meiner Tante nach Deutschland abschieben.«

»Immerhin eine Verwandte«, gab Liang Sen zu bedenken.

»Tante Hildegard ist mir so fremd geworden wie Deutschland, *See-bok*. Mich verbindet mit ihr so wenig wie mit dem Land meiner Geburt. Die Heimat ist mir längst zur Fremde geworden und die Fremde zur Heimat«, sagte ich.

Mir war, als nickte Liang Sen kaum merklich.

»Aber das allein ist es nicht«, fuhr ich fort. »Als mein Vater starb, habe ich den letzten Menschen verloren, der mir etwas bedeutet hat und in meinem Leben wichtig gewesen ist, auch wenn ich in den Jahren nach dem Tod meiner Mutter nicht viel von ihm gehabt hatte, weil er sich immer mehr verschlossen hat. Tja, und dann habe ich Pao und Sie kennen gelernt . . .« Ich stockte einen Moment und kämpfte mit meiner Verlegenheit. »Ich . . . ich weiß nicht, wie ich es ausdrücken soll, aber Paos Freundschaft bedeutet mir mehr, als ich sagen kann, und hier in diesem Haus habe ich mich mehr zu Hause gefühlt als an all den Orten, wo ich mit meinem Vater gelebt habe. Und das möchte ich nicht verlieren, *See-bok*.«

Liang Sen sah mich schweigend an, während er meine Antwort in aller Ruhe bedachte.

Ich spürte, dass Pao jetzt nichts lieber getan hätte, als ihm zuzureden, meinem Wunsch, der auch der seine war, zu entsprechen und mich bei sich aufzunehmen. Er war jedoch klug genug, es nicht zu tun und sich nicht in unser Gespräch einzumischen. Denn er wusste, dass sein Onkel dies als Bedrängung gewertet und missbilligt hätte. Wenn ich Erfolg haben wollte, musste schon ich allein seinen Onkel überzeugen.

»Ich verstehe deine Gefühle und deine Befürchtungen«, brach Liang Sen schließlich sein Schweigen. »Aber nenne mir einen wirklich überzeugenden Grund, warum ich dich bei mir aufnehmen soll.«

Mir brach der Schweiß aus, was mir glücklicherweise nicht anzusehen war, denn mir rann auch so das Wasser aus dem nassen Haar und der tropfnassen Kleidung. Fieberhaft suchte ich einen für Liang Sen überzeugenden Grund, nach der erlösenden Antwort.

Plötzlich kam mir ein Einfall. »Erinnern Sie sich noch an unser Gespräch, in welchem Sie mir von dem Philosophen Laotse und seinem Werk, dem *Tao te king* erzählt haben, auf dem der Taoismus aufbaut?«

Er lächelte belustigt. »Gewiss erinnere ich mich.«

»Sie haben mir erklärt, dass eine der wichtigsten Lehren des Tao heißt: *Entdecke, wer du bist!* Und eine andere lautet: *Wirke durch dein Verhalten statt durch dein Handeln, und führe andere, indem du sie eher anleitest als beherrschst!«*, fuhr ich fort.

Liang Sen nickte. »Das hast du ganz richtig behalten«, sagte er erfreut, um dann herausfordernd zu fragen: »Und was haben Laotses unsterbliche Weisheiten und Einsichten in das Wesen der Wirklichkeit mit deinem Anliegen zu tun?«

»Bei Ihnen kann ich lernen zu entdecken, wer ich bin, *See-bok*«, antwortete ich. »Wenn Sie mich zu Groneveld und meiner Tante zurückschicken, werden diese mir dagegen das genaue Gegenteil beibringen.«

Liang Sen lächelte nun. »Freiheit ist ein Trugschluss, und was wir für die Wirklichkeit halten, sind nur Bruchteile der Realität, Denkbilder, die wir verzerrt durch die Brille unserer Voreingenommenheit sehen. Aber um das zu erkennen, bedarf es eines langen Weges. Du bist noch weit entfernt von den tiefen Einsichten des Tao, was angesichts deiner Jugend auch nur zu verständlich ist. Aber du bist bereit, die richtige Richtung einzuschlagen und das will ich anerkennen.«

»Heißt das, dass Felix bleiben darf?«, stieß Pao nun aufgeregt hervor.

Liang Sen nickte. »Ja, das heißt es«, bestätigte er.

Ich hätte vor Freude in die Luft springen können, beherrschte mich jedoch, verbeugte und bedankte mich, wie es gegenüber einem Mann wie Liang Sen angemessen war.

Fünf Tage später beobachteten Pao und ich auf der Esplanade die Abreise der letzten *fangui*. Die Flussdschunken mit den Ausländern hatten noch nicht einmal die Leinen losgeworfen, als die Menschenmenge schon die Tore der Faktoreien aufbrach, Wachen und Soldaten vorneweg. Die Chinesen strömten in die verlassenen Gebäude und plünderten die Niederlassungen restlos aus. Sie trugen alles davon, was nicht niet- und nagelfest war. Einige Plünderer, die zu spät kamen und leer ausgingen, zertrümmerten zum Schluss Fenster, rissen Schlagläden aus ihren Aufhängungen und sogar Tapeten von den Wänden.

Mir war, als könnte ich Osborne hören, wie der diese Szene mit genüsslich höhnischen Worten wohl kommentierte hätte: »Es ist so weit. Die Lunte von Lin Tse Hsü hat das Pulverfass erreicht. Der Krieg hat begonnen!«

祝

Der Opiumkrieg
oder
Wie ich zum Chinesen wurde, die Bergbanditen Kröte und Schielauge wieder sah, mir den hasserfüllten Fluch der ehrgeizigen Amme Shi Yang zuzog und im Krieg zwischen die Fronten geriet

Fast zwei Jahre lebte ich in den Mauern von Canton das Leben eines chinesischen jungen Mannes, der sich unter der Aufsicht und Führung eines weisen Lehrers ganz dem Studium der chinesischen Sprache und des Taoismus hingibt. Und um nichts auf der Welt möchte ich diese Zeit missen, die mein Denken, Fühlen und wohl auch mein Handeln so nachdrücklich beeinflusst hat, als wäre mir das Glück vergönnt gewesen, ein ganzes Dutzend Jahre Schüler, ja Sohn von Liang Sen zu sein. Manchmal reichen eben die Erlebnisse und Eindrücke einer verhältnismäßig kurzen Zeitspanne, um einen Menschen für den Rest seines Lebens im Guten wie im Schlechten zu prägen und ihn auf einen Weg zu leiten, den er sonst nie eingeschlagen hätte.

Im Rückblick und insbesondere im Zuge dieser Niederschrift sehe ich viele Dinge klarer, zumal ich mich nun auch nicht mehr davor scheue, bei meinen Erinnerungen offenen Auges in den Spiegel der Ehrlichkeit zu schauen. Aber was ich darin erblicke, gereicht mir selten zur Ehre, es beschämt mich vielmehr zutiefst. Als ich bei Liang Sen ein neues Zuhause fand, waren mein Charakter und meine Weltsicht noch so biegsam wie junger Bambus – und sie hatten sich, um in dem Vergleich zu bleiben, schon gefährlich in Richtung moralischer Verderbnis geneigt. Denn wäre ich noch länger unter dem Einfluss von Osborne geblieben, hätte ich mich zweifellos nach ihm ausgerichtet und mir wohl unwiderruflich seine menschenverachtenden Wertvorstellungen und seine Skrupellosigkeit zu Eigen gemacht. Dass mir dieses Verhängnis erspart geblieben ist und ich unverkrümmt wachsen konnte, verdanke ich Liang Sen, diesem bemerkenswerten Kräuterheiler, der bei mir Wunden heilte, die viel tiefer lagen, als jede sichtbare äußere Verletzung jemals dringen kann.

Vor dem schlichten Ahnenschrein, wo die Täfelchen mit den Namen der verstorbenen Vorfahren hingen und in kleinen Schalen Räucherwerk glomm, wo aber keine Götterfiguren standen, wie das bei den Chinesen sonst gemeinhin der Fall ist, teilte Liang Sen mir feierlich mit, dass ich für die Dauer meines Aufenthaltes bei ihm einen chinesischen Namen annehmen würde – Chang Chia Wang.

Dass ich den Familiennamen Chang erhielt, machte mich verlegen, stellte dies doch eine große Ehre dar, auch wenn es sich nicht um eine offizielle Adoption handelte. Und dass mein Generationsname Chia lautete, wie bei Pao und Fen, erklärte sich daraus, dass wir alle mehr oder weniger einer Generation angehörten.

»Doch warum ausgerechnet Wang?«, fragte ich, hin und her gerissen zwischen dem Stolz, nun einen eigenen chinesischen Namen zu besitzen, und der Enttäuschung, dass mein Eigenname Wang so wenig Strahlkraft besaß.

»Weißt du, was Wang bedeutet?«, fragte mich Liang Sen.

»Ja, es kann je nach Aussprache und Betonung ›vergessen‹ heißen oder ›vorwärts gehen‹«, antwortete ich.

Liang Sen lächelte nun. »Richtig, aber Wang kann auch ›König‹ heißen sowie . . .«

»König? Oh, das wusste ich nicht!«, sagte ich hocherfreut.

». . . sowie ›Hoffnung‹«, führte Liang Sen seinen Satz zu Ende. »Und dies ist die Bedeutung deines Eigennamens. Denn ein Mensch wie du, der die Grenze zwischen den Kulturen mit offenen Armen und offenem Herzen überquert, ist Träger der Hoffnung – nämlich der Hoffnung, dass mit gutem Willen aus Fremdheit Vertrautheit werden kann, aus Geringschätzung Achtung und aus Feindschaft Freundschaft.«

Ich war tief bewegt – von seinen Worten wie auch von der Tatsache, dass Liang Sen mich zur Familie zählte und dass Pao damit nicht mehr nur mein Freund, sondern nun sogar zu meinem Bruder geworden war. Ein größeres Geschenk hätte ich mir nicht wünschen können.

Der alte mongolische Diener Cao Feng akzeptierte mich im

Haus seines Herrn mit nachsichtiger Freundlichkeit und die kleine Chia Fen überwand schnell ihre Scheu vor mir und entwickelte eine liebevolle Anhänglichkeit. Dabei tat Shi Yang alles, um ihren Zögling von mir fernzuhalten und ihre Kinderseele gegen alles Fremde zu vergiften. Zum Glück blieben ihre Versuche erfolglos.

Die Amme mied jeden unnötigen Kontakt mit mir. Zwar zollte sie mir äußerlich den Respekt und die Höflichkeit, die mir als Gast von Liang Sen zwangsläufig zustanden. Doch wenn wir einander begegneten, ohne dass ein anderer zugegen war, zeigte sie mir ihr wahres Gesicht. Dann verrieten ihre verkniffene Miene und ihr stechender Blick, dass sie für mich, einen *fangui*, nicht die geringsten Sympathien hegte und mich lieber heute als morgen aus dem Haus gehabt hätte.

Ich machte mir deswegen etwas Sorgen. Doch Pao redete mir diese Bedenken aus. »Sie ist doch bloß eine unbedarfte Amme, die außerhalb des Kinderzimmers nichts zu sagen hat. Ignoriere sie einfach. Sie wird sich schon damit abfinden, dass du nun zur Familie gehörst.«

Liang Sen war nicht nur ein sehr bescheidener und gebildeter Mann, sondern auch ein sehr nüchtern denkender und praktisch veranlagter Mensch. Er machte sich Gedanken über meine Sicherheit. Es lag auf der Hand, dass meine Anwesenheit den anderen Bewohnern des Viertels auf Dauer nicht unbemerkt bleiben konnte, auch wenn ich nur selten das Haus verließ, was er mir aber nicht zumuten wollte. Auch wusste niemand zu sagen, wie lange der Krieg dauern und was er mit sich bringen mochte. Siege der Engländer, die auf chinesischer Seite hohe Verluste forderten, konnten sogar in einer Stadt wie Canton, die an *fangui* gewöhnt und ihnen im Allgemeinen sehr gewogen war, die Stimmung umkippen lassen, Hass auf Ausländer schüren und mich in ernste Gefahr bringen. Dem wollte Liang Sen frühzeitig vorbeugen.

»Du hast einen neuen Namen erhalten und nun wirst du auch noch eine neue Lebensgeschichte erhalten«, teilte er mir an einem der ersten Tage beim Tee mit. »Und zwar bist du von Stund an der Sohn meines verstorbenen Zwillingsbruders Liang Xiao, der in Macao mit einer *fangui* gelebt hat.«

»Hat dieser Bruder wirklich existiert?«, fragte ich.

Liang Sen nickte. »Und er ist sehr jung gestorben. Mein Zwillingsbruder Xiao war gerade achtzehn Jahre alt, als er in England schwer erkrankte und nach Wochen dem Fieber erlag.«

Pao zeigte sich nicht weniger überrascht als ich. »Dein Bruder hat in England gelebt? Das habe ich ja gar nicht gewusst!«, rief er, um trocken hinzuzufügen: »Aber du hast ja auch nie über ihn und eure Jugend gesprochen.«

»Jede Geschichte braucht ihre rechte Zeit und Zuhörerschaft«, erwiderte Liang Sen und eröffnete uns dann: »Mein Zwillingsbruder Xiao und ich, wir haben beide eine Zeit lang in England gelebt. Was an sich nichts allzu Ungewöhnliches ist. Denn schon seit Matteo Riccis Zeit haben europäische Seefahrer, Händler und Missionare Chinesen in ihre Dienste genommen und sie auch mit in ihre Heimat zurückgebracht, zumeist als Diener, aber auch, um sie mit der abendländischen Kultur vertraut zu machen.«

»Und bestimmt auch, um sie zum Christentum zu bekehren«, nahm ich an.

»In der Tat«, bestätigte er mit einem feinen Lächeln. »Zu diesem Zweck und zur Ausbildung chinesischer Priester hat man deshalb 1732 in Neapel das Chinesische Kolleg gegründet.« Er machte eine kurze Pause. »Ich selbst habe es anderthalb Jahre besucht.«

Pao und ich sahen ihn ungläubig an.

»Sie haben in Neapel eine römisch-katholische Priesterausbildung erhalten?«, stieß ich fassungslos hervor. »Wie um alles in der Welt sind Sie bloß an dieses Kolleg in Neapel gekommen, *See-bok*?«

Liang Sen lächelte belustigt und strich über seinen Bart. »›Getragen vom Wind‹, wie Chinesen zu sagen pflegen, wenn sie auf Segelschiffen in die Ferne reisen. Über Macao und Malacca und dank eines wahrhaft wohlmeinenden, christlichen Ehepaares, dem eigene Kinder versagt geblieben waren«, antwortete er. »Ich bin mit meinem Bruder Xiao, als wir noch keine acht Jahre alt waren, nach Macao geschickt worden. Unsere arme Mutter, die nicht wusste, wie sie für uns sorgen sollte, hatte uns kurzerhand in die Dienste eines englischen Händlers namens Harding gegeben, was damals wie heute nichts Außergewöhnliches ist. Dieser Mister Anthony Harding war mit einer wirklich sehr frommen, warmherzigen und kinderlieben Portugiesin namens Isabella verheiratet, der nichts mehr am Herzen lag, als die Seelen der sogenannten Heiden zu retten. An mir und meinem Bruder hatten die beiden bald großen Gefallen gefunden. Und als die Hardings für einige Jahre nach Malacca gingen, nahmen sie uns mit und schickten uns dort auf die Englisch-Chinesische Schule. Mister Hardings Geschäfte florierten so gut, dass er und seine Frau nach wenigen Jahren beschlossen nach England zurückzukehren und sich auf einem kleinen Landgut südwestlich von Bristol zur Ruhe zu setzen. Ehrgeizige Pläne hatten sie nur noch mit uns. Sie kamen überein mich nach Neapel auf das Chinesische Kolleg zu schicken und meinen Bruder Xiao bei jenem Handelshaus in Bristol in die kaufmännische Ausbildung zu geben, für das Mister Harding bis dahin zeit seines Lebens tätig gewesen war.«

»Und Sie sind wirklich nach Neapel in ein Priesterseminar gegangen?«

»Gewiss, denn es war nicht nur ein großes Abenteuer, sondern auch eine recht angenehme Art zu leben«, räumte Liang Sen freimütig ein. »Ich hatte nämlich nicht vergessen, was Armut bedeutet und wie hart das Leben für jemanden ist, der sich seinen kargen Lebensunterhalt mit seiner Hände Arbeit verdienen muss – ganz egal, in welchem Land. Und nach den unzähligen Göttern und Geistern, die wir Chinesen in einem endlosen Strom von Festen und Ritualen verehren sowie mit ständigen Speise- und Trankopfern zu beschwichtigen, beziehungsweise uns wohlgesonnen zu machen versuchen, nach dieser aufwendigen Götter- und Götzenwelt voller Widersprüche hatte das Christentum mit seinem einen Gott, der als Schöpfer über allem steht, einen starken Reiz.«

»Aber du hast die Priesterausbildung in diesem Kolleg in Italien nicht abgeschlossen«, stellte Pao fest.

»Nein, das habe ich nicht.«

»Warum nicht, *qing bebe*?«

»Wohl weil es nicht so sein sollte. Dieser Lebensweg war mir einfach nicht vorbestimmt«, antwortete Liang Sen. »Rein vordergründig hielten mich jedoch äußere Einflüsse davon ab, das Kolleg zu beenden. Mein Bruder erkrankte schwer, und als ich Nachricht davon erhielt, reiste ich unverzüglich nach Bristol. Er schien auf mich gewartet zu haben. Der Wunsch und die Hoffnung, mich noch einmal zu sehen, hatten ihm wohl die Kraft gegeben, trotz seiner schweren Krankheit noch lange genug am Leben festzuhalten. Jedenfalls verstarb Xiao wenige Stunden nach meiner Ankunft. Der Tod meines Zwillingsbruders hat mich schwer erschüttert und ich wurde den Eindruck nicht los, dass die Behandlung der englischen Ärzte, deren Heilkunde mir hauptsächlich aus Blutegeln, Aderlässen und der Opiumtinktur Laudanum zu bestehen schien, meinem Bruder mehr geschadet hatte als geholfen. Auf jeden Fall wuchs damals in mir der Wunsch, lieber die körperlichen Leiden meiner Mitmenschen lindern oder gar heilen zu können, als sie zum Christentum zu bekehren. So bin ich dann mit dem nächsten China-Clipper in meine Heimat zurückgekehrt und bei einem Heilkundigen in die Lehre gegangen, der nun auch schon lange bei seinen Ahnen ist.«

Mir lag eine Frage auf den Lippen, die ich jedoch nicht auszusprechen wagte, weil sie zu persönlich war und es mir nicht zustand, sie ihm zu stellen.

Pao kannte diese Hemmung jedoch nicht, denn er fragte seinen Onkel genau das, was auch mich beschäftigte. »Bist du denn nun ein römisch-katholischer Christ oder ein Anhänger des Konfuzianismus?«

Liang Sen zeigte sich über die indiskrete Frage weder überrascht noch verärgert. Er antwortete jedenfalls mit unveränderter Ruhe: »Konfuzianismus ist keine Religion, sondern ein wohl definiertes ethisches System sozialer Beziehungen. Deshalb werden Konfuzius und Laotse, der Verfasser des *Tao te king*, ja auch nicht wie Götter angebetet, sondern wegen ihrer Weisheit verehrt. Nach Laotse und Konfuzius ist die Harmonie des Reiches, der die kosmische Ordnung entspricht, nur durch die Ausübung höchster Sittlichkeit zu erreichen und zu gewährleisten. Pflichterfüllung und Verantwortung in der menschlichen Gesellschaft gelten als höchstes Gebot, sollen jedoch nicht durch Gesetze erzwungen werden, sondern durch menschliche Einsicht, Selbstdisziplin und Unterordnung des Einzelnen unter das Gemeinwohl.«

»War das jetzt eine Antwort oder nur der Versuch, einer solchen auszuweichen?«, stichelte Pao.

Liang Sen schmunzelte. »Jeder Mensch ist eine Welt für sich, Pao. Und ich bin ein gläubiger Mensch, so wie es in einem jeden von uns angelegt ist.«

»Heißt das, dass wir in der Wahl, ob wir glauben wollen oder nicht, gar nicht frei sind?«, warf ich nun ein.

»Wir selbstsüchtigen Menschen bilden uns ein, unter dem Zwang zu stehen, alles zu tun, was wir tun *wollen*, und dies nennen wir dann fälschlicherweise Freiheit. Denn die wahre Freiheit, die übrigens alle großen spirituellen Religionen der Welt anbieten, ist etwas völlig anderes«, antwortete Liang Sen geduldig. »Sie besteht nämlich darin, *das* tun zu wollen, was in uns angelegt ist und was man tun *muss*, um ganz man selbst zu werden. Aber aus irgendeinem unerfindlichen Grund begehren wir immer wieder dagegen auf, weil wir es mit einem uns von außen auferlegten Gebot verwechseln. Nur wer lange genug still in sich horcht, gelangt zu einem geduldigen Annehmen der Wahrheit – und damit zu sich selbst und der wahren Freiheit, Chia Wang.«

»Und was ist mit dem Gott der Christenheit und unseren vielen Göttern und Geistern?«, fragte Pao, um das Gespräch noch einmal auf den persönlichen Glauben seines Onkels zurückzubringen.

»Gott ist erhaben über alle Besitzansprüche, die eine Gruppe auf ihn anmeldet, und auch über alle Versuche ihn zum eigenen Vorteil zu manipulieren«, erklärte Liang Sen. »Wir können uns noch so viel Mühe mit unseren Etiketten geben, letztlich sind sie ohne Bedeutung, sofern der Inhalt der Gefäße stimmt, auf denen die Etiketten kleben. Oder wie Laotse schon vor fast zweieinhalbtausend Jahren im *Tao te king* niedergeschrieben hat: *Dem erwartungsvollen Blick enthüllt sich stets nur die Begrenzung. Der nennbare Name ist nicht der Name des Absoluten und das große Bildnis hat keine*

Gestalt. Oder wie Konfuzius einst zu seinen Schülern sagte: *Wir verstehen noch nicht einmal das irdische Leben umfassend; wie vermessen ist es da zu glauben, wir könnten das Göttliche und das, was nach dem Tod kommt, diskutieren und begreifen?*« Er ließ seine Worte einen Moment lang auf uns einwirken, um dann noch hinzufügen: »Und darum tragen reife Menschen eine Hülle aus einfachem Tuch über einem Kern aus kostbarer Jade.«

So ganz zufrieden waren Pao und ich mit seiner Antwort nicht, fehlte es ihr unserer Meinung nach doch an der gewünschten Eindeutigkeit. Dass genau dieses Fehlen die tiefe Absicht hinter seinen schwer verdaulichen Worten war, ahnte ich damals zwar schon, es ging mir aber erst viel später so richtig auf.

»Und nun zurück zu deiner neuen Lebensgeschichte«, sagte Liang Sen an mich gewandt. »Xiao ist seit über dreißig Jahren tot und niemand in diesem Viertel noch sonst wo weiß, dass mein Bruder längst nicht mehr in Macao lebt, geschweige denn dass er mit mir in Europa gewesen und dort gestorben ist. Ich habe wie so viele andere Chinesen, die weit gereist sind, nie mit anderen über unsere Jahre in Malacca und Europa gesprochen. Diese Dinge behält man einfach für sich, wenn man sich nicht selbst Ungelegenheiten bereiten möchte. Deshalb kann ich dich ohne Sorge als Sohn meines verstorbenen Zwillingsbruders ausgeben.«

»Auch wenn ich offensichtlich kein Chinese, sondern ein *fangui* bin?«, wandte ich skeptisch ein.

»In Canton leben viele Chinesen, die nicht auf den ersten Blick wie Chinesen aussehen«, erwiderte Liang Sen. »Hafenstädte, wo verschiedene Kulturen aufeinander treffen, haben es nun mal so an sich, dass sie Mischlinge hervorbringen. Mein Bruder hat eben mit einer Weißen gelebt.«

»Aber sogar für einen Mischling habe ich nicht genug Chinesisches an mir«, gab ich zu bedenken. »Außerdem spreche ich die Sprache nicht gut genug. Nicht mal im Dunkeln könnte ich einen Cantonesen davon überzeugen, ein Einheimischer zu sein.«

»Warte ab, bis wir dich richtig eingekleidet, dir die vordere Kopfpartie kahl rasiert, dein Haar schwarz gefärbt und im Nacken zu einem kurzen Stummelzopf geflochten haben«, beruhigte mich Liang Sen, seinen Blick auf mein volles Haar gerichtet, das ich nach der Mode der Zeit fast schulterlang trug. »Wir werden das Ende glatt schneiden und die Geschichte in Umlauf bringen, dass du dich geweigert hast mit den anderen Ausländern die Heimreise anzutreten. Du wolltest in China bleiben, weil du dich als Chinese fühlst, worauf man dich verhöhnt und dir deinen Zopf abgeschnitten hat. Derlei Vorfälle, wo Seeleute und andere Ausländer Chinesen den Zopf aus Strafe oder Bösartigkeit abschneiden, sind ja leider keine Seltenheit.«

»Das klingt glaubhaft«, sagte Pao.

»Und was dein Chinesisch betrifft, so ist es eben nicht besser, als man es von einem jungen Mann erwarten kann, der seinen Vater schon mit fünf Jahren verloren hat, von der Mutter sich selbst überlassen wurde und die letzten

Jahre unter Portugiesen, Indern, Parsen und anderen Fremden gelebt hat, die sich alle mit einem grässlichen Kauderwelsch von Pidginenglisch und anderen Sprachbrocken verständigen.«

Noch am selben Tag verlor ich meine dunkelbraune Haarpracht unter dem Rasiermesser. Nur das Haar am Hinterkopf blieb. Pao färbte es mir rußschwarz und flocht die Haarsträhnen zu einem gut handlangen Zopf zusammen. Als ich mich nach der Prozedur im Spiegel musterte, fuhr ich im ersten Moment erschrocken zusammen, war mir doch so, als starrte mich ein fremder junger Mann mit einem zu drei Vierteln glatt rasierten Kopf an. Und als ich dann auch noch in die einfache, schwarze Leinenhose und die weite, graublaue Jacke fuhr, hatte ich äußerlich kaum noch Ähnlichkeit mit jenem Felix Faber, der mir bis dahin vertraut gewesen war.

Wenige Tage später suchte Liang Sen den Mandarin, der für dieses Viertel verantwortlich war, in seiner *yamen,* seiner Residenz, auf. Er kam mit einem Schriftstück zurück, das er mir bei seiner Rückkehr überreichte – mit beiden Händen, wie das die chinesische Sitte verlangt. Denn es gilt als ungehörig, ja sogar beleidigend, jemandem ein Schriftstück mit nur einer Hand hinzustrecken.

»Was ist das, *See-bok*?«, fragte ich, weil ich die Schriftzeichen so schnell nicht zu lesen vermochte.

»Ein *chop*, ein amtliches Schreiben«, erklärte mein Mentor und Lehrer und lächelte still in sich hinein. »Dieses *chop* ist eine Bescheinigung, dass du Chang Chia Wang heißt, der

Sohn meines vor elf Jahren verstorbenen Bruders Chang Liang Xiao und seiner *fangui*-Konkubine Isabelle Harding aus Macao bist und unter meiner Obhut stehst.«

Verblüfft sah ich ihn an. »Ja, aber . . .« Mir fehlten buchstäblich die Worte.

Pao feixte. »Erinnerst du dich noch daran, was ich dir vor ein paar Monaten über *guanxi* und *ganqing* gesagt habe?«, warf er vergnügt ein und sah seinen Onkel stolz an. »So ist es doch gewesen, nicht wahr, *qing bebe*?«

Dieser nickte schmunzelnd.

Andächtig nahm ich das Schreiben entgegen, das mich, Felix Faber, Ausreißer und Waise, nun offiziell zum Chinesen namens Chang Chia Wang gemacht hatte!

歲

Meine Tage waren ausgefüllt mit vielerlei Beschäftigungen, von denen der Sprachunterricht, die Kalligrafie und die Einführung in die hohe Kunst des *qigong* die meiste Zeit in Anspruch nahmen. Mit wahrer Hingabe vertiefte ich mich in all die Fächer, in denen Liang Sen mich mit großer Geduld unterrichtete. Die raschen Fortschritte, insbesondere in der Beherrschung der Sprache, feuerten mich nur noch mehr an.

Viel Spaß bereiteten mir auch unsere regelmäßigen Ausflüge auf das Land, die demselben Zweck dienten und manchmal mehrere Tage dauerten. Denn viele Pflanzen, Blätter, Knollen und Baumrinden, die Liang Sen zur Herstellung seiner Pülverchen, Salben und Tinkturen benötigte, gab es nicht zu kaufen oder sie taugten nicht im getrockneten Zustand, sodass er sie in der Natur suchen und eigenhändig sammeln musste.

Die Leidenschaft, mit der ich all dies in mich aufsog und zu erlernen suchte, insbesondere die Sprache und die Schriftzeichen, hatte bestimmt auch mit der bangen Ahnung zu tun, dass mein Aufenthalt in Canton als Schüler von Liang Sen wohl nur von verhältnismäßig kurzer Dauer sein würde. Und diese Zeit wollte ich so gewissenhaft wie möglich nutzen.

Pao besaß zwar ebenfalls eine rasche Auffassungsgabe, teilte meine Begeisterung für das Studium jedoch nur eingeschränkt. Nach ein paar Stunden wurde er unruhig und drängte, dass wir uns anderweitig beschäftigten und etwas unternahmen. Es gab in Canton ja auch so viel zu entdecken und zu beobachten, dass er wenig Mühe hatte mich zu überreden mit ihm auf Streifzug zu gehen. Dabei führten uns unsere Wege immer wieder zum Hafen hinunter, denn der Anblick der Lorchas und Dschunken in dem Gewimmel von kleinen Sampans ließ unsere Herzen jedes Mal aufs Neue höher schlagen. Pao träumte immer noch davon, eines Tages zur See zu fahren.

Wir machten dort unten am Fluss in jenen ersten Monaten nach dem Abzug der Ausländer Bekanntschaft mit einigen gleichaltrigen chinesischen Bootsjungen und so manches Mal nahmen sie uns mit, wenn sie nach Honam oder zu anderen nahen Flusssiedlungen aufbrachen. Sie akzeptierten mich, wohl weil ich ihre Sprache sprach und mich bis auf meine europäischen Gesichtszüge kaum von ihnen unterschied, und sie brachten mir eine Menge bei. Doch eine richtige Freundschaft, wie sie mich mit Pao verband, schloss ich mit keinem von ihnen.

Als wir uns eines Tages mal wieder auf dem Weg hinunter zum Fluss befanden, stießen wir auf dem Marktplatz auf eine große Menschenmenge.

»Schon wieder eine Hinrichtung«, sagte ich und wandte mich ab, angewidert von diesen öffentlichen Erdrosselungen und Enthauptungen, an die ich mich beim besten Willen nicht zu gewöhnen vermochte. Und ich verstand nicht, wie sich jedes Mal so viele Schaulustige um das Schafott drängen und Gefallen daran finden konnten, dieses grausige Schauspiel mit anzusehen. »Komm, lass uns außen herumgehen.«

»Warte!«, rief Pao. »Schau dir das mal an!«

»Nein, ich will es mir nicht anschauen, weil ich es abstoßend finde und weil es mir jedes Mal den Magen umdreht«, antwortete ich abwehrend. »Und seit wann findest denn du Hinrichtungen unterhaltsam?«

»Ich finde sie auch nicht unterhaltsam«, erwiderte er grimmig. »Aber ich habe noch nie einen von den verfluchten Banditen, die uns wochenlang in dieser elenden Erdgrube gefangen gehalten und uns auf die Köpfe gepinkelt haben, auf dem Schafott gesehen.«

Ich fuhr wie elektrisiert herum und schaute nun näher hin. Im ersten Moment glaubte ich meinen Augen nicht trauen zu dürfen. Doch ich täuschte mich nicht. Zwei von den sieben abgerissenen Gestalten, die dort auf dem Schafott standen, waren Pao und mir nur zu gut bekannt, handelte es sich bei ihnen doch um Kröte und Schielauge. Die errichteten Pfosten mit der Laufrolle an der Spitze, über die jeweils ein dünnes Seil geführt war, an dessen einem Ende ein Weidenkorb mit Steinen hing und dessen anderes Ende in einer Schlinge endete, verrieten, dass die Männer langsam stranguliert werden sollten.

»Heilige Mutter Gottes!«, flüsterte ich und fiel unwillkürlich in meine Muttersprache zurück.

»Willst du noch immer einen großen Bogen um die Hinrichtungsstätte machen?«, erkundigte sich Pao.

Einen Moment lang starrte ich schweigend über die Köpfe der Menge hinweg auf die beiden Bergbanditen, die uns das Leben in der Gefangenschaft so schwer gemacht hatten und die wohl auch keine Skrupel gekannt hätten, uns notfalls umzubringen. Von ihrer einst Furcht einflößenden Erscheinung war nichts mehr geblieben. In dreckstarrenden Kerkerlumpen, mit kraftlos hängenden Schultern und mit von Todesangst gezeichneten Gesichtern standen sie auf der Plattform.

Mir fiel eine Weisheit aus dem *Tao* ein, die Liang Sen mir vor wenigen Tagen vorgelesen und als Schreibübung aufgetragen hatte. Sie lautete: *Wenn alle Welt das Schöne als Schönes erkennt, so nur auf dem Hintergrund des Hässlichen.*

Wenn sie das Gute als Gutes erkennt, so nur auf dem Hintergrund des Bösen.

Ich hatte das Hässliche und das Böse hinreichend zu Gesicht bekommen und als solches erkannt. Doch ich musste jetzt nicht auch noch Zeuge einer grausigen Hinrichtung werden, der ihrerseits abstoßende Hässlichkeit und Bösartigkeit zu Eigen war. Kröte und Schielauge hatten eine harte Strafe ohne jeden Zweifel verdient. Aber musste man so grausam sein, aus einer gerechten Strafe eine Folter zu machen, indem man diese Menschen quälend langsam erdrosselte?

Nein, ich wollte nicht sehen, wie der Scharfrichter mit genüsslicher Langsamkeit einen Stein nach dem anderen in den Weidenkorb legte, damit die Schlinge am anderen Ende immer tiefer in den Hals des zum Tode Verurteilten schnitt. Mich schauderte und ich empfand schon jetzt Übelkeit.

»Lass uns zum Fluss hinuntergehen!«, sagte ich nur und wandte mich hastig ab, als der Scharfrichter unter dem Gejohle der Menge den ersten Delinquenten zum Strangulierungspfahl führte und ihm die Schlinge um den Hals legte.

Obwohl wir längst am Fluss waren, als Kröte und Schielauge dort auf dem freien Platz stranguliert wurden, verfolgte mich das entsetzliche Bild ihrer Hinrichtung den ganzen Tag und suchte mich auch noch im Schlaf heim. Mehrere Nächte lang quälten mich Alpträume und so manches Mal war ich selbst es, der in diesen wirren und schrecklichen Träumen an den

Pfahl gefesselt auf dem Schafott stand und die Schlinge um den Hals trug.

Die grausamen Bilder verblassten glücklicherweise bald wieder. Nun jedoch, wo ich selbst im Kerker sitze und am Strang des Henkers enden kann, sind die Erinnerungen an diese Begebenheit wie auch die Alpträume mit erschreckender Deutlichkeit zurückgekehrt.

壽

Die Welt, in der wir lebten, war lange Zeit von einer überaus trügerischen Ruhe erfüllt. Den Einwohnern von Canton musste es so erscheinen, als hätte das Kräftemessen zwischen den *fangui* und dem Kaiserlichen Hochkommissar mit der Vernichtung des Opiums und dem Abzug aller Ausländer ein für die chinesische Seite siegreiches Ende gefunden. In Wirklichkeit war dies nichts weiter als ein lächerliches Vorspiel gewesen, die Ouvertüre zu dem blutigen Drama des Krieges, der mit Riesenschritten nahte.

Durch den einsamen Beschluss des Superintendenten Captain Charles Elliott, alle Opiumkisten an Lin Tse Hsü auszuliefern, auch die der ausländischen Handelsmissionen, sah England sich enormer Schadensersatzansprüche von Seiten einheimischer wie ausländischer Kaufleute gegenüber. Die Verluste beliefen sich auf über zwei Millionen Pfund. Außerdem stand die Regierung in Indien vor dem finanzpolitischen

Bankrott. Das britische Kabinett unter Premierminister Melbourne vertrat die Überzeugung, dass weder England noch Indien diese enorme Summe aufbringen sollten, sondern China.

Schon im November desselben Jahres beschloss die englische Regierung Heeres- und Marineeinheiten nach China zu entsenden, um »Genugtuung und Entschädigung« notfalls mit Waffengewalt zu erzwingen. Damit entschied sie sich für den Krieg, ohne das Parlament in den Entscheidungsprozess mit einzubeziehen.

Lord Auckland, der Generalgouverneur von Indien, wurde zum Befehlshaber der »Strafaktion« gegen China ernannt. In seinem Stab diskutierte man lange darüber, wo und wie man den Chinesen die erste schmerzhafte Lektion in Kanonenpolitik erteilte sollte. Die Vertreter der Handelshäuser votierten eindeutig dafür, die Übermacht der britischen Streitkräfte zuallererst im Delta des Pearl River zu demonstrieren. Sie schlugen vor die vorgelagerten Befestigungsanlagen außer Gefecht zu setzen, mit den Dampfschiffen, die wenig Tiefgang hatten, den Fluss hochzufahren, Canton unter Beschuss zu nehmen und zurückzuerobern.

Lord Auckland und sein Stab entschieden sich schließlich jedoch gegen Canton als erstes Angriffsziel und für die weiter nördlich gelegene Hafenstadt Zhoushan. Die britische Kanonade brach dort innerhalb weniger Stunden jeglichen Widerstand.

Obwohl die britische Streitmacht also zuerst andere Ziele an Chinas langer Küste ansteuerte und mit vernichtenden

Breitseiten belegte, blieb die Gegend um das Delta des Pearl River jedoch von heftigen Kämpfen nicht verschont. Jedoch drangen Nachrichten von diesen Gefechten, die fast ausnahmslos mit bitteren Niederlagen für die chinesischen Land- und Seestreitkräfte endeten, nur sehr spärlich nach Canton. Und da die Überbringer der Nachrichten es verstanden, aus jeder noch so vernichtenden Niederlage einen Rückzug der *fangui* oder gar einen Sieg der eigenen Truppen zu machen, regte sich in Canton keinerlei Unruhe. Der Krieg, sofern er denn überhaupt zur Kenntnis genommen wurde, verlief ja offensichtlich zum Ruhme des himmlischen Reiches China. Und die Tatsache, dass die *fangui* auf eine Waffe wie den Pfeilbogen verzichteten und sich lieber auf Musketen und Kanonen verließen, werteten sie sogar als sichtbares Zeichen ihrer Schwäche.

In Wirklichkeit hatten die hölzernen Barrikaden der vorgelagerten Forts, die schlecht bewaffneten Soldaten und die nur schwach mit Kanonen bestückten Kriegsdschunken der Kaiserlichen Marine, die zu jener Zeit eigentlich nur auf dem Papier bestand, den britischen Kriegsschiffen und den bestens ausgerüsteten Landungstruppen nichts entgegenzusetzen. Schon in der ersten Septemberwoche des Jahres 1839 verwandelten mehrere kleine britische Schiffe, die nur über einen Bruchteil der geballten Feuerkraft regulärer Fregatten verfügten, eine ganze Flotte chinesischer Boote und Kriegsdschunken bei Kowloon Point in ein Trümmermeer. Dass die britischen Schiffe sich daraufhin zurückzogen, wurde entlang der Küste wie auch in Canton als Sieg verkündet.

Von der Vernichtung der eigenen Flotte gelangte dagegen kein Wort nach Canton – und schon gar nicht nach Peking an den Kaiserhof.

Das neue Jahr 1840 brachte weitere Niederlagen im Gebiet des Flussdeltas, denn mittlerweile kreuzten mit der *HMS Volage* und der *HMS Hyacinth* schon zwei britische Fregatten in diesen südchinesischen Gewässern. Keine Kriegsdschunke wagte sich in den Bereich ihrer Feuerkraft. Allein ihr Tiefgang verhinderte ein Vordringen auf dem Pearl River und den Beschuss Cantons.

Im Juli griff die Hauptstreitmacht der britischen Expeditionsflotte, die aus über zwanzig Kriegsschiffen bestand, zu denen auch mehrere Dampfer mit geringem Tiefgang gehörten, sowie aus mehr als viertausend britischen und indischen Soldaten, Tinghai an. Diese Hafenstadt liegt auf der Chusan-Insel, am südlichen Ende der strategisch wichtigen Bucht von Hangchow, wo die drei großen Städte Ningpo, Hangchow und Shanghai ein Dreieck bilden. Die Kanonen der britischen Schiffe legten die Stadt innerhalb weniger Minuten in Schutt und Asche. Ungehindert vermochten die Truppen nach ihrer Landung plündernd über die Bevölkerung herzufallen.

Mitte August kam es schließlich zu einem der ersten größeren Gefechte im Delta, das als die »Battle of the Barrier« in die Militärgeschichte einging. Dabei versenkten die Engländer mehrere Kriegsdschunken und trieben 1.500 chinesische Soldaten in die Flucht.

Das scharfe Donnergrollen des Krieges vernahm man nun

auch in Canton. Unaufhaltsam näherte es sich dieser Stadt, die bis dahin mit einer beinahe schon arrogant zu nennenden Sorglosigkeit auf einen Sieg der kaiserlichen Streitkräfte vertraut und sich im Schutz des von mehreren Forts gesicherten Flusslabyrinthes unangreifbar gewähnt hatte.

風

Zu ebenjener Zeit veränderte sich das Verhalten der Amme Shi Yang mir und auch Pao gegenüber sehr zum Besseren. Hatte sie bisher jeden Kontakt mit mir gemieden und auch Pao mit Verachtung gestraft, weil er in ihren Augen ein *han chien* war, ein chinesischer Verräter, begegnete sie uns nun auf einmal mit ausgesprochener Freundlichkeit. Sie stürzte nicht mehr augenblicklich davon, kaum dass sich unsere Wege kreuzten, und sie strafte mich auch nicht länger mit verächtlichen Blicken.

Ihre veränderte Haltung schrieb ich der Tatsache zu, dass sie erfolglos versucht hatte einen Keil zwischen uns und Chia Fen zu treiben. Das Mädchen hatte sich von den bösartigen Einreden der Amme nicht davon abhalten lassen, unsere Gesellschaft zu suchen. Chia Fen strahlte jedes Mal vor Glück, wenn wir Zeit fanden, um mit ihr *gat* zu spielen oder Drachen steigen zu lassen. Shi Yang hatte wohl eingesehen, so vermutete ich, dass es sinnlos war, uns zu verteufeln und Chia Fen von uns fernhalten zu wollen.

Dass einzig kühle Berechnung hinter ihrem scheinbaren Einlenken stand, ging mir erst Wochen später auf. Es war ein heißer Novembermorgen und ich hatte Cao Feng im Hof geholfen die Bambusrohre, die den Regen an den Dachrändern auffingen, sorgfältig zu reinigen und mit frischem Kies zu füllen. Auf diese Weise kam das Wasser, das in die Küche geleitet wurde und auf seinem Weg dorthin durch viele Schichten Kies und Bambus floss, wunderbar gesäubert an.

Als ich ins Haus ging, bemerkte ich Shi Yang und Pao am Ende des Gangs. Die Amme redete mit gedämpfter, aber eindringlicher Stimme auf meinen Freund ein. Dabei unterstrich sie gestenreich ihre beschwörenden Worte. Shi Yang brach ab, als sie mich erblickte, und flüsterte ihm noch schnell etwas zu.

»Ja, schon gut, ich werde darüber nachdenken«, hörte ich Pao gereizt antworten und Shi Yang entfernte sich rasch.

»Was war denn los?«, fragte ich verwundert.

Pao winkte ab. »Ach, nichts als lästiges Ammengewäsch.«

»Seid ihr euch in die Haare geraten?«

Pao verzog das Gesicht. »Nein, das nicht. Aber sie liegt mir nun schon seit Wochen in den Ohren, ihr bei meinem Onkel den Rücken zu stärken und mich dafür einzusetzen, dass er ihr endlich die Erlaubnis gibt Chia Fen die Füße zu binden«, sagte er, während wir in unser kleines Studierzimmer gingen.

Dass sich viele chinesische Frauen, insbesondere die aus gutem Haus, die Füße banden, war mir nichts Neues. Auf den Straßen von Canton hatte ich oft genug Frauen aus Sänften steigen gesehen, die mit starkem Hüftschwung auf den Fußspitzen trippelten und offensichtlich so unsicher auf den Beinen waren, dass sie meist von Dienerinnen begleitet wurden. Aber was es mit dem Füßebinden genau auf sich hatte, war mir nicht bekannt, weil es mich bislang nicht interessiert hatte. Deshalb verstand ich auch nicht, wo das Problem lag.

»Und was ist da so schwierig zu entscheiden?«, fragte ich mit der naiven Ignoranz des Unwissenden.

»Eigentlich nichts, aber mein Onkel zögert, weil es vielleicht schon zu spät ist, Chia Fen die Füße zu brechen«, antwortete er. »Immerhin ist sie ja schon vier Jahre alt und . . .«

»Was sagst du da? Füße *brechen?«*, unterbrach ich ihn. »Du meinst, Füße *binden,* nicht wahr?«

»Das ist ein und dasselbe.«

Ich sah ihn ungläubig an. »Das kann nicht dein Ernst sein!«

»Sicher ist es mein Ernst«, erwiderte er. »Die Fußknochen müssen brechen, wenn man solch kleine Füße bekommen will, die wir ›Lotusblüten‹ nennen und die bei einer erwachsenen Frau nicht länger als zehn Zentimeter sein dürfen. So wird das schon seit über tausend Jahren gemacht. Es heißt, die Konkubine des Kaisers hätte diesen Brauch eingeführt. Gebundene Füße gelten seitdem als erotisch und als ein Zeichen dafür, dass man aus gutem Haus ist.«

»Wie genau geht das vor sich?«

»Wenn ein Mädchen drei Jahre alt ist, beginnt man gewöhnlich mit dem Fußeinbinden«, erklärte er. »Dafür nimmt man ein gut fünf bis sechs Meter langes und etwa fünf Zentimeter breites Stoffband. Die vier kleinen Zehen werden so umwickelt, dass sie an der Fußsohle anliegen und in Richtung Fußballen zeigen. Dann nimmt man einen Stein und zertrümmert den Fußrücken.«

»Oh Gott!«, stieß ich entsetzt hervor. »Das ist ja grausam!«

Pao verzog das Gesicht. »Anders geht es eben nicht, wenn die Füße ganz klein und die Zehen wie bei einer Faust ganz nach hinten weisen sollen. Wenn die Füße gebrochen sind, muss man dafür sorgen, dass die Knochen nicht wieder zusammenwachsen können«, fuhr er fort. »Das erreicht man nur, indem man die Füße ständig so straff wie möglich gebunden hält. Sogar als erwachsene Frau darf man die Tücher nur nachts für ein paar Stunden abnehmen.«

»Aber das muss doch unglaublich schmerzhaft sein!«

Pao nickte. »Ja, und die Schmerzen sollen nie ganz aufhören. Aber das nehmen die Frauen nun mal in Kauf.«

»Sie nehmen verkrüppelte und ewig schmerzende Füße in Kauf wofür?«, fragte ich entrüstet.

Er zuckte die Achseln. »Na ja, eben dafür, Lotusfüße zu haben, sich mit den wiegenden Schritten einer Tänzerin zu bewegen und sich dadurch als eine Frau aus gutem Haus auszuweisen. Denn nur die unteren Klassen und einige Volksgruppen wie die Mandschus, Miao und Hakka weigern sich ihren Töchtern die Füße zu binden. Alle andern halten an der tausendjährigen Tradition fest.«

»Bitte entschuldige, aber das ist eine entsetzlich grausame und abscheuliche Tradition! Und wie kannst du auch bloß eine Sekunde darüber nachdenken, ob du Shi Yang darin unterstützen sollst, Chia Fen zu dieser schrecklichen Prozedur, ja Folter zu verurteilen! Denn genau das ist dieses Fußbinden nämlich! Und ich dachte, du hängst so sehr an deiner Cousine!«

»Das tue ich doch auch!«, protestierte er, sichtlich bestürzt über meine Empörung und meine Vorwürfe.

»Wie kannst du dann zulassen, dass irgendjemand ihr auch nur ein Haar krümmt, geschweige denn ihr die Fußknochen zertrümmert und sie zu einem Leben in Schmerzen verdammt?«, hielt ich ihm erregt vor. »Stell dir doch bitte mal vor, wie das ist, wenn Shi Yang ihr die Füße zertrümmert. Wirst du Chia Fen dann festhalten, wenn die Amme den Stein schwingt? Und kannst du ihr noch in die Augen sehen, wenn deine Cousine Tag und Nacht vor Schmerzen wimmert? Mein Gott, mir wird allein schon bei der Vorstellung schlecht!«

»Was kann denn ich dafür, dass Lotusfüße so etwas Erstrebenswertes sind! Ich habe das doch nicht erfunden!«, wehrte sich Pao. »Eine Frau mit normalen Füßen hat nun mal keine Chance eine gute Partie zu machen.«

»Darum ist Shi Yang bestimmt auch so sehr dahinter her, dass Chia Fen ihre Füße bindet!«, warf ich ein. »Dieses ehrgeizige Biest will sich als Zofe einer gut verheirateten Chia Fen eine angenehme Zukunft sichern!«

»Natürlich steckt das hinter ihrem Drängen«, pflichtete Pao

mir bei. »Aber du musst wissen, dass viele Mädchen, deren Mütter sich vom Gejammer ihrer Töchter haben erweichen lassen und ihnen die Tücher abgenommen haben, ihnen später bittere Vorwürfe machen, weil sie nicht hart genug geblieben sind.«

»Dann doch lieber die Vorwürfe ertragen als schuld an derartigen Verkrüppelungen und lebenslangen Schmerzen zu sein!«, erwiderte ich.

Er warf mir einen grimmigen Blick zu. »Natürlich ist es mir nicht gleichgültig, was mit Chia Fen geschieht. Und natürlich will ich nicht, dass sie schreckliche Schmerzen ertragen muss. Aber andererseits müssen wir doch auch an ihre Zukunft denken. Und eine Frau mit normalen Füßen hat keine großen Chancen einen Ehemann aus den gehobenen Kreisen zu finden.«

»Glück hat wohl nichts damit zu tun, aus welchen Kreisen man kommt oder in welche Kreise man einheiratet«, entgegnete ich. »Und ständige Schmerzen tragen ganz sicher nicht dazu bei, sich wohl zu fühlen und im Leben Glück zu finden.«

Pao nickte. »Ich glaube, du hast Recht . . . und irgendwie habe ich es selbst schon die ganze Zeit gewusst«, sagte er nachdenklich. »Mir ist es eigentlich auch lieber, wenn die Amme meiner Cousine nicht die Füße bricht. Chia Fen wäre danach bestimmt nicht mehr das fröhliche Kind, als das wir sie kennen. Und meine Mutter und meine Schwestern hatten ja auch keine gebundenen Füße . . .«

Ich atmete erleichtert auf. »Jetzt müssen wir bloß noch

Onkel Liang Sen davon überzeugen, dass er Chia Fen keinen Gefallen tut, wenn er sie von der Amme zum Krüppel machen lässt, nur damit Shi Yang ihren brennenden Ehrgeiz befriedigen kann!«

Noch am selben Tag redeten wir mit Liang Sen über die Angelegenheit. Pao vermochte seine ablehnende Haltung zum Fußeinbinden mit beeindruckender Ruhe und Gelassenheit zu äußern, wohl weil er mit dieser Prozedur von Kindheit an vertraut war und sie als nicht ganz so unmenschlich empfand wie ich. Mit entsprechend mehr Leidenschaft und Empörung trug denn auch ich meine Einwände vor.

»Nur nicht gar so schnell mit dem Urteil, Chia Wang!«, erwiderte Liang Sen, als ich endlich Atem schöpfte. »Was die Aufzucht von Kindern und die Behandlung von Frauen betrifft, trennt uns gar nicht so viel von den Sitten in Europa. Auch dort war es noch bis vor kurzem eine Selbstverständlichkeit, dass Kinder wie Zuchtvieh gekauft und verkauft wurden, um eine Ehe einzugehen, die ihre Eltern für erstrebenswert und nützlich hielten. Und keine der beteiligten Parteien wäre auch nur auf den Gedanken gekommen, dass die Kinder ein Recht hatten sich darüber zu beschweren. Ich erinnere mich auch noch gut daran, dass Pferde in Europa mehr wert sind als Ehefrauen. Denn wenn Frau und Pferd zur selben Zeit krank werden, dann kümmert sich der Bauer um sein Pferd, während er die Heilung seiner Frau der Natur überlässt. Denn eine Ehefrau lässt sich leichter ersetzen als ein Pferd, dessen Verlust nun mal oft den wirtschaftlichen Ruin bedeuten kann.«

»Das mag ja alles stimmen, *See-bok*. Aber jemanden zum Krüppel zu machen und ihm lebenslange Schmerzen zuzufügen . . .«

». . . das gehört auch im zivilisierten Abendland zu den akzeptierten Sitten und Gebräuchen«, beendete Liang Sen meinen Satz gelassen. »Den Willen von Kindern mittels brutaler Züchtigungen zu brechen, das ist in Europa damals wie heute eine anerkannte Erziehungsmethode. Und was die Töchter und Ehefrauen dort betrifft, so leiden sie zwar nicht unter schmerzhaften gebundenen Füßen, aber dafür kaum weniger unter dem ähnlich rigiden Zwang sich bis zur permanenten Atemnot in Korsetts einschnüren zu müssen, um dem Schönheitsideal zu entsprechen. Und diese mit Walknochen verstärkten Korsetts haben über die Jahre bei so mancher Frau nicht nur körperliche Missbildungen verursacht, sondern oft auch zum Tode geführt.«

Verblüfft über die Ähnlichkeiten, die er mir mit wenigen Sätzen vor Augen geführt hatte, sah ich ihn an.

»Wenn die eigene Gesellschaft der Maßstab für Kultur und zivilisatorischen Fortschritt ist, dann können andere Völker – insbesondere weit entlegene – immer nur ein niedriges Niveau erreichen«, sagte er und milderte seine Rüge durch ein Lächeln. »So, und nun lass uns noch einmal über Chia Fen und das Fußeinbinden reden.«

Ich entschuldigte mich mit roten Ohren wegen meiner Ungestümheit und vor allem ob meiner unbewussten Überheblichkeit, die so häufig Ursache unserer Vorurteile ist, und dann redeten wir eine ganze Weile ruhig und sachlich über das Für und Wider des Fußeinbindens. Glücklicherweise war Liang Sen in dieser Sache so unentschieden, wie Pao es gewesen war. Es widerstrebte ihm, Chia Fen, die er so sehr in sein Herz geschlossen hatte, dieser fürchterlichen Prozedur auszusetzen. Andererseits wollte er ihr jedoch auch nicht die Chancen verbauen später einmal einen Ehemann aus gutem Haus zu finden.

»Warum sich heute schon mit Sorgen darüber quälen, was in zehn Jahren sein wird?«, hielt ich dagegen. »Haben Sie uns aus dem Tao nicht gelehrt, dass wir ohne Erwartung handeln sollen? *Bring Dinge hervor, lass Dinge gedeihen; bring hervor, aber nimm nicht in Besitz. Handle ohne Erwartung.* Und wie steht es mit den weisen Worten, über die wir vor ein paar Wochen so lange diskutiert haben: *Verwirf die graue Theorie; befrei dich von Ängsten. Was unterscheidet denn Zustimmung von Kriecherei. Was unterscheidet denn Gut von Böse? Dass einer ehren soll, was andre ehren – wie unsinnig und unbedacht!*«

Liang Sen ließ sich mit seiner Antwort Zeit. Schweigend strich er sich über seinen Bart. Schließlich sagte er mit einem feinen Lächeln: »Du bist ein überaus gelehriger Schüler, Chia Wang. Ich hoffe, Chia Fen wird es dir eines Tages danken und dich nicht verfluchen, weil du mich daran erinnert hast, dass die Richtung, in der die Herde trottet, nicht unbedingt die richtige sein muss.«

Ich strahlte ihn überglücklich an. Wir hatten gewonnen! Chia Fen würden die Qualen erspart bleiben. Sie würde mit gesunden Füßen heranwachsen.

Gleichzeitig hatte ich mir damit aber auch Shi Yang zur

Todfeindin gemacht. Denn nun konnte sie nicht mehr darauf hoffen, dass Chia Fen eines Tages eine gute Partie machte und gut genug gestellt war, um sie als Zofe in das vornehme Haus ihres Ehemannes mitzunehmen. Ohne Lotusfüße war sie für jeden Heiratsvermittler, der im Auftrag wohl situierter Eltern nach passenden Ehekandidatinnen Ausschau hielt, von vornherein uninteressant.

Die Amme musste uns belauscht haben. Als Pao gleich nach unserem Gespräch mit seinem Onkel auf den Abort musste, nutzte Shi Yang die Gelegenheit, um unter vier Augen auf ihre Art mit mir abzurechnen. Und obwohl Liang Sen noch gar keine Zeit gehabt hatte, um sie von seiner Entscheidung in Kenntnis zu setzen, wusste sie doch schon, dass ich die treibende Kraft hinter der Entscheidung von Liang Sen gewesen war das Binden der Füße von Chia Fen nicht zuzulassen.

Mit wild verzerrtem Gesicht stürzte sie zu mir ins Zimmer und überschüttete mich geifernd mit einer wahren Flut von hasserfüllten Verwünschungen. Außer sich vor ohnmächtiger Wut, wünschte sie mir, dem stinkenden Ausfluss einer Pestbeule, alle nur möglichen Krankheiten und Plagen an den Hals. Die Amme verfluchte mich, meine Ahnen und meine Nachkommen bis ins neunte Glied. Bei jedem neuen Fluch spuckte sie mir zusätzlich noch vor die Füße. Es fehlte nicht viel und sie hätte sich auch noch auf mich gestürzt und versucht mir die Augen auszukratzen.

Ich war dermaßen verblüfft von ihrem überfallartigen Eindringen in mein Zimmer und ihrem gewaltigen, atemlosen

Schwall hasserfüllter Flüche, dass ich alles in wortloser Fassungslosigkeit über mich ergehen ließ.

Mein Gesicht trug wohl noch immer einen Ausdruck von Verstörung, als Shi Yang schon längst wieder davongestürmt war und Pao mein Zimmer betrat. »Was ist passiert?«, fragte er besorgt. »Du bist ja richtig blass und machst ein Gesicht, als wären dir Geister erschienen.«

»Ja, sozusagen – und zwar in Gestalt einer furienhaften, fluchenden Amme«, antwortete ich.

»Shi Yang?«

Ich nickte und zwang mich zu einem Grinsen. »Sie war gerade hier. Und wenn ich die Verwünschungen, mit denen sie mich überschüttete, richtig verstanden habe, so ist sie wegen unseres Gesprächs bei Liang Sen nicht gerade gut auf mich zu sprechen. Sie sagt, ich bringe dem Haus und seinen Bewohnern schlechtes *fengshui*.«

»Ach was, Shi Yang ist natürlich verstimmt, dass wir sie um die Chance gebracht haben, eines Tages in ein feines Haus zu kommen. Aber das soll dich nicht kümmern. Shi Yang ist nur eine Amme, die froh sein kann überhaupt eine Anstellung gefunden zu haben. Mein Onkel wird sie schon zur Vernunft bringen. Und wenn sie dir dennoch weiterhin gram ist, soll es dir auch egal sein. Was haben wir denn schon groß mit ihr zu tun?«, sagte Pao und tat die Angelegenheit unbekümmert ab.

Aber die ehrgeizige Amme war mehr als nur verstimmt. Sie war von brennendem Hass erfüllt, der einzig und allein mir, dem *fangui*, galt. Und obwohl ich es mir zu diesem Zeitpunkt nicht eingestehen wollte, ahnte ich damals doch schon, dass sie sich bittere Rache geschworen hatte und sich nicht allein mit Verwünschungen begnügen würde.

Shi Yang begnügte sich in der Tat nicht mit Worten und hasserfüllten Blicken. Wenige Wochen später begann sie mich langsam, aber planmäßig zu vergiften.

冰

Die genauen Umstände ihres Vorgehens wie auch die Art des Giftes, das Shi Yang verwendete, werden auf ewig im Dunkeln bleiben. Das Einzige, was ich mit Gewissheit sagen kann, ist, dass sie meinen Tod beschlossen hatte und mich mit vergifteten Speisen umbringen wollte.

Sie fing höchstwahrscheinlich mit ganz kleinen Mengen an, die sie meinem Essen zusetzte, wann immer sie dazu Gelegenheit hatte. Zwar war eigentlich Cao Feng der Koch, aber in Ermangelung anderer Bediensteter hatte auch Shi Yang ungehinderten Zugang zu den Küchenräumen und ging dem Alten häufig genug bei der Zubereitung sowie beim Auftragen der Speisen zur Hand, insbesondere wenn ihn wieder einmal die Gicht in den Fingern plagte. Und da die Gerichte oft schon in Portionen aufgeteilt aus der Küche kamen und jeder von uns seine eigene Essschüssel besaß, war es für Shi Yang wohl nicht sonderlich schwierig, dafür zu sorgen, dass allein mein Essen vergiftet war.

Ob sie mich nun wirklich ganz langsam vergiften wollte oder aber die genaue Wirkung des Giftes nicht richtig einschätzen konnte, gehört zu den Dingen, über die ich nie Gewissheit haben werde. Zu meinem Glück war die Dosis, die sie mir heimlich verabreichte, jedenfalls so gering, dass ich anfangs nur unter leichten Magenschmerzen und zunehmender Appetitlosigkeit litt.

Ich hielt diese Beschwerden für eine Folge meiner wachsenden Unruhe über das bedrohliche Näherrücken des Krieges, denn mittlerweile schrieben wir schon das Jahr 1841 und im Januar hatte die britische Expeditionsflotte an der Mündung des Pearl River die beiden strategisch so wichtigen Forts Shakok und Taikok im Handstreich eingenommen. Zudem war die sogenannte chinesische Kriegsmarine, die den Zugang zum Flussdelta hatte schützen sollen, völlig vernichtet.

Im Februar drangen britische Kriegsschiffe schon bis auf zehn Kilometer östlich von Canton vor und beschossen erfolgreich dortige Befestigungsanlagen. Alles deutete darauf hin, dass der entscheidende Angriff auf Canton nun nicht mehr lange auf sich warten lassen würde. Die Spitzel der chinesischen *hongs*, die den Kaiserlichen Hochkommissar aus tiefster Seele hassten und wie ihre westlichen Handelspartner den Tag nicht erwarten konnten, an dem sie den lukrativen Opiumhandel endlich wieder ungestraft aufnehmen durften, brachten aus Macao die Nachricht, dass sich dort mittlerweile wieder alle wichtigen ausländischen Kaufleute eingefunden hatten – und zwar mit mehr Kisten voll indischen Opiums als je zuvor. Dies galt als klarer Hinweis, dass die *fangui* sowohl mit der baldigen Eroberung Cantons als auch mit dem nahen Ende des Krieges rechneten.

Die Bevölkerung glaubte längst nicht mehr den offiziellen Beteuerungen, dass die ruhmreichen kaiserlichen Streitkräfte den Ausländern entlang der Küste eine schwere Niederlage nach der anderen zufügten und dass der Sieg dem Reich der Mitte sicher sei. Zu Tausenden flüchteten die Cantonesen aus der Stadt, während gleichzeitig chinesische Truppeneinheiten aus den umliegenden Provinzen nach Canton verlegt wurden.

Wer über die nötigen finanziellen Mittel verfügte, Verwandte auf dem Land oder in Städten tiefer im Hinterland besaß, der packte zusammen, was er transportieren konnte und machte, dass er aus der Stadt kam. Ganze Straßenzüge verwaisten innerhalb weniger Tage, insbesondere in den besseren Wohnvierteln.

Zur selben Zeit, also in den ersten Wochen des März, wurden meine Beschwerden schlimmer. Das Gift zeigte ernsthafte Wirkung. Ich erbrach mich nun häufig. Zudem setzte bei mir eine körperliche wie geistige Ermattung ein, die sich keiner von uns erklären konnte.

Liang Sen machte sich nun große Sorgen um mich, zumal seine Mittel, die er mir bis dahin zur Magenberuhigung und Nervenstärkung verabreicht hatte, offenbar nicht den geringsten Heilerfolg erzielten.

Und dann kam der Abend des 17. März, an dem sich die Ereignisse überstürzten.

Liang Sen hatte mich am Nachmittag noch einmal eingehend untersucht. Lange beschaute er meine Pupillen, meine Zunge und die Farbe meines . . . ja, Stuhls und Urins. Er schüttelte mehrmals wortlos den Kopf, was ich für ein Eingeständnis von Ratlosigkeit hielt.

Nach einem langen, düsteren Schweigen sagte er jedoch: »Ich glaube, ich weiß endlich, was dir seit Wochen die Kräfte raubt!«

»Wirklich?«, stieß ich freudig überrascht hervor, hatte ich doch selbst schon die Hoffnung aufgegeben, dass er meiner rätselhaften Krankheit auf die Spur kommen würde. »Was ist es?«

»Das möchte ich vorerst noch für mich behalten, denn ich kann nicht völlig ausschließen, dass ich mich irre. Aber mit ein wenig Glück werden wir wohl heute Abend noch Gewissheit haben!«

»Gewissheit worüber, *See-bok*?«

»Das sage ich dir besser erst später«, antwortete er, rührte mir einen schrecklich bitteren Trank an, den ich sofort zu mir nehmen musste, und trug mir auf, nachher bei Tisch nichts zu essen.

»Ich glaube, das wird mir nicht sonderlich schwer fallen«, sagte ich mit matter Stimme. »Ich habe nämlich sowieso keinen Hunger.«

»Ich möchte aber, dass du das für dich behältst, zu Cao Feng gehst und ihm sagst, du hättest heute richtig Appetit auf süße Reisklöße, dein Lieblingsgericht.«

Verwundert sah ich ihn an. »Aber warum soll ich ihm denn

erst die viele Arbeit machen, wenn ich dann doch nichts essen werde? Was bezwecken Sie damit, *See-bok*?«

»Gewissheit. So, und jetzt tu, was ich dir gesagt habe. Vertraue mir und habe ein wenig Geduld. Und zu keinem ein Wort über das, was wir hier gerade besprochen haben, auch nicht zu Pao!«, schärfte er mir ein.

Mit einem unguten Gefühl, das wohl der schwachen Ahnung eines Verdachtes gleichkam, tat ich, was er mir aufgetragen hatte. Cao Feng zeigte sich hocherfreut, als ich ihm meinen Wunsch für das Abendessen mitteilte, denn auch er war wegen meiner Beschwerden und insbesondere wegen meines schlechten Appetits während der vergangenen Wochen sehr betrübt gewesen. Erleichtert, dass ich mich wohl auf dem Weg der Besserung befand, machte er sich an die Arbeit.

Am Abend half Shi Yang wie üblich beim Auftragen der Speisen. Mit ausdruckslosem Gesicht stellte sie eine Schüssel mit drei prächtigen dampfenden, fettglänzenden Reisklößen vor mich hin.

»Danke, aber ich habe keinen Appetit mehr«, sagte ich da, wie Liang Sen mich geheißen hatte, und schob die Schüssel von mir weg. »Ich würde nicht einen Bissen hinunterbekommen.«

Pao sah mich mit großer Besorgnis an und wollte schon etwas sagen, er kam jedoch nicht mehr dazu, denn in diesem Moment forderte Liang Sen die Amme auf: »Heute Abend wirst du uns Gesellschaft leisten, Shi Yang. Setz dich zu uns!«

Alle sahen ihn verdutzt an, weil Shi Yang ihr Essen doch sonst mit Cao Feng in der Küche einnahm.

Die Amme lehnte sofort mit kühler Höflichkeit ab und wollte sich schon zurückziehen. Doch Liang Sen hielt sie mit einem scharfen Befehl zurück. »Du wirst dich zu uns setzen, Shi Yang! Oder ich werde mich nach einer anderen Amme für Chia Fen umsehen!«, drohte er.

Shi Yang zögerte einen Moment, presste die Lippen zusammen, senkte den Kopf und setzte sich dann widerstrebend neben Chia Fen, die so verwirrt war wie Pao.

Liang Sen wandte sich nun mir zu, als wäre die Sache mit Shi Yang damit erledigt. »Möchtest du wirklich nichts essen?«, fragte er.

Ich schüttelte den Kopf. »Mir ist nicht nach Essen zu Mute, *See-bok*.«

»Nun gut, dann kann Shi Yang ja deine Schüssel haben«, sagte Liang Sen mit freundlichem Tonfall, nahm sie und stellte sie vor die Amme hin.

Die Amme wurde plötzlich blass. »Ich habe keinen Hunger, *See-bok*«, sagte sie mit belegter Stimme.

»Auf einmal? Das kann ich nicht glauben. Du hast doch stets einen gesunden Appetit und süße Reisklöße gehören bekanntlich auch zu deinen Lieblingsgerichten. Und Cao Feng hat mir gesagt, dass du ihm beim Zubereiten geholfen hast und es gar nicht erwarten kannst, diese Köstlichkeiten auf der Zunge zergehen zu lassen. Du hast dir doch von ihm drei Klöße erbeten. Also, nun lass es dir schmecken!«, forderte Liang Sen sie auf und drückte ihr die Essstäbchen in die Hand.

Shi Yang wurde noch um eine Spur bleicher. Sie starrte auf die Klöße und schluckte mehrfach heftig, als hätte sie einen schon in der Kehle stecken. »Mir ist der Appetit vergangen, *See-bok*«, sagte sie und die Essstäbchen zitterten in ihrer Hand.

»Was geht hier bloß vor?«, fragte Pao und blickte verständnislos von einem zum andern. »Was soll das?«

Liang Sen ignorierte die Frage und lächelte Shi Yang an. Doch diesem Lächeln fehlte jegliche Wärme. »Worauf wartest du, Shi Yang? Ist vielleicht irgendetwas mit den Klößen, dass du auf einmal jeglichen Appetit verloren hast? Das wäre wirklich bedauerlich. Denn das wird dich nicht davor bewahren, die Schüssel leer zu essen. Du wirst nicht eher von hier aufstehen, bis du die Klöße restlos aufgegessen hast – das schwöre ich dir bei meinen Vorfahren und allen Göttern, die dir heilig sind!«

Ich sah den entsetzten Blick in den Augen der Amme und begriff plötzlich, was das Ganze auf sich hatte – und worüber Liang Sen Gewissheit hatte haben wollen. Die Klöße waren vergiftet!

»Das ist es also!«, entfuhr es mir unwillkürlich und ich schlug mir mit der flachen Hand vor die Stirn. »Shi Yang hat mir all die Zeit Gift unter das Essen gemischt!«

Die Amme sprang wie von der Tarantel gestochen auf – und Liang Sen mit ihr. Er packte sie mit eisernem Griff am linken Arm, um sie festzuhalten. Shi Yang wehrte sich mit den Essstäbchen. Mit einem gellenden, hysterischen Aufschrei stieß sie ihm die Essstäbchen ins Gesicht. Liang Sen riss geistesgegenwärtig den Kopf zur Seite, vermochte aber den primitiven, jedoch trotzdem gefährlichen Waffen nicht ganz auszuweichen. Die Holzstäbchen trafen ihn am linken Auge, rissen ihm das untere Lid auf und ließen ihn vor Schmerzen und geblendet vom Blut, das ihm ins Auge floss, zurücktaumeln.

Dabei lockerte sich sein Griff und Shi Yang riss sich los. Sie stürzte aus dem Raum. Pao wollte ihr nach, doch ich rief: »Lass sie! Dein Onkel ist wichtiger!«

Ich wusste nicht, wie schwer die Verletzung war, die Shi Yang ihm zugefügt hatte. Ich fürchtete, sie hätte ihm das Auge ausgestochen. Als sich herausstellte, dass der Augapfel nicht in Mitleidenschaft gezogen war, sondern nur das Augenlid und der Winkel zur Schläfe hin, war es schon zu spät, um die Verfolgung aufzunehmen. Die heimtückische Amme war längst über alle Berge.

Was herrschte in den folgenden Minuten für eine Aufregung im Haus!

Chia Fen brach in Tränen aus, als sie begriff, was ihre Amme getan hatte. Pao war nicht weniger erschüttert. Und Cao Feng, dem ja die Verantwortung für das Essen oblag, machte sich nicht nur bittere Vorwürfe, sondern glaubte so sehr das Gesicht verloren zu haben, dass ihm angeblich nur noch der Freitod blieb. Ich hatte allergrößte Mühe ihm das auszureden und ihm zu versichern, dass ihn keine Schuld traf und dass kein noch so gewissenhafter Koch das verbrecherische Treiben der Amme hätte verhindern können.

Als Liang Sen die Blutung zum Stehen gebracht und einen Verband angelegt hatte, der sein ganzes Auge bedeckte, trug er uns auf unsere Sachen zusammenzupacken.

»Nur das Wichtigste und nur so viel, wie wir ohne Schwierigkeiten tragen können!«, schärfte er uns ein. »Wir werden das Haus noch heute Nacht verlassen.«

»Aber warum?«, fragte Pao verwundert.

»Ihr Plan, Chia Wang durch Gift aus dem Weg zu räumen, ist gescheitert. Wir haben sie entlarvt . . .«

»Sie allein haben die Amme entlarvt, *See-bok*«, warf ich ein.

». . . und deshalb hat sie nun nichts mehr zu verlieren«, fuhr Liang fort, ohne meinem Einwurf Beachtung zu schenken. »Wir müssen deshalb damit rechnen, dass sie zu den Behörden läuft und nicht nur Chia Wang verrät, sondern auch uns als *han chien* meldet.«

»Aber du hast ihm doch dieses offizielle *chop* besorgt!«, wandte Pao ein.

»Das wird ihm nun, wo Canton jede Stunde auf den Angriff der britischen Expeditionsflotte wartet, nicht mehr viel nützen«, erwiderte Liang Sen nüchtern. »Als es noch so aussah, als würde China in der Auseinandersetzung mit England die Oberhand behalten, hat sich niemand darum gekümmert, wer er wirklich war. Inzwischen hat sich der Wind aber dramatisch gedreht. Die Angst geht nun um und mit ihr ist die blinde Fremdenfeindlichkeit gewachsen. Die Leute haben in solchen Situationen zu allen Zeiten einen Sündenbock gebraucht, auf den sie ihre Wut abladen können. Auch diesmal ist es nicht anders. In der Stadt ist seit dem Fall der Festungen Shakok und Taikok der Ruf, einheimische Verräter sowie Ausländerspitzel zu ergreifen und hinzurichten, erschreckend laut und vielstimmig geworden. Shi Yang wird deshalb keine große Mühe haben nicht nur Chia Wang, sondern uns alle in ernste Gefahr zu bringen.«

»Und wohin wollen wir gehen?«

»Wir flüchten erst einmal aufs Land und versuchen dann uns nach Macao durchzuschlagen«, antwortete Liang Sen vor. »Wenn wir erst mal aus Canton heraus sind und die Truppenlager vor der Stadt hinter uns gebracht haben, finden wir schon einen Flussschiffer, der uns auf Schleichwegen nach Macao bringt.«

»Das wird er sich aber teuer bezahlen lassen«, wandte Pao ein. »Woher willst du das Geld nehmen?«

»Ich besitze noch einige sehr kostbare Jadestücke, mit denen ich den Besitzer einer Dschunke oder eines Sampans sehr schnell davon überzeugen kann, dass er für das bescheidene Risiko, das er mit einer Fahrt nach Macao durch die seichten Seitenarme eingeht, fürstlich bezahlt wird«, versicherte Liang Sen.

Ich schüttelte den Kopf. »Das kann ich nicht zulassen, *See-bok*. Es ist meine Schuld, dass alles so gekommen ist. Ich habe euch in Gefahr gebracht, weil ich nicht mit Groneveld gehen wollte. Ihr habt schon mehr als genug getan. Ich kann es nicht verantworten, dass ihr nun meinetwegen Haus und Hof verliert. Deshalb werde ich mich auch ganz allein aus dem Staub machen«, erklärte ich entschlossen ihnen nicht noch mehr Unannehmlichkeiten zu bereiten.

Liang Sen lächelte mit einem Anflug von Belustigung. »Tapfer gesprochen, aber leider nicht gründlich durchdacht, Chia Wang. Denn unser aller Schicksal ist längst nicht mehr voneinander trennbar. Du hast fast zwei Jahre bei uns gelebt, dafür gibt es in der Nachbarschaft ausreichend Zeugen. Deine Flucht wird man als Schuldeingeständnis werten. Und wenn du schuldig bist, sind wir es zwangsläufig auch. Deshalb kann keiner von uns bleiben, Cao Feng einmal ausgenommen. Er kann das Haus hüten, denn einem alten mongolischen Diener wie ihm wird keiner etwas antun. Wir jedoch müssen uns beeilen, so schnell wie möglich zum Aufbruch bereit zu sein.«

»Es tut mir so Leid, *See-bok*. Ich wünschte, ich hätte damals weiter gedacht«, murmelte ich betroffen und zutiefst beschämt, weil ich mich aus egoistischen Gründen unter sein Dach geflüchtet hatte und ihm seine Gastfreundschaft nun damit vergalt, indem ich auch ihn, Pao und die kleine Chia Fen zu Flüchtlingen machte.

Liang Sen legte mir eine Hand auf die Schulter. »Ein müder Vogel setzte sich einst am Teichrand auf einen überhängenden Ast, um Atem zu holen und wieder zu Kräften zu kommen. Denn ein hungriger Habicht hatte ihn zu schlagen versucht. Als der Vogel schließlich wieder aufflatterte, federte der Zweig zurück. Und der Schatten, den der Zweig über einen Frosch im seichten Wasser des Teiches geworfen hatte, wich plötzlich hellem Sonnenlicht. Ein Reiher erspähte den Frosch und packte ihn blitzschnell mit seinem Schnabel. Und nun sage mir, wem der Frosch die Schuld für sein Unglück geben sollte: der Sonne, dem federnden Zweig, dem Vogel oder dem hungrigen Habicht?«

»Natürlich keinem«, sagte ich. »Er ist selber schuld, weil er nicht vorsichtig genug war.«

»Auch das ist nicht richtig, denn als er in den Schatten hüpfte, konnte er ja nicht wissen, dass der Zweig nur wegen des Vogels geneigt war und dass der Vogel auffliegen würde, bevor er ins Schilf hüpfen konnte.«

»So gesehen gibt es natürlich immer eine plausible Entschuldigung«, gab ich zu.

»Nicht Entschuldigung, sondern eine Erklärung aus der kausalen Kette unseres Lebens.« Er machte eine kurze Pause. »Nichts geschieht auf der Welt allein nur deshalb, weil ich dieses tun oder jenes lassen will, Chia Wang. All unsere Handlungen sind wie die unendlichen Kreise eines Steins, der vor Urzeiten in das Meer des Lebens geworfen wurde. Die eine Welle ruft die andere hervor. Sie pflanzen sich ohne Ende und in alle Richtungen fort. Und auch wenn wir subjektiv die Freiheit der Entscheidung besitzen, so bedeutet das noch längst nicht, dass wir objektiv frei in unseren Entscheidungen sind. Wir ziehen es oft nur vor, uns das einzubilden.«

»Dann sind wir Marionetten eines uns vorbestimmten Schicksals?«, fragte ich skeptisch.

»Nein, ganz sicher nicht. Ich habe dich aufgenommen, weil es mein Wille war, und nicht, weil ich mich dazu gezwungen fühlte. Aber unser Handeln wird nicht aus einer jungfräulichen Quelle namens Freiheit geboren. In Wirklichkeit bestimmen unzählige äußere Einflüsse sowie die unermessliche

Fülle unserer gesammelten Erfahrungen, Erinnerungen und Gedanken die Richtung unserer Entscheidungen, ohne dass wir uns dessen in den meisten Fällen bewusst sind. Daher gibt es nichts Sinnloseres, als sich über das Wenn und Aber, das Hätte und Wäre den Kopf zu zerbrechen und nach Schuld zu fragen, wo uns die Kreise unseres eigenen Lebens in Wirklichkeit nur wieder einmal vor eine neue Aufgabe gestellt haben. Und damit genug der Worte. Machen wir uns an die Arbeit! Wer weiß, wozu Shi Yang in ihrem blinden Hass fähig ist und wie viel Zeit uns noch bleibt!«

酒

Wenn Liang Sen die Gefahr nicht vorausgesehen und uns zur Eile gedrängt hätte, wären wir wohl kaum den Soldaten entkommen, die Shi Yang uns auf den Hals gehetzt hatte.

Keine halbe Stunde war nämlich vergangen, als plötzlich harte Männerfäuste gegen das Außentor hämmerten und eine befehlsgewohnte Stimme sofortigen Einlass verlangte. Andernfalls drohte man das Tor mit Gewalt aufzubrechen.

»Soldaten!«, rief Cao Feng. »Eine ganze Abteilung Bannersoldaten drängt sich vor dem Tor!«

Liang Sen vergeudete keine einzige kostbare Sekunde mit Überlegungen, welche Möglichkeit uns in dieser Situation wohl noch blieb, um der Verhaftung zu entgehen. Diese Frage hatte er sich offensichtlich schon längst gestellt und auch beantwortet, denn seine Befehle kamen nun präzise und wie aus der Pistole geschossen.

»Pao, du gehst auf den Speicher und deckst lautlos ein halbes Dutzend Dachziegel ab – und zwar etwa in Hüfthöhe und auf der Südfront, wo auf der anderen Seite das Dach des Küchenhauses aufsteigt!«

Pao nickte und rannte los.

Liang Sen wandte sich nun mir zu. »Du bringst Chia Fen und die Sachen, die wir zusammengepackt haben, nach oben auf den Speicher.«

»Aber die Soldaten . . .«, setzte ich zu einem Einwand an.

Liang Sen schnitt mir das Wort ab. »Keine Diskussionen jetzt, Chia Wang! Tu, was ich dir gesagt habe!«, befahl er. »Cao Feng, du kommst mit mir. Wir müssen im Nebenzimmer die rissige Wand zum Nachbarhaus einreißen.«

»Ja, *See-bok*!«

Ich nahm Chia Fen an der Hand, die glücklicherweise noch zu jung war, um den ganzen Ernst der Lage zu begreifen, und half ihr die steile Stiege auf den dunklen Speicher hochzuklettern. Pao hatte indessen schon damit begonnen, Dachziegel aus dem Verbund zu lösen.

Folgsam setzte sich Chia Fen neben Pao auf den staubigen Bretterboden und nickte, als ich ihr sagte, dass wir jetzt alle ganz leise sein mussten, wenn wir nicht wollten, dass uns etwas Schlimmes zustieß. Dann eilte ich wieder hinunter, um unser Gepäck zu holen, das aus sechs schmalen und gerade mal armlangen Säcken aus dunkler Baumwolle bestand. Jeweils zwei Säcke wurden mit einem kurzen Strick zusammengebunden, sodass man sie sich über die Schulter oder um den Hals legen konnte.

Indessen kam nicht nur vom Tor, wo die Soldaten sich mit Gewalt Einlass zu verschaffen suchten, das Geräusch harter Rammstöße, sondern auch aus dem Zimmer, in das Liang Sen mit Cao Feng geeilt war.

Nachdem ich die drei Doppelsäcke auf den Speicher gebracht hatte, eilte ich in dieses Zimmer hinunter, um zu sehen, was Liang Sen und Cao Feng dort taten. Wie überrascht war ich, als ich sah, dass sie eine längliche, eisenbeschlagene Holztruhe als Rammbock benutzten, um ein Loch in die Wand zum Grundstück des benachbarten Hofhauses zu reißen, das zur Zeit leer stand. Die Familie Kiang, die dort wohnte, hatte Canton schon vor zwei Wochen verlassen, um bei Verwandten in Huan Schutz zu suchen. Ich kam genau in dem Moment, als die brüchige Backsteinwand nachgab. Ein gutes Dutzend Steine polterte in den Raum auf der anderen Seite.

»Das reicht!«, rief Liang Sen, setzte die Kiste ab und erweiterte die Öffnung, indem er noch mehrere lockere Backsteine herausriss. Dabei rief er mir über die Schulter zu: »An der Tür liegen Stricke und ein Tuch! Leg Cao Feng einen lockeren Knebel an, fessle ihm die Hände und sperr ihn vorn in die Kammer bei der Küche. Es muss so aussehen, als hätte er von nichts etwas gewusst. Dann werden sie ihn in Ruhe lassen.«

Ich verstand. Als ich mich umdrehte, hatte Cao Feng die Stricke und das Stück Tuch schon aufgehoben und hielt sie mir hin. Die Geräusche vom Tor klangen mittlerweile so, als würden die ersten Balken splittern. Uns blieb nicht mehr viel

Zeit. Hastig fesselte ich Cao Feng die Hände auf den Rücken und führte ihn in die fensterlose Kammer beim Küchenhaus. Nie werde ich seinen traurigen Blick und den schlichten Segen vergessen, mit dem er Abschied von uns nahm, bevor ich ihm den Knebel anlegte.

»Danke für deine Güte und möge Gott seine schützende Hand über dich halten. Wir werden dich nicht vergessen, Cao Feng«, erwiderte ich, drückte ihn in einer spontanen Anwandlung an mich und verriegelte dann schnell von außen die Tür.

Hinter mir tauchte Liang Sen auf. »Jetzt nichts wie hinauf auf den Speicher!«, drängte er, nachdem er seinem treuen Diener einen letzten Gruß zugerufen und ihn ermahnt hatte, gleich kräftig zu stöhnen und von innen gegen die Tür zu treten, um auf sich aufmerksam zu machen. »Das Tor gibt bestimmt jeden Moment nach!«

»Warum flüchten wir über das Dach, wenn wir doch durch das Nachbarhaus fliehen können?«, wollte ich wissen, als ich die Stiege zum Speicher hochkletterte.

»Weil das Risiko zu groß ist, dass auch in den Seitengassen schon Soldaten postiert sind und bloß darauf warten, dass wir ihnen in die Arme laufen«, erwiderte er, während von unten ein lautes Bersten kam.

Die Soldaten hatten das Tor aufgebrochen!

»Aber dann nützt uns auch eine Flucht über das Dach nichts!«, wandte ich gehetzt ein und hatte mit einem leichten Schwindelgefühl zu kämpfen. Die Angst, bei meiner angegriffenen Gesundheit einer anstrengenden Flucht nicht gewachsen zu sein, schnürte mir plötzlich die Kehle zu und ließ mein Herz rasen.

»Darum werden wir ja auch nicht *über* das Dach flüchten, sondern uns erst einmal *auf* dem Dach verstecken, bis sich die Aufregung gelegt hat und man woanders nach uns sucht«, antwortete Liang Sen und klappte die Luke hinter sich zu.

»Aber sie werden doch auch hier nach uns suchen!«

»Nicht, wenn die Luke geschlossen und von unten der Riegel vorgeschoben ist«, entgegnete er.

Verblüfft sah ich zu, wie er ein Messer zückte und damit einen kleinen Keil zwischen den Bodenbrettern neben der Luke lockerte. Augenblicke später zog er ihn heraus, hob nun ohne Anstrengung eines der Bretter an und legte eine schmale Öffnung frei. Liang Sen zwängte seine Hand hindurch und schob von unten den schweren Eisenriegel vor. Dann legte er das Brett wieder über die Öffnung und verklemmte es durch den Keil mit den anderen Brettern.

»Raffiniert!«, flüsterte ich.

»Hoffen wir, dass sie darauf hereinfallen«, antwortete er nüchtern. »Das ist unsere einzige Chance ihnen zu entkommen!«

Vorsichtig zwängten wir uns durch die Öffnung und kletterten hinunter in den v-förmigen Einschnitt, der zwischen dem Dach des Wohnhauses und dem des Küchenhauses lag. Dort an der tiefsten Stelle kauerten wir uns der Länge nach hin, während unter uns die Soldaten ins Hofhaus eindrangen und in alle Richtungen ausschwärmten.

Mit bangem, klopfendem Herzen lagen wir in der Dunkelheit der Nacht in der Rinne und lauschten auf das Geschrei, das Klirren der Waffen, das Fußgetrappel und das Schlagen von Türen. Pao und ich sahen uns in stummem Entsetzen an, als wir hörten, wie jemand an der Luke zum Speicher rüttelte.

Aber die Täuschung mit dem Riegel wirkte. Niemand kam auf den Speicher und schaute sich dort oder auf den Dächern um. Denn plötzlich entdeckte jemand das Loch in der Wand zum Nachbarhaus und alles drängte nun dorthin.

Liang Sen hatte nicht nur zwei Schlagläden im Haus der Kiangs aufgerissen, um keinen Zweifel an unserem angeblichen Fluchtweg aufkommen zu lassen, sondern im Hof auch noch eine kleine Leiter gefunden, die er geistesgegenwärtig an die Mauer zur Seitengasse gestellt hatte. Den wütenden Zurufen und Befehlen, die zu uns hochdrangen, entnahmen wir, dass nun Soldaten ausgeschickt wurden, um unsere Verfolgung aufzunehmen.

Keine Viertelstunde später war das Haus unter uns leer. Bis auf die beiden Wachen, die zum Schutz vor Plünderern vor dem aufgebrochenen Tor zurückblieben, waren alle Soldaten wieder abgezogen. Und Cao Feng, der seine Rolle als verstörter ahnungsloser Diener sehr überzeugend gespielt und nun noch ein paar Stunden Verhör im *jamen* des Mandarins zu überstehen hatte, würde kaum vor Anbruch des neuen Tages zurückkehren.

»Es hat geklappt! Wir sind noch mal davongekommen«, raunte Pao mit einem Seufzer der Erlösung, als Stille eintrat.

»Vorerst«, antwortete Liang Sen trocken. »Und richten wir uns auf eine lange Nacht des Wartens ein.«

状

Gute sechs Stunden harrten wir auf dem Dach aus. Chia Fen verschlief davon die meiste Zeit. Liang Sen, Pao und ich dagegen warteten und wachten mit angespannten Nerven. Erst als die Unterhaltung der beiden Wachen vor dem Tor von immer größeren Pausen unterbrochen wurde und ihr Gähnen uns verriet, dass sie gegen die Müdigkeit ankämpften, machten wir uns bereit unser Versteck zu verlassen.

Wir kehrten auf demselben Weg ins Haus zurück, den wir gekommen waren, und schlichen uns durch die breite Öffnung in der Wand in das benachbarte *siheyuan*. Die Leiter lehnte noch immer dort an der Mauer, wo Liang Sen sie angestellt hatte.

Hier im Hof hielten wir im Schutz zweier Talkbäume Kriegsrat. Wir prüften unsere Alternativen, während Chia Fen sich zu unseren Füßen einrollte und wieder einschlief.

»Wir haben zwei Möglichkeiten«, stellte Liang Sen fest. »Wir können versuchen irgendwo die Stadtmauer zu überwinden und aufs Land zu flüchten. Oder wir versuchen unten am Hafen ein Boot zu stehlen und auf dem Fluss davonzukommen. Beide Chancen sind gleich schlecht.«

»Ich bin für den Fluss. Denn die Wachen an den Stadttoren und auf den Zinnen werden sicherlich alarmiert sein und Ausschau nach uns halten«, vermutete ich.

»Am Hafen werden wir auch mit Wachen rechnen müssen«, gab Liang Sen zu bedenken.

»Schon, aber der südliche Stadtteil von Canton ist zum Fluss hin auf weiten Strecken offen. Wir haben deshalb bessere Chancen, weil wir nicht erst durch das Nadelöhr eines bewachten Tores müssen«, erwiderte ich. »Außerdem laufen wir vor der Stadt Gefahr von den Soldaten festgehalten zu werden, die dort zu Tausenden campieren.«

Pao pflichtete mir bei. »Außerdem wissen wir, wo wir uns ohne große Schwierigkeiten in den Besitz eines Sampans bringen können. Der Tuchhändler Chan Koo aus unserer Straße hat bei den chinesischen Faktoreien einen alten Sampan vertäut liegen, den er nur gelegentlich benutzt, um Waren in die umliegenden Flussdörfer auszuliefern. Das Boot ist zwar durch eine starke Kette und ein schweres Schloss gesichert. Aber wir wissen, wo der Schlüssel dafür versteckt ist!«

Liang Sen dachte einen Moment darüber nach. Dann gab er sein Einverständnis. »Gut, versuchen wir es auf diese Weise. Warum auch nicht? Das eine ist so gefährlich wie das andere. Es macht daher keinen Unterschied, für welchen Weg wir uns entscheiden. Also dann, hoffen wir auf unser Glück!«

Behutsam holten wir Chia Fen aus dem Schlaf. Liang Sen band sie sich mit breiten Stoffbändern, die er vorsorglich eingesteckt hatte, wie eine Amme auf den Rücken und kletterte als Erster auf die Mauer. Wir folgten ihm, zogen die Leiter zu uns hoch und ließen sie auf der anderen Seite in die Gasse hinab.

Wir benötigten über zwei Stunden, um quer durch die Stadt zum Hafen zu gelangen. Aus Sicherheitsgründen übernahm Pao nämlich die Vorhut und erkundete jede Straße auf mögliche Wachen und Kontrollposten, während wir uns irgendwo im tiefen Schatten einer Pagode, eines Schuppens oder eines öffentlichen Abortes versteckt hielten. Erst wenn er zurückkam und meldete, dass die Luft rein war, wagten wir uns weiter.

Kurz nachdem ich einen Stundenausrufer die Stunde des Hasen ausrufen gehört hatte, erreichten wir die Häuser beim Hafen, der bei weitem nicht so ruhig und ausgestorben vor uns lag, wie wir es uns gewünscht hatten. Auf vielen Sampans, Dschunken und Lorchas brannten Lichter und herrschte hektische Betriebsamkeit. Ein Boot nach dem anderen legte ab und entfernte sich stromaufwärts. Nicht ein einziges wandte sich flussabwärts. Und etwa fünfzig Schritte vom Ufer entfernt wimmelte es nur so von Soldaten, die mit Pfeilbogen und Musketen bewaffnet waren, und von Kulis, die im Schein von großen Lagerfeuern in aller Eile einen Sandwall aufwarfen und ihn mit Steinen und Ballen verstärkten.

»Es sieht so aus, als würden die Bootsleute die Flucht ergreifen und die Soldaten Vorbereitungen für einen unmittelbaren Angriff treffen!«, stieß Pao hervor, nachdem wir notdürftigen Schutz hinter einer niedrigen Lehmmauer gefunden hatten.

»Ja, diesen Eindruck habe ich auch!«, sagte ich betroffen. »Was jetzt?«

»Wir müssen irgendwie zum Sampan kommen!« Pao deutete nach rechts in die Richtung, wo das Boot vertäut lag. »Aber dafür müssen wir an den Soldaten vorbei. Die Frage ist nur, wie stellen wir es an, dass sie uns nicht aufhalten?«

Liang Sen warf einen besorgten Blick auf den östlichen Horizont, wo die Dunkelheit der Nacht dem ersten Licht des neuen Tages schon zu weichen begann, wie der graue Streifen am Himmel verriet. Uns blieb nicht mehr viel Zeit.

Mir kam die rettende Idee. »Erinnerst du dich daran, wie wir schon einmal Wachtposten abgelenkt haben?«

Das Gesicht meines Freundes hellte sich auf. »Natürlich! Indem wir die Hütten der Banditen in Brand gesteckt haben! Und das können wir hier am Hafen, wo es mehr als genug zundertrockene Schuppen gibt, wieder tun!«, raunte er begeistert und ließ sich von Liang Sen eine Schachtel Zündhölzer geben. »Ihr bleibt am besten hier und haltet euch versteckt, während ich mich umschaue. Mal sehen, wo ich ein hübsches Feuer legen kann.«

Liang Sen ersparte sich jeden Kommentar und jede Ermahnung zur Vorsicht. Wir alle wussten, was auf dem Spiel stand und dass jede Unachtsamkeit zur Katastrophe führen konnte.

Geduckt schlich Pao zu den Schuppen und Lagerhallen hinüber, die zu unserer Linken lagen. Die Dunkelheit hatte ihn rasch verschluckt.

Qualvolle Minuten verstrichen.

»Hörst du das?«, fragte Liang Sen plötzlich.

Ich lauschte in die Nacht – und vernahm nun auch dieses dumpfe, gleichmäßige Geräusch, das aus der Ferne kam und bei dem Lärm, den die Antreiber der Soldaten und Kulis veranstalteten, nur schwach zu hören war.

»Das klingt nach . . .« Ich zögerte, während mich eine Gänsehaut überlief.

». . . nach den Maschinen von Dampfschiffen!«, beendete Liang Sen den Satz für mich.

»Oh mein Gott!«, stieß ich hervor. »Die britische Kriegsflotte!«

Im selben Augenblick tauchte Pao aus der Dunkelheit wieder auf. »Gleich ist es so weit!«, rief er atemlos. »In dem Schuppen da drüben habe ich zwei Fässer mit Terpentin gefunden. Ich habe beide Fässer umgekippt und eine Lunte . . .«

Ein dumpfer Knall, begleitet von einer gewaltigen Stichflamme, schnitt ihm das Wort ab und machte jede weitere Erklärung unnötig. Meterhohe Flammen schossen aus dem Schuppen hervor und setzten das Dach in Brand. Am Ufer erhob sich wildes Geschrei, dem scharfe Befehle folgten. Die Soldaten und Kulis ließen alles stehen und liegen und liefen auf den brennenden Schuppen zu, um ein Überspringen des Feuers auf die benachbarten Lagerhäuser zu verhindern.

»Jetzt nichts wie zum Boot!«, forderte Pao uns auf und warf sich seine Beutel über die Schulter.

»Es kommen Dampfer, britische Kriegsschiffe, den Fluss hoch!«, warnte Liang Sen.

»Ich bin Ausländer und ihr gehört zu mir! Sie werden uns nichts tun!«, rief ich. »Wenn wir nur früh genug aus dem Hafen kommen, sind wir gerettet. Das ist die einzige Chance, die wir haben. Ich möchte jedenfalls nicht in Canton sein, wenn die Schiffe ihre Breitseiten auf die Stadt abfeuern und hier womöglich alles in Schutt und Asche legen!«

»Er hat Recht!«, pflichtete Pao mir hastig bei. »Wenn wir in Canton bleiben, steht uns vielleicht noch viel Schlimmeres bevor!«

Und so setzten wir alles auf eine Karte, sprangen hinter der Lehmmauer hervor und liefen ans Ufer hinunter, wo der Sampan neben einem verlassenen Hausboot vertäut lag. Wir hatten Glück. Erst als wir nur noch ein Dutzend Schritte vom Boot entfernt waren, erregten wir Aufmerksamkeit. Jemand schrie uns zu, stehen zu bleiben. Aber natürlich ignorierten wir den Befehl, rannten weiter und sprangen auf den Sampan.

Die erste Muskete krachte, als Pao den Schlüssel aus dem Versteck holte und ihn in das mächtige Schloss steckte. Die Kugel schlug neben uns in das Hausboot. Pao befreite das Boot von der Eisenkette und Liang Sen stieß den Sampan vom Ufer ab.

Ein Hagel von hektisch abgeschossenen Kugeln verfolgte uns, während wir uns beeilten so schnell wie möglich auf den Fluss hinauszukommen.

Ein Sampan, sofern er nicht über einen Hilfsmast mit Segel verfügt, was bei unserem Boot nicht der Fall war, wird nur durch ein langes Heckruder gelenkt und vorangetrieben. Dazu bedarf es nicht nur einer guten Portion Kraft, sondern auch einiger Geschicklichkeit. Glücklicherweise hatten wir in den zurückliegenden beiden Jahren ausreichend Gelegenheit gehabt diese Technik zu erlernen. Und die Angst setzte in Pao und mir ungeahnte Kräfte frei.

Mehrere Kugeln schlugen in die Bordwand des Sampans ein, während wir im Dämmerlicht des neuen Morgens der Flussmitte zustrebten.

Und dann geschah es: Mit rauchenden Schornsteinen kamen drei britische Kriegsschiffe um die letzte Biegung gedampft, die Kanonendecks feuerbereit zum entscheidenden Angriff auf die Stadt, die mehr als jede andere zum Symbol für Sieg oder Niederlage geworden war. Wie graue, feuerspeiende Riesen hielten sie auf Canton zu – und auf uns.

Die Schiffe eröffneten sofort das Feuer. Kanonendonner umfing uns. Zu Dutzenden schlugen die schweren Geschosse in der Uferfront von Canton ein. Die Häuser brachen wie einfache Lehmklumpen auseinander. Und die Boote im Hafen verwandelten sich in Splitterhaufen.

»Ruder so schnell du kannst! Und halte auf das linke Kanonenboot zu!«, rief ich zu Pao und rannte nach vorn zum Bug. Ich riss mir die graue Hemdjacke vom Leib und schwang sie wie eine weiße Flagge. Dabei schrie ich mir auf Englisch die Lunge aus der Brust, dass wir unbewaffnet und auf der Flucht vor den chinesischen Soldaten waren.

Obwohl von den Schiffen wie auch vom Ufer Gewehrschüsse auf uns abgefeuert wurden, blieben wir doch wie durch ein Wunder unverletzt. Schließlich waren wir nahe genug an das kleinere der drei Kanonenboote herangekommen, um zwischen dem Krachen der Kanonen gehört zu werden.

Jemand schrie an Bord: »Verdammt, der Bursche da ist ja gar kein Schlitzauge!« Und dann hörte ich den Befehl: »Mason . . .! Clark! Werft ihnen eine Strickleiter hinunter und helft ihnen an Bord!«

Die Strickleiter, die Augenblicke später durch die Luft flog, traf mich wie eine Peitsche auf den Rücken, doch ich bekam sie zu fassen, hielt sie fest und zog uns an die Bordwand des Kanonenbootes heran.

Pao und ich bestanden darauf, dass Liang Sen mit Chia Fen auf dem Rücken zuerst an Bord des Schiffes kletterte. Dann war ich an der Reihe.

»Wir haben es mal wieder geschafft, Chia Wang!«, rief Pao mir mit breitem Grinsen zu und schlug mir auf die Schulter. »Das soll uns erst mal einer nachmachen! Ich wüsste keinen, mit dem ich lieber zusammen wäre, wenn mein Leben am seidenen Faden hängt, als mit dir. Du hast wirklich Bambus in der Brust!«

Ich lachte, wie Pao erfüllt von einem euphorischen Gefühl der Unbesiegbarkeit, und kletterte die Strickleiter hoch. Ich kam jedoch nicht weit, denn da traf mich die Kugel. Sie schleuderte mich wie ein Hammerschlag mit dem Gesicht gegen die Bordwand. Dann verlor ich den Halt. Ein glühender Schmerz breitete sich von meiner linken Schulter aus und schien mich jeglicher Kraft zu berauben. Ich hörte jemanden aufschreien, stürzte rücklings, verfing mich mit einem Fuß in den Sprossen der Strickleiter, was mir vermutlich das Leben rettete. Wäre ich nämlich in den Fluss gefallen, wäre ich zweifellos ertrunken, denn Pao konnte ja nicht schwimmen.

Kopfüber baumelte ich über dem Sampan, mit einem Fuß in der Strickleiter. Ein entsetztes Gesicht schwang kurz in mein Blickfeld. Es war Pao, der mich da mit weit aufgerissenen Augen ansah.

Komisch, dachte ich. Warum steht Pao denn auf einmal auf dem Kopf? Dann stürzte ich weiter, in die Tiefe einer scheinbar abgrundlosen Bewusstlosigkeit.

祭

Wilde fantastische Fieberträume, unzusammenhängende Erinnerungen in völlig neuer und grotesker Zusammensetzung sowie ein ungeheurer Wirrwarr aus Satzfetzen, Bildern und Eindrücken, die aus der Gegenwart kamen und den Schleier meiner Bewusstlosigkeit gelegentlich durchdrangen, hielten mich viele Tage gefangen – zusammen mit dem Schmerz. Manchmal ließ der Schmerz sogar nichts anderes neben sich gelten.

Später dann trug mich die betäubende Kraft des Laudanum, das ja zu einem Großteil aus Opium besteht, in trügerisch friedliche Welten. Die Schmerzen schwanden und mir war, als würde ich in einem Berg zartester Watte versinken, die auch meine wirren Gedanken zur Ruhe brachte.

Als ich meine Umgebung zum ersten Mal nach meiner schweren Verwundung wieder bewusst wahrnahm, stand Groneveld an meinem Bett. Die Arme in demonstrativ abwehrender Geste vor der Brust verschränkt.

»Wo bin ich?«, fragte ich mit kraftloser Stimme und stellte fest, dass ich in einer Schiffskoje lag. Eine Laterne hing an einem Deckenhaken und brannte mit kleiner Flamme. Ich spürte nun auch die vertrauten Bewegungen eines Schiffes, das mit guter Fahrt durch die See schneidet. »Was . . . was für einen Tag haben wir, Mijnheer?«

Eine Weile blickte er schweigend und mit strenger Miene auf mich hinunter, als widerstrebte es ihm, mir eine Antwort zu geben. Schließlich jedoch sagte er: »Wir befinden uns an Bord der *Jan van Riebeeck*, einem niederländischen Kauffahrer. Und heute haben wir den 23. März.«

Mir fehlten fünf Tage!

»Wo . . . wo sind Pao, Liang Sen und Chia Fen?«, stammelte ich und versuchte mich aufzurichten. Doch sowie ich mich bewegte, fuhr ein Schmerz wie brennendes Öl durch meine linke Schulter. Er strahlte bis tief in den Arm hinunter und stach mit glühenden Messern auch in meinen Brustkorb.

»Deine drei chinesischen Freunde, bei denen du dich zwei Jahre versteckt hast?«, fragte er mit kühler Verachtung. »Das Kanonenboot hat sie mit dir zusammen nach Macao gebracht und dort an Land gesetzt. Ich habe ihnen erlaubt dir nach deiner schweren Operation einen Besuch abzustatten, aber du warst nicht bei Bewusstsein. Gestern, als wir uns auf der *Jan van Riebeeck* eingeschifft haben, waren sie noch einmal da. Aber der Captain wollte keine Chinesen an Bord haben – und ich kann es ihm nicht verdenken.«

»Sind wir schon auf See?«, fragte ich erschrocken, obwohl ich die Antwort schon kannte.

Groneveld nickte knapp. »Seit den frühen Morgenstunden. Die Küste ist schon lange außer Sicht. Die *Jan van Riebeeck* ist, gelobt sei Gott, ein schnelles Schiff.«

Chinas Küste war schon außer Sicht! Und ich lag hilflos in dieser elenden Koje, während das Schiff mich mit jedem Augenblick weiter von den Menschen forttrug, die mir so sehr ans Herz gewachsen und zu meiner Familie geworden waren. »Wohin segeln wir?« Ich wagte die Frage kaum auszusprechen.

»Zurück in die Heimat nach Rotterdam«, antwortete er und

mit einem Ausdruck grimmiger Genugtuung fügte er hinzu: »Ich habe Verbindung mit deiner Tante Hildegard aufgenommen. Sie hat einen verwitweten Kutschenbauer aus Mainz geheiratet. Erst wollten sie von dir nichts wissen, wofür ich mehr als nur ein wenig Verständnis habe. Aber als ich ihr mitteilte, dass dein Vater dir eine für ihre Verhältnisse doch recht ansehnliche Summe hinterlassen hat, haben sie mir umgehend geantwortet, dass sie dich bei sich aufnehmen und im Geschäft des Kutschenbauers als Lehrling unterbringen werden. Das ist nun schon gut zwei Jahre her, aber ich gehe davon aus, dass sich daran nichts geändert hat.« Er machte eine Pause, bevor er mit kaltem Zorn fortfuhr: »Und ich werde Gott auf Knien danken, wenn ich dich undankbaren Burschen ein für alle Mal aus meinem Leben streichen kann!«

»Ich habe niemals Ihnen persönlich etwas . . .«, setzte ich mit schwacher Stimme zu einer Entschuldigung und Rechtfertigung an.

»Schweig!«, fuhr er mir schroff über den Mund. »Du bringst ja doch nur Lügen hervor, sowie du den Mund aufmachst! Aber mir soll es fortan gleichgültig sein. Ich betrachte mich nicht länger als deinen Vormund und dich nicht mehr als mein Mündel. Ich werde dafür sorgen, dass du zu deinen Verwandten nach Mainz kommst, und alles andere interessiert mich nicht mehr.«

Damit wandte er sich um, ging zur Tür und öffnete sie. Schon halb im Gang, blieb er stehen und wandte sich noch einmal zu mir um. »Willem Dyckhoof, der Schiffsarzt, wird sich um dich und deine Verwundung kümmern. Aber auch wenn du wieder aufstehen kannst, wirst du das Essen hier in deiner Kabine einnehmen. Ich will dich nicht bei mir und meiner Frau am Tisch in der Messe sehen, hast du mich verstanden?«

»Ja, Mijnheer.«

»Und noch etwas.« Sein kantiges Gesicht nahm einen fast hämischen Ausdruck an. »Du wirst dein Leben lang eine steife linke Schulter behalten und deinen linken Arm nie wieder richtig gebrauchen können. Nun ja, so lernst du jetzt vielleicht, dass alles seinen Preis hat!« Ohne eine Antwort abzuwarten, kehrte er mir den Rücken zu und zog die Tür mit einem Knall hinter sich ins Schloss.

Selten hatte ich mich so verzweifelt, hilflos und verlassen gefühlt wie in den folgenden Stunden und Tagen.

Als ich zwei Wochen später jedoch so weit zu Kräften gekommen war, dass ich mit Hilfe eines jungen Matrosen meine Kabine verlassen und an Deck gehen konnte, da wirkte der Anblick der weiten blauen See, die sich unter einem klaren Morgenhimmel von Horizont zu Horizont spannte, wie ein Lebenselixier – auch auf meine gequälte Seele.

Lange stand ich an diesem Morgen dort an der Steuerbordreling und blickte nach Nordosten, wo Chinas Küste lag – einige tausend Meilen weit entfernt. Und während mir Tränen in die Augen stiegen, schwor ich mir, dass ich nichts unversucht lassen würde, um sie eines Tages alle wieder zu sehen – Pao, Liang Sen und Chia Fen!

Ja, mochte dieser Vorsatz für einen jungen Mann mit einer zerschossenen linken Schulter auch noch so verwegen und tollkühn erscheinen, ich legte das stumme Gelübde ab niemals die Hoffnung aufzugeben und nicht eher zu ruhen, bis sich mein Schwur erfüllt hätte!

Und wenn darüber auch noch so viele Jahre vergehen würden, ich wusste seltsamerweise in diesem Moment, dass wir eines Tages wieder vereint sein würden. Und dieses Wissen gab mir die Kraft alles zu überstehen, was noch vor mir lag.

»Eines Tages komme ich zurück, Pao!«, flüsterte ich in den Wind, während ich Salz auf meinen Lippen schmeckte. »Eines Tages, Liang Sen . . .! Eines Tages, Chia Fen!«

祝

Mortlake, Victoria, 26. Februar 1855

Damit bin ich mit der Chronik der Ereignisse, die mir in China vor und während des ersten Opiumkrieges widerfahren sind, am Ende angelangt. Im zweiten Teil meiner Aufzeichnungen werde ich berichten, wie ich nach Jahren der Trennung meine chinesischen Freunde wieder fand, wie es uns nach Australien verschlug und was wir gemeinsam in diesem Land der roten Erde und ewig grünen Eukalyptusbäume an Schönem wie Traurigem und Entsetzlichem erlebten.

Wie die Dinge jedoch liegen, werde ich mit diesem zweiten Teil meiner Niederschrift erst beginnen können, wenn ich im Gefängnis von Melbourne eingetroffen bin, was wohl in einer knappen Woche der Fall sein dürfte. Denn morgen werde ich Mortlake im Morgengrauen verlassen, mit Ketten an Füßen und Beinen gefesselt und gut bewacht von vier bewaffneten Männern, die der örtliche Konstabler als Begleitschutz rekrutiert hat. Eine Vorstellung, die mich noch vor zwei Tagen um den Schlaf brachte, mich jedoch jetzt nicht länger bedrückt, denn die Quelle meiner Hoffnung sprudelt stärker als je zuvor – und mit gutem Grund, wie gleich offensichtlich werden dürfte.

Ich hätte wohl keinen günstigeren Zeitpunkt finden können, um die Aufzeichnung meiner bewegten Lebensgeschichte vorübergehend zu unterbrechen. Denn Mister Lansbury, mein Anwalt, ist gestern von seiner Reise zurückgekehrt, die ihn auf der Suche nach glaubhaften Entlastungszeugen nicht nur nach Ballarat, sondern auch in die Goldgräberstadt Bendigo geführt hat.

Obschon staubbedeckt wie ein Weidereiter und erschöpft von den Anstrengungen, die selbst eine Kutschfahrt bei dieser brütenden Sommerhitze darstellt, suchte er mich bei seiner Rückkehr nach Mortlake doch umgehend in meiner Zelle auf. Der gute Mann, in dessen Befähigungen ich so wenig Zutrauen gesetzt hatte, wollte mich keine Minute länger als notwendig auf die Nachrichten warten lassen, die er mir mitzuteilen hatte. Und ich darf sagen, es sind keine schlechten Nachrichten!

Mit Hartnäckigkeit und Entschlossenheit hat er an jenen oben genannten Orten ausgiebige Erkundigungen eingezogen und Fragen gestellt und ist unermüdlich auch den vagesten Hinweisen gefolgt. Und schließlich hat er jenen Mann, der meine Unschuld vielleicht bezeugen und mich vor dem Galgen bewahren kann, nicht nur gefunden, sondern ihn auch dazu bewegen können, nach Melbourne zu kommen und vor Gericht als Zeige auszusagen. Nun vermag ich meinem Prozess ruhiger und mit neuer Hoffnung entgegenzusehen.

Eines bleibt jedoch noch zu sagen, bevor ich die Feder für einige Tage aus der Hand lege, die vielen Blätter zu einem Bündel zusammenschnüre und diesen ersten Teil meines

Lebensberichtes Mister Lansbury anvertraue, damit dieser sich ein vollständiges Bild über mein Leben und meine Beweggründe machen kann. Und zwar ist dies eine Erkenntnis, die sich im Laufe der Niederschrift ganz allmählich in mir gebildet hat und die mir heute klar vor Augen steht – nämlich wie erschreckend schnell man zum Mittäter, zum Wegbereiter des Bösen werden kann, wenn man den Anfängen nicht früh genug Widerstand entgegenstellt. Und wie leicht es doch ist, sich selbst zu belügen und sich einzureden ohnmächtig und schuldlos an den Ungerechtigkeiten und Verbrechen zu sein, denen wir im Leben begegnen.

Die meisten Dinge gewinnen an Kontur und lassen sich tiefer ausloten, wenn man sich die Zeit nimmt sie zu Papier zu bringen. Was ich lange nicht hatte wahrhaben wollen, hat während der vergangenen Wochen eine schmerzhafte Schärfe angenommen, der ich nun nicht länger ausweichen kann – es ist die Einsicht, dass ich schwere Schuld auf mich geladen habe. Eine Schuld, wegen der ich jedoch nie vor Gericht stehen werde, weil mein Vergehen in keinem Strafgesetzbuch erfasst ist – ausgenommen wohl in China.

Nicht mein Ungehorsam gegenüber Groneveld ist mein größtes Versagen gewesen, sondern meine Bereitschaft, mich wegen persönlicher Vorteile mit einem Mann wie Osborne einzulassen und die Augen vor der Wahrheit zu verschließen. Und die Wahrheit ist, dass ich einem gewissenlosen Verbrecher Handlangerdienste geleistet habe und damit Mitschuld an seinen Taten trage.

Oh ja, ich weiß nur zu gut, dass der Opiumhandel auch

heute noch von allen westlichen Regierungen nicht nur toleriert, sondern weiterhin kräftig unterstützt wird, auch wenn man sich nach außen hin um eine einwandfreie moralische Fassade bemüht. Und ich weiß auch, dass es zahllose zwielichtige Kaufleute wie Osborne gibt, die an nichts anderes als ihr einträgliches Geschäft denken und es gleichzeitig hinnehmen, dass ihre Handelsware die Chinesen in eine zerstörerische Sucht treibt.

Aber all diese späten Erkenntnisse taugen nichts als Entschuldigung und Milderungsgrund für meine eigenen moralischen Verfehlungen, die nur zu offensichtlich sind, wenn ich willens bin, genau hinzuschauen und ehrlich vor mir selbst zu sein.

Es bedarf keiner großen Anstrengung, das offensichtlich Böse und Verbrecherische abzulehnen, das einem mit abstoßender Maske begegnet. Da ist es leicht, sich davon fernzuhalten und rigorose Bestrafung zu fordern. Ganz anders sieht es aber aus, wenn sich das Abscheuliche, wie Osborne, in einem ansprechenden und von der Gesellschaft allgemein akzeptiertem Gewand präsentiert. Wie schnell erliegt man da dem Glanz, den Verlockungen und den eigenen Unzulänglichkeiten. Wie leicht ist man dann mit der verlogenen Entschuldigung bei der Hand, dass es ja nicht so schlimm sein kann und wohl in Ordnung geht, weil es alle anderen ja auch machen.

Ich will Groneveld in diesem Zusammenhang nicht vergessen. Er war ein strenger und selbstgerechter Mann, ein im Großen und Ganzen aufrechter Charakter mit einem klaren

Blick für das, was richtig und was falsch ist. Er hatte Osborne sofort durchschaut und keinen Hehl aus seinem Abscheu für den Opiumhandel gemacht.

Zweifellos hatte er zu Anfang wirklich nur das Beste für mich im Sinn, er vermochte jedoch nicht mein Vertrauen, geschweige denn mein Herz zu erreichen, um mich von seiner Sicht der Dinge überzeugen zu können. Darin liegt sein persönliches Versagen. Denn es reicht nun mal nicht, das Richtige zu wissen und sich in diesem Wissen allen anderen überlegen zu wähnen, besonders wenn man sich wie Groneveld in einer erzieherischen Position befindet. Man muss sich auch um angemessene Methoden und den rechten *Herzens*-Weg bemühen, um davon in verantwortungsvoller Weise Gebrauch machen und andere davon überzeugen zu können.

Alles Unglück beginnt mit dem Wegsehen und dem Schweigen, das ist es, was ich gelernt habe und als die Summe meiner Erkennisse bezeichnen möchte. Denn wer untätig zusieht, wie ein anderer misshandelt wird, und über sein Wissen schweigt, macht sich mitschuldig. Es ist unsere Gleichgültigkeit, die dem Bösen erst die freie Bahn schafft und uns zu seinem Komplizen macht, selbst dann, wenn wir uns nicht persönlich die Hände schmutzig machen.

Auch in Ballarat hatten es angesehene Bürger in verantwortlichen Positionen vorgezogen, über himmelschreiende Ungerechtigkeiten hinwegzusehen und sich hinter der Fassade ihrer doppelten Moral zu verstecken. Hätten sie dieser

Gleichgültigkeit widerstanden, wäre vieles anders gekommen und so mancher wohl heute noch am Leben.

Aber das ist eine umfangreiche Geschichte für sich, mit deren Niederschrift ich sofort beginnen werde, sowie ich in Melbourne eingetroffen bin. Ich habe mir geschworen nicht länger zu schweigen. Nie wieder!

[Der zweite Teil der Chronik des Felix Faber erscheint demnächst unter dem Titel *Felix Faber – Übers Meer und durch die Wildnis.*]

Ein Nachwort
oder
Was es über den Opiumkrieg noch zu sagen gibt

Der erste Opiumkrieg endete nach der Eroberung der Hafenstädte Chapu, Chinkiang und Shanghai, am 29. August 1842 mit dem Vertrag von Nanking, der einer chinesischen Kapitulation gleichkam. In dem von England diktierten Friedensvertrag fiel jedoch nicht einmal das Wort »Opium« oder »Christianisierung«. Beides blieb, rein theoretisch, im Reich der Mitte verboten – was aber weder Opiumhändler noch Missionare daran hinderte, ihre Ziele weiterhin unbeirrt zu verfolgen. Der Sieg der Engländer gab ihnen vielmehr die Möglichkeit ihre Aktivitäten noch ungestraft zu verstärken.

Die politischen wie wirtschaftlichen Folgen der Niederlage waren gravierend: China musste nicht nur 21 Millionen Silberdollar Entschädigung zahlen, sondern neben Canton noch vier weitere Häfen für den Außenhandel öffnen, sich auf feste Zolltarife festlegen lassen und das Monopol der *cohong* abschaffen. Zudem musste China Hong Kong als Handelsplatz an England abtreten. Damit hatte England die Öffnung Chinas für den Handel praktisch erzwungen. Nicht jedoch den Frieden.

Die Auswirkungen des Knebelvertrages von Nanking führten schon 1856 zum zweiten (Opium-) Krieg zwischen China und England, dem sich nun auch Frankreich und die Vereinigten Staaten anschlossen, denn die sichtliche Schwäche Chinas verhieß leichte Beute. Die ausländischen Truppen stießen bis Peking vor, wo sie unter anderem den Sommerpalast des Kaisers zerstörten. Zwei Jahre nach Kriegsbeginn musste sich China im Friedensvertrag von Tientsin erneut dem Diktat der *fangui* beugen. Auch diesmal hielt der Friede nicht lange. Schon 1860, als China durch die Öffnung der vier weiteren Häfen einen Rekordimport von Opium in Höhe von 4.800 Tonnen verzeichnete, sprachen wieder die Waffen. Das bittere Ende für das unterlegene China war, dass fortan das Einfuhrverbot für Opium aufgehoben und der Handel mit der Droge legalisiert wurde.

Nun begann erst der richtige Drogen-Boom in China, der bis in den Anfang des 20. Jahrhunderts reichte, als der Opiumkonsum mehr als 40.000 Tonnen betrug. Im Jahre 1945 kamen überaus konservative Schätzungen zu dem Ergebnis, dass mindestens 40 Millionen Chinesen regelmäßige Opiumraucher waren. Aber nicht nur skrupellose westliche Händler trugen an dem Elend dieser Menschen eine große Mitschuld, sondern auch Missionare, die mit einer für uns heute unverständlichen Verblendung den Drogenhandel als legitimes Mittel zur Missionierung benutzten – und zwar auch dann noch, als in Europa der Handel mit der Droge längst in moralischen Verruf geraten war. In seinem umfassenden Sachbuch *Opium – Eine Kulturgeschichte* schreibt Matthias Seefelder: »Unter dem Einfluss der Opiumdiskussion in Europa setzte um 1880 herum auch ein Import von Morphium, einem der Hauptalkaloide des Opiums, ein. Offensichtlich war man der Meinung, dass man mit diesem Pulver der Sucht der Raucher beikommen könne. Und es waren die Missionare, auch deutsche aus Tsingtao, die den Stoff als ›Jesus-Opium‹ verteilten – eine letzte Erscheinung der alten zwangsläufigen Koalition von christlicher Mission und Drogenverkehr, die das ganze Jahrhundert beherrscht hatte.«

Die sogenannten harten Fakten des Opimhandels und der sich in China ausbreitenden Sucht gehören längst zum gesicherten Wissensstand der Historiker. Was jedoch Historikern und Soziologen gleichermaßen immer noch großes Kopfzerbrechen bereitet, ist die schwer zu beantwortende Frage: »Wie konnte sich der Opiumkonsum innerhalb weniger Jahrzehnte derart dramatisch in China ausbreiten? Wie konnten Zigmillionen Menschen bloß so schnell dieser zerstörerischen Sucht verfallen?«

Sinologen und Philosophen führen die erstaunliche Anfälligkeit der Chinesen des 18. und 19. Jahrhunderts zu einem guten Teil auf die Tatsache zurück, dass die Menschen in jener Zeit in einer Periode religiöser und spiritueller Verarmung, ja Leere lebten und daraus in den Rausch flüchteten. (Ein Phänomen übrigens, das in der heutigen von Konsumrausch und Ich-Getriebenheit geprägten westlichen Welt wohl mit seinen ganz eigenen Suchtformen wiederzukehren scheint.) Konfuzianismus, Taoismus und Buddhismus waren vieler religiöser Komponenten beraubt und auch der starre Ahnenkult gab den Menschen keinen Halt mehr.

»Die Kettung eines ganzen Volkes an den düsteren Zauber des Rauschgiftes – ein in diesem Ausmaß (bis jetzt) wohl einmaliger Vorgang in der Geschichte – muss, so planmäßig er von außen vorangetrieben worden sein mag, auch aus dem Blickfeld der geistigen Situation des China der damaligen Zeit betrachtet werden«, schreibt Professor Wolfgang Bauer, Philosoph und Sinologe, in *China und die Hoffnung auf Glück.* »Es scheint, als hätte die Mehrzahl der Opiumraucher in den Halluzinationen des Rausches einen Ausgleich, einen Ersatz für die Flüge der Fantasie ins Paradies gesucht, die ihr vom nüchternen Konfuzianismus (. . .) abgeschnitten worden waren (. . .). Der Versuch, das Paradies auf dem Weg über den Körper zu erreichen, nachdem ein kühler Zeitgeist den Weg über den Geist verschüttet hatte, wurde in großem Stil tatsächlich zum ersten Mal in China unternommen.«

Eine Feststellung, die uns in unserer extrem technik- und fortschrittsgläubigen Welt mit ihrem nicht minder kühlen Zeitgeist nachdenklich stimmen sollte.

Chinesische Tages- und Nachtzeiten und die ihr zugeordneten zwölf astrologischen Tierzeichen

Ratte	von 23 bis 01 Uhr
Büffel	von 01 bis 03 Uhr
Tiger	von 03 bis 05 Uhr
Hase	von 05 bis 07 Uhr
Drache	von 07 bis 09 Uhr
Schlange	von 09 bis 11 Uhr
Pferd	von 11 bis 13 Uhr
Ziege	von 13 bis 15 Uhr
Affe	von 15 bis 17 Uhr
Hahn	von 17 bis 19 Uhr
Hund	von 19 bis 21 Uhr
Wildschwein	von 21 bis 23 Uhr

Quellennachweis

Wolfgang Bauer: *China und die Hoffnung auf Glück*, dtv Wissenschaftliche Reihe 1974

John Blofeld: *Der Taoismus oder Die Suche nach Unsterblichkeit*, Diederichs Verlag 1995

Pang-Mei Natasha Chang: *Bound Feet & Western Dress*, Doubleday 1996

Jung Chang: *Wilde Schwäne – Die Geschichte einer Familie – Drei Frauen in China von der Kaiserzeit bis heute*, Droemer Knaur Verlag 1991

Chinesische Astrologie: *Die Ziege*, Droemer Knaur Verlag 1988

Christian History Issue 52: *Hudson Tayler & Missions to China*, Boone 1996

Xiaochun Chen: *Mission und Kolonialpolitik*, Verlag Dr. Kovac 1992

Thomas Cleary (Hrsg.): *Also sprach Laotse – Die Fortsetzung des Tao Te King*, Otto Wilhelm Barth Verlag 1995

Anthony Christie: *Chinese Mythology*, Barnes & Noble 1983

A. Barbara Cooper: *The Chinese in Ballarat – A Research Report And Display Proposal*, Master of Arts Thesis in Public History, Monah University 1991

Lloyd E. Eastman: *Family, Fields and Ancestors – Constancy and Change in China's Social and Economic History, 1550 – 1949*, Oxford University Press 1988

Jeannette Faurot: *Gateway to the Chinese Classics – A Practical Guide to Literary Chinese*, China Books 1995

Theo Fischer: *Wu wie – Die Lebenskunst des Tao*, Rowohlt Verlag 1995

Fischer Weltgeschichte: *Das Chinesische Kaiserreich*, Fischer Verlag 1976

Jean Gittins: *The Diggers from China – The Story of the Chinese on the Goldfields*, Quartet Books 1981

Margareta Grießler: *China – Alles unter dem Himmel*, Jan Thorbecke Verlag 1995

Ken Hom: *A Taste of China*, Simon and Schuster 1980

Johann Christian Hüttner: *Nachricht von der Britischen Gesandtschaftsreise durch China und einen Teil der Tartarei*, Jan Thorbecke Verlag 1996

Information zur politischen Bildung: *China, Teil 1: Geschichtlicher Überblick*, Folge 96, Bundeszentrale für politische Bildung, Nov. – Dez. 1996

John Keay: *The Honourable Company – A History of the English East India Company*, Macmillan Publishing Company 1991

Journal für Geschichte, Heft Nov./Dez. 1985: *China zwischen Tradition und Anpassung*, Beltz Verlag 1985

Gerhard Rieman (Hrsg.): *Tao – Lao-tzu: Tao-te-king*, Knaur Verlag 1994

Lisa See: *Auf dem Goldenen Berg – Eine chinesische Familie erobert Amerika*, Droemer Knaur Verlag 1996

Matthias Seefelder: *Opium – Eine Kulturgeschichte*, dtv 1990

Jonathan D. Spence: *God's Chinese Son – The Taiping Heavenly Kingdom of Hong Xiuquan*, Norton & Company 1996

Sun Tzu: *The Art Of War*, Delacorte Press 1983

Arthur Waley: *The Opium War Through Chinese Eyes*, Stanford University Press 1958

Frank Welsh: *A Borrowed Place – The History of Hong Kong*, Kodansha International 1996

Richard Wilhem (Übersetzer): *Li Gi – Das Buch der Riten, Sitten und Bräuche*, Diederichs Verlag 1994

Liebe Leserinnen, liebe Leser,

es gibt ein arabisches Schriftwort, das lautet: »Ein Buch ist wie ein Garten, den man in der Tasche trägt.« Ich hoffe, dass Euch (Ihnen) der Roman, der in den Gärten meiner Fantasie entsprungen ist, gefallen hat.

Seit vielen Jahren schreibe ich nun für mein Publikum und die Arbeit macht mir viel Freude. Doch warum tauschen wir zur Abwechslung nicht mal die Rollen? Keine Sorge, Romane sollen es nicht sein. Ich würde mich schon über ein paar Zeilen freuen, denn es interessiert mich sehr, was die Leserinnen und Leser von meinem Buch halten.

Also: Wer Lust hat, möge bitte zum Stift greifen! Und wer möchte, dass ich ihm eine signierte Autogrammkarte zusende – sie enthält auf der Rückseite meinen Lebenslauf –, der soll bitte nicht vergessen das Rückporto für einen Brief in Form einer Briefmarke beizulegen (nur die Briefmarke, keinen Rückumschlag!). Wichtig: Namen und Adresse in Druckbuchstaben angeben! Gelegentlich kann ich auf Zuschriften nicht anworten, weil die Adresse fehlt oder beim besten Willen nicht zu entziffern ist!

Da ich viel durch die Welt reise und Informationen für neue Romane sammle, kann es Wochen, ja manchmal sogar Monate dauern, bis ich die Post erhalte und dazu komme zu antworten, und ich bitte daher um Geduld; doch meine Antwort kommt bestimmt.

Meine Adresse:

Rainer M. Schröder
Gaulstraße 38
51688 Wipperfürth

Wer jedoch dringend biographische Daten etwa für ein Referat braucht, wende sich bitte direkt an den Verlag (Arena Verlag, Rottendorfer Straße 16, 97074 Würzburg).

Weiterhin viel Lesevergnügen und ganz herzliche Grüße

(Ihr)
Euer

Felix Faber –
Stationen seines Lebens

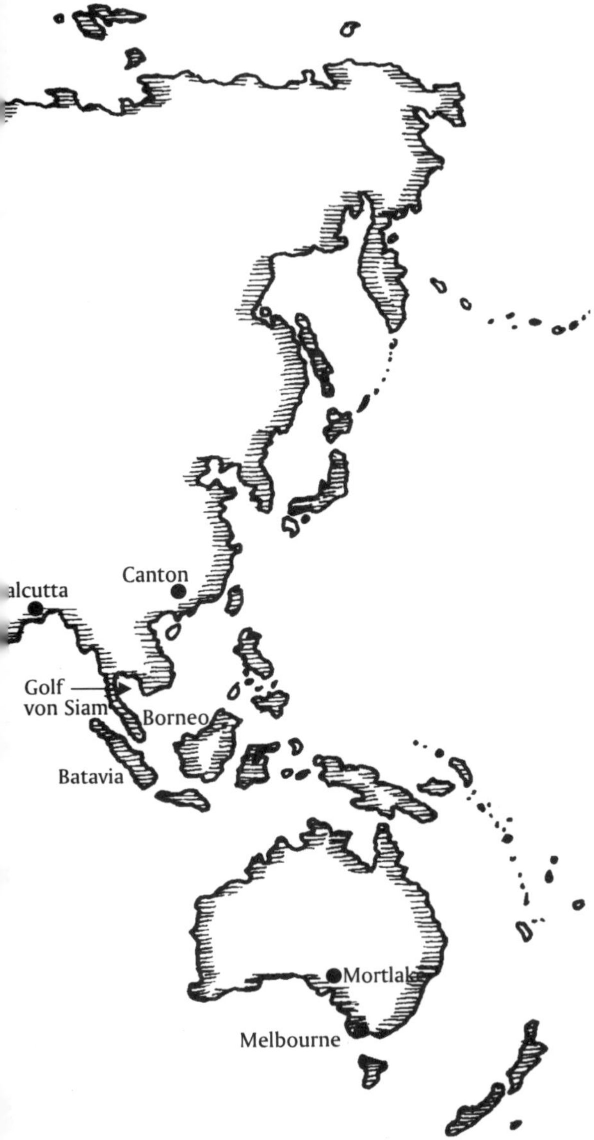

Canton
alcutta
Golf
von Siam
Borneo
Batavia
Mortlake
Melbourne

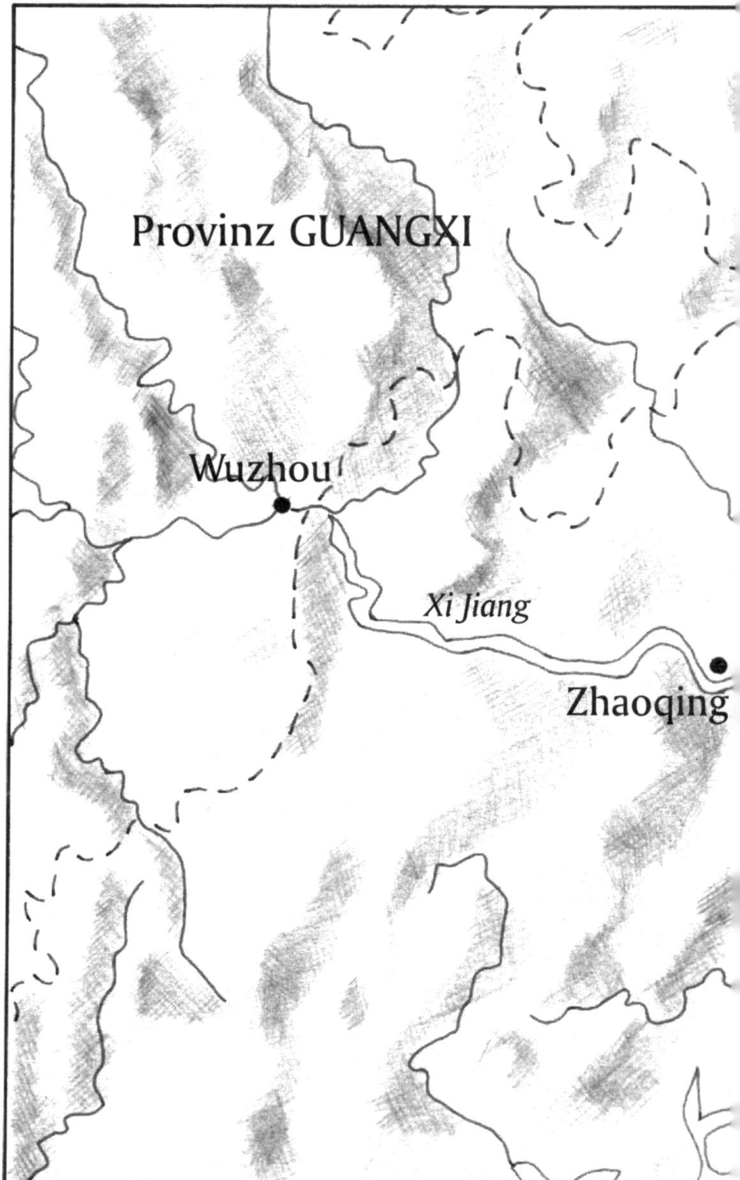
Provinz GUANGXI
Wuzhou
Xi Jiang
Zhaoqing

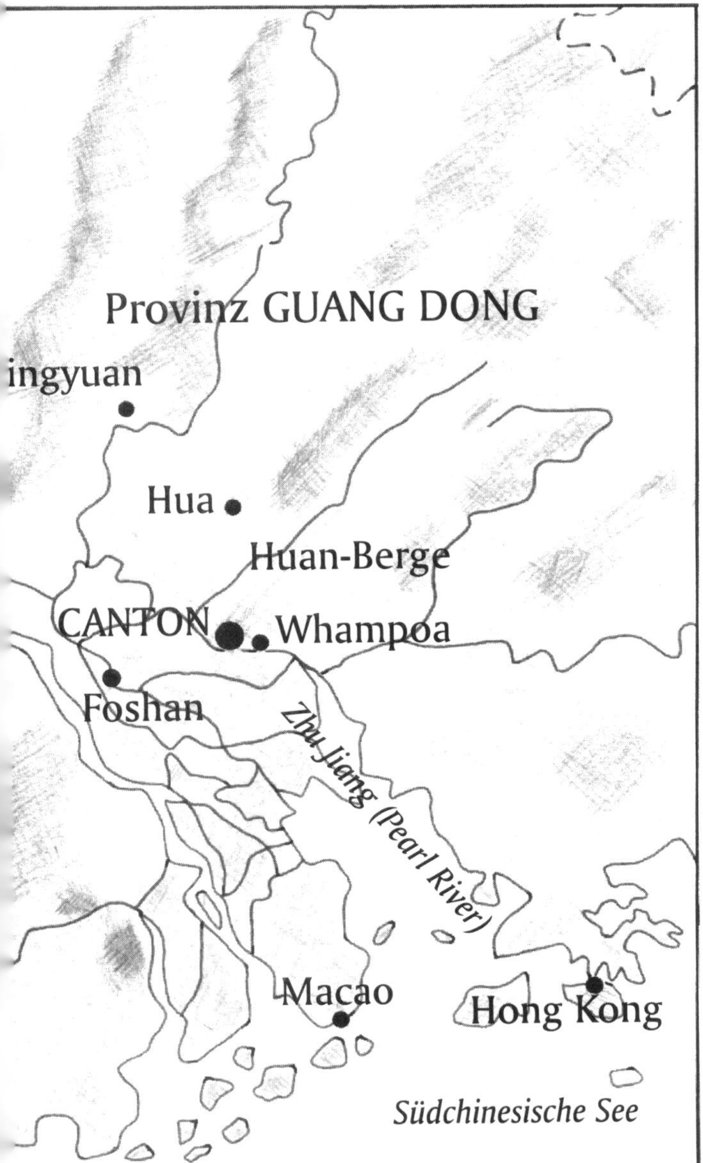
Provinz GUANG DONG
ingyuan
Hua
Huan-Berge
CANTON
Whampoa
Foshan
Zhu Jiang (Pearl River)
Macao
Hong Kong
Südchinesische See

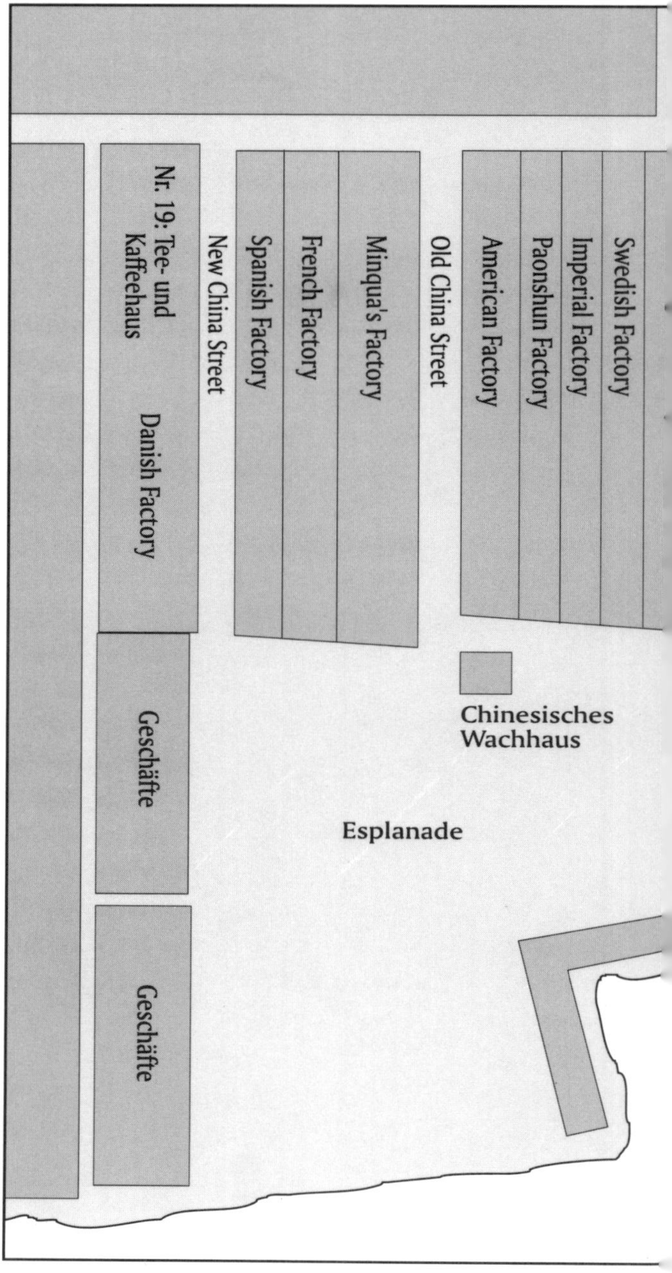
Swedish Factory
Imperial Factory
Paonshun Factory
American Factory
Old China Street
Minqua's Factory
French Factory
Spanish Factory
New China Street
Nr. 19: Tee- und Kaffeehaus
Danish Factory
Chinesisches Wachhaus
Esplanade
Geschäfte
Geschäfte

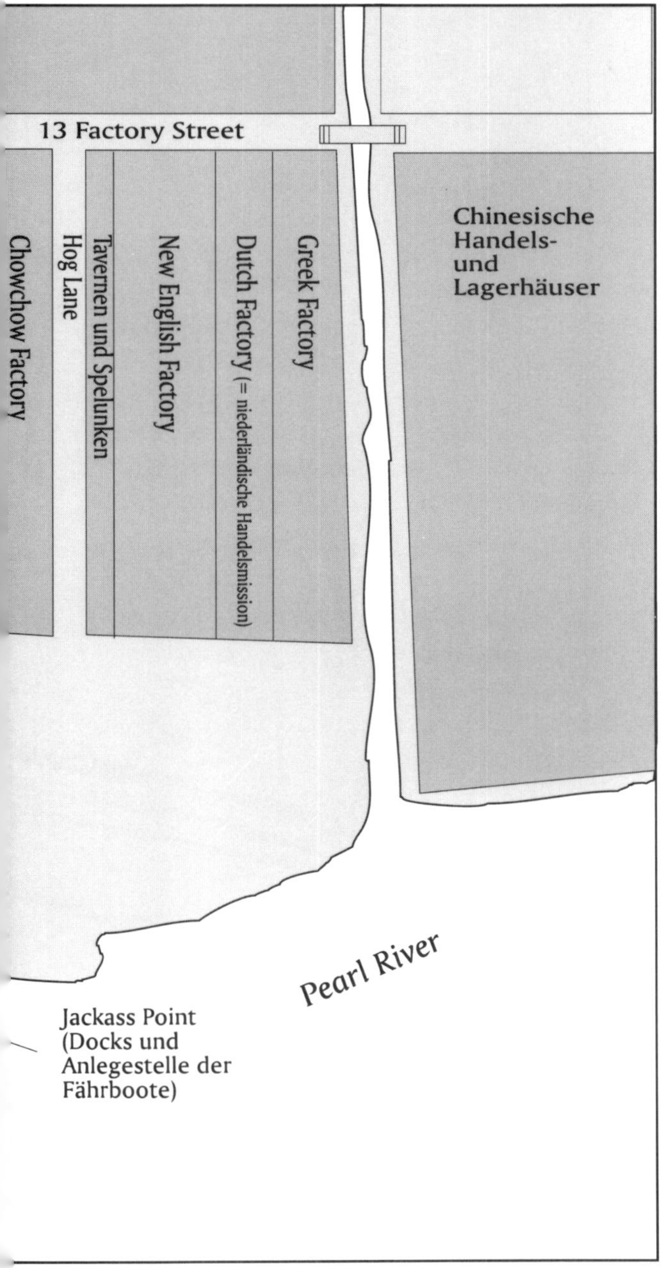
13 Factory Street
Chowchow Factory
Hog Lane
Tavernen und Spelunken
New English Factory
Dutch Factory (= niederländische Handelsmission)
Greek Factory
Chinesische Handels- und Lagerhäuser
Pearl River
Jackass Point (Docks und Anlegestelle der Fährboote)

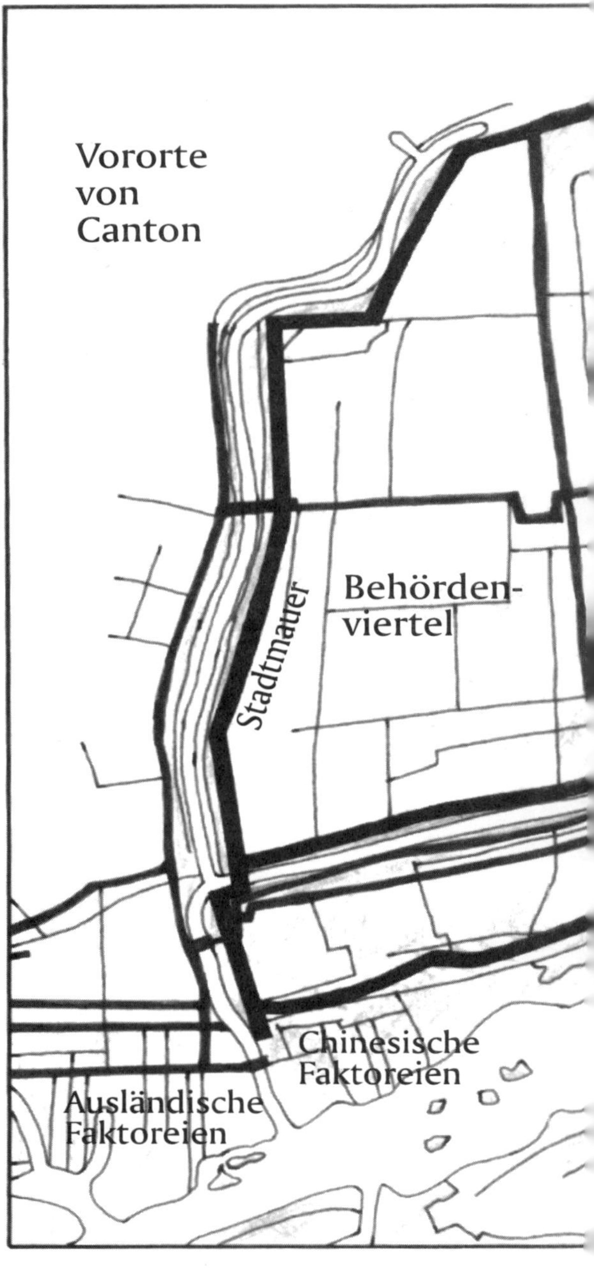
Vororte
von
Canton
Stadtmauer
Behörden-
viertel
Chinesische
Faktoreien
Ausländische
Faktoreien

Stadtmauer
Vororte von Canton
Altstadt
Haus von Liang Sen
Stadtmauer
CANTON
Hafen
Pearl River
Insel Honam